民意と歩む

議会再生

北日本新聞社編集局

目次

ギカイのはてな？　とやま議会考……177

特集・インタビュー・シンポジウム・経過表……209

本書に登場する人物の年齢、肩書、住所、所属団体ならびにその名称は、執筆および新聞掲載当時のものです。

民意と歩む

ドキュメント編集局

２０１６年春、富山市議たちは、自らの報酬を10万円以上も一気に増額しようともくろんだ。その強引なやり方に疑問を感じた記者たちは、議員にメモ用紙を奪われるなど妨害に遭うが、しぶとく取材して議会の在り方を問い続けた。そして地道な調査報道は、県議会副議長の政務活動費の不正を明るみに出す。地元メディアの報道は厚みを増し、不正の舞台は富山、高岡市議会へと広がり、18人に及ぶ議員たちがバッジを外した。その間、記者たちは何を思い、どう行動したのか。改めてここに記しておく。

報酬増

２０１６年4月1日。富山地方気象台はソメイヨシノが満開になったと宣言した。１９５３年の観測開始以来、最も早い春の訪れだった。

富山市中心部を流れる松川は花のトンネルのように桜に覆われている。ほとりにそびえるように建つ富山市役所の議会棟で、非公開の会合が開かれていた。市議会の議員定数問題懇談会だ。メンバーは議員のみで構成している。

会合の後、政治部で市政を担当している高橋良輔は、座長である市議の五本幸正氏に説明を求めた。議会棟のロビーのソファに座り、五本氏は「現行の定数40を２減らす。最大会派の自民党、民政クラブ（民進系）、公明党の3会派がその方向で一致した」と述べた。

「あとな、出席した市議から『報酬の引き上げを求めてはどうか』という声も出たぞ」。五本氏は、こちらが問う先に自ら切り出してきた。「増額の気配をにおわせ、地ならしを始めてきたな」と直感した。

高橋は2日付朝刊用に【来春の富山市議選】【定数2減38に】との見出しの記事を出稿。その末尾に、こう記した。

> 出席者からは、議員のなり手不足を解消するため、月額60万円の議員報酬を引き上げるよう求める意見も出され、市特別職報酬等審議会での検討を要請することにした。

会合を察知し、記事にしたのは高橋だけだった。扱いは3段。あくまで定数に重きを置いた書き方だが、報酬を巡る動きがあることを報じた「独自ダネ」だ。

デスクとして記事を受けた政治部長の鶴木義直は、一読して引っかかるものを感じた。「このご時世に報酬を上げるのか。議員を減らす代わりのつもりなのか」

具体的に事態が動き出したのは11日だ。議長である市田龍一氏（のちに議員辞職）が議会の総意として、森雅志市長に報酬を月額60万円から「70～73万円」に引き

来春の富山市議選
定数2減 38に

富山市議会の議員定数問題懇談会（座長・五本幸正市議）は1日開き、現行の定数40を2減することを決めた。6月定例会に議員定数の削減条例案を提案する。来年春の市議選は定数38で実施される見通し。

会合は非公開で行われた。五本氏によると、共産と社民が現状維持を主張したが、今後も人口減少が続くことなどを理由に、最大会派の自民のほか、公明と民政クラブ2会派が削減の方向で一致した。

昨年4月に定数40を38に減らした金沢市議会のほか、人口規模の似た都市の状況を参考に2議席の削減を決めた。

出席者からは、議員のなり手不足を解消するため、月額60万円の議員報酬を引き上げるよう求める意見も出され、市特別職報酬等審議会での検討を要請することにした。

「北日本新聞」2016年4月2日3面

上げるよう求めた。

議員報酬とは、サラリーマンで言えば、毎月もらう基本給のようなもの。庶民が驚くような金額だが、市長は有識者を集めた審議会に諮問する考えを示した。10万円以上引き上げると知り、鶴木の「引っかかり」は違和感へと変わった。

「きょうはこのまま記事を出すが、しっかり調べる必要がある。準備しといてくれ」

指示を受けた高橋も感じていた。

「いくらが妥当なのかは、いろんな意見がある。でも、一気に10万円上げるのはおかしい」

◇

北日本新聞社は富山市に本社があり、富山県内を中心に朝刊23万2千部を発行する。県内での普及率は約60％だ。社員は283人。うち79人が支社、総局、支局を含めた外勤の記者だ（2017年11月現在）。

県内で起きる事件や事故、政治や経済、文化、スポーツなどあらゆる事を取材する中、地方議会や自治体行政と真摯《しんし》に向き合う姿勢は記者たちに脈々と受け継がれている。

1969年にはキャンペーン「地方自治を守ろう」で日本新聞協会の新聞協会賞を受賞。その後も議会や自治体をテーマにしたキャンペーンをいくつも手掛けてきた。鶴木も「ドキュメント地方選のかたち」（99年）や「正念場の地方自治」（2003年）の二つの連載で取材班の一員として県内を奔走した。

議員の報酬額は条例で決める。しかし、金額を定める明確な基準はない。

鶴木が20歳代で八尾・婦中支局長を務めていた頃、管轄しているある町の幹部から聞き、驚いた言葉がある。

「根拠なんか全くないちゃ。人口規模の近い自治体を参考に、ちょっとずつ上げているだけやよ」

そんな記憶もよみがえり、今回の件はどうしても腑《ふ》に落ちなかった。

◇

高橋は、鶴木から指示を受けて取材に本腰を入れた。

自民党会派の主張はこうだ。

議員は4年ごとに選挙があり、落選することもある。しかし、議員年金も廃止され、将来の保証がなくなった。報酬アップを主導した会長の中川勇氏（のちに議員辞職）は、こう高橋に強調した。

「今の額では、仕事を辞めてまで市議になろうという人はなかなかいない」

別の議員は「現行の月額60万円だと生活は楽ではない」と明かした。

本当にそうなのだろうか。

高橋は取材を進めた。ボーナスにあたる「期末手当」を含めれば、富山市議の年収は９９４万円。サラリーマン平均の４１５万円を大きく上回っている。

富山市は人口約42万人の都市だ。自民が提案した金額は案の定、規模の近い中核市の議会を参考にしていた。ただし、月70万円以上という額は横並びどころか、中核市で最高クラスの金沢市議会（石川県）に合わせたものだった。

「庶民感覚からずれている」

高橋はそう思った。

そもそも議員報酬は生活給ではなく、活動への「対価」ではないか。議会に何日出席し、どんな活動をしたのか、実績をもとに額を考えるべきだと、識者の考えも織り交ぜて記事にした。鶴木もまた5月1日付の「『お手盛り』は許されぬ」との見出しを付けた社説で、間もなく開かれる特別職報酬等審議会に時間をかけた議論と冷静な判断を求めた。

しかし、審議会は結局、メディアに公開されないまま終わった。

5月10日と13日の2回だけ、合わせてもわずか3時間の話し合いで10万円増という結論を出した。中川氏は「報酬に見合う活動を展開し、議員の職責を果たしたい」とコメントした。

「いったいどんな話し合いだったんだ」。鶴木は、審議会の議事録の開示を市に求めるよう高橋に命じた。一連の取材で初めて情報公開請求という手段を使った。

6月1日、市は報酬を上げるための条例改正案を市議会6月定例会に上程した。

取材妨害

採決の日が6月15日に迫っていた。

社会部長の西嶋伸一とデスクの片桐秀夫はある取材を検討していた。2人は政治部が長い。

それは議員全員に直接、話を聞くことだった。報酬引き上げについて議員1人1人がどう考えているのかが読者に伝わっていない。会派で意思統一していたとしても、住民は会派に投票しているのではなく、あくまで議員。地方選は特にその色彩が強い。

全員の声を有権者に伝えることは、代議制や間接民主制を補完するために重要なことであり、それは記者の数や割ける紙面を考えれば、地方紙にしかできない。土曜の11日、日曜の12日は紙面のスペースにも余裕がありそうだ—。片桐がそう提案し、西嶋は了承した。社会部の記者たちを投入する一斉取材を9日に決めた。

その日の朝、高橋が用意していた記事が1面トップを飾った。【「10万円」「5万円」増で応酬】【引き上げに異論なし　4対2で「10万円」採用】との見出しで、報酬審議会の内容を白日の下にさらした。情報公開で得た議事録を基に書いたものだ。

議論は冒頭から引き上げありきで、口火を切った委員がいきなり10万円アップを提案していた。「高すぎては説明がつかない」と、5万円増に抑えるよう主張した委員もいたが、議論は平行線をたどり、多数決で審議を打ち切った形になっていた。

雨が降り出しそうな曇り空の下、社会部の記者たちは正午ごろ、一斉取材をすべく富山市役所の議会棟へと向かった。この日は本会議が開かれている。会派ごとの控室で議員たちが昼食を終えるのを見計らい、一気に話を聞く段取りだ。

最大会派自民党への聞き取りは、政治部1人と社会部の中堅や若手記者5人が担当する。片桐は「失礼のないよう名刺を差し出して名乗り、取材意図をしっかり説明してから聞くように」と記者たちに伝えていた。

◇

午後0時半ごろ、社会部の電話が鳴った。「大変なことになってます」。声が震えている。受話器を持った片桐は、冷や汗が流れるのが分かった。女性記者が怒鳴られ、部屋に閉じ込められたという。とりあえず取材を中断し、帰ってくるよう伝えた。

午後1時前に、本社4階の編集局に記者たちが険しい顔つきで戻ってきた。片桐と報道本部長の本田光信の前で、自民の控室で何が起きたのか口々に語り出した。

1人目の議員の取材を終えた女性記者が、2人目の村山栄一氏（のちに議員辞職）に取材していたときに事件は起きた。記者はその時、椅子に腰掛けていた村山氏の隣で、しゃがみ込んで聞き取りを進めていた。

「何をやっているんだ」

背後で大声が響いた。女性記者が振り返ると、会派会長の中川氏が顔を紅潮させて立っていた。ペンを持つ右手の手首をいきなりつかみ、左手に持っていた取材済みのメモ用紙を力ずくで奪い取った。その際に倒された女性記者は、取り戻そうとすぐに立ち上がった。

中川氏は、取材に応じていたほかの市議や記者にも「答えるんじゃないっ」「出て行け」などと怒鳴りつけた。記者たちは控室から閉め出され、岡本保氏（のちに議員

北日本新聞　2016年（平成28年）6月9日　木曜日

北日本新聞

「10万円」「5万円」増で応酬

富山市議員報酬審の内容判明

引き上げに異論なし

4対2で「10万円」採用

2016 年6月9日1面

辞職）がドアの前に立ちふさがった。

メモを奪われた女性記者はその場に取り残され、中川氏と向き合って「返してほしい」と幾度も訴えた。だが、応じるどころか「なぜ返さなければならない」「会長の許可も受けずに取材しているくせに、何だっ」などと罵声《ばせい》を浴びせ続けた。周囲にいた議員たちは、傍観しているだけ。どうにもならず取材を切り上げるしかなかった…。

奪われたのは、質問項目の下に聞き取った回答を直接書き入れる形式の用紙で、尋ね方を統一するために前日に片桐が準備したものだ。女性記者はニュアンスの微妙な違いが分かるように、しっかりと書き込んでいた。メモは読者に届ける大切なニュースの素材であり、記者は「取材源の秘匿」という大原則も守らなければならない。

事件が起きてから2時間半後。鶴木と片桐、高橋の3人が控室に出向いて抗議し、ようやく中川氏は説得に応じて返却した。

「記事にしよう」

本田は、記者たちにそう伝えた。出張中だった編集局長の忠田憲美も同じ意見だった。「方針を示さなければ、社会部だけでなく、編集局全体が浮き足立ってしまう」と本田は考えた。中川氏はメモを奪っただけでなく、他の議員たちへの取材まで打ち切らせている。見過ごすわけにはいかないと思った。

本田は現場にいた記者たちに時間をかけて聞き取りし、顧問弁護士と打ち合わせた。女性記者にけがはなかったものの、中川氏の行為は暴行と窃盗容疑に当たるという。北日本新聞ではおそらく前例はないが、打てる手は毅然として打つべきだと判断した。警察に被害届を出し、詳細はすべて伝えた。

すでに日は暮れている。時間だけが慌ただしく過ぎていく。焦りが募るが、肝心なのは翌朝の紙面をどうするかだ。検討の末、取材妨害の事実を1面トップに据えることを決めた。

報道の自由や知る権利を脅かす事件であり、数の力に任せた議員たちの驕《おご》りそのものだ―。そんな空気が編集局内に満ちていた。1面の記事の書き手は、社会部次長の稲垣重則。本田は現場にいた記者たちから聴取した詳細メモを、緊張した面持ちの稲垣に渡した。

妨害事件で中断していた議員一人一人への取材も再開し、こちらは社会面トップで載せることになった。

「話を聞けなかった議員には電話しよう。全員は無理でも、できる限りやるぞ。手伝える人は手伝ってくれ」。本田の声を受け、政治部の今川克代や濱田泰輔、報道センターの池亀慶輔、社会部の柳田伍絵や船木悠平ら各部の記者たちが受話器を取って電話をかけ始めた。中堅の湯浅晶子がその情報を受け取り、記事にまとめる。

「ひるんではいけない。萎縮してしまえば、大切な情報が読者に伝わらなくなってしまう」。そんな思いを抱きながら、本田は記者たちに指示を出し、原稿をチェックした。

1面では【報酬問題で取材妨害】【本紙記者からメモ奪う】との見出しに続き、こう報じた。

富山市議会の議員報酬を引き上げる条例改正案を巡り、市議会最大会派・自民党の中川勇会長（68）が9日、市役所内の会派控室で市議に話を聞いていた北日本新聞の女性記者を押して倒し、メモした用紙を力ずくで奪うなどして取材活動を妨害した。別の記者が話を聞いていた市議にも大声で指示し、取材を打ち切らせた。中川会長は「許可無く取材していたので（用紙を）回収した。記者が倒れたのは認めるが、倒していない」と主張している。北日本新聞社は同日、暴行と窃盗の疑いで富山中央署に被害届を出し、受理された。

北日本新聞　2016年（平成28年）6月10日　金曜日

北日本新聞

2016年（平成28年）6月10日　金曜日

報酬問題で取材妨害

富山市議会自民会派・中川会長
本紙記者からメモ奪う

富山市議会の議員報酬を引き上げる条例改正案を巡り、市議会最大会派・自民党の中川勇会長（68）が9日、市役所内の会派控室で市議に話を聞いていた北日本新聞の女性記者を押して倒し、メモした用紙を力ずくで奪うなどして取材活動を妨害した。別の記者が話を聞いていた市議にも大声で指示し、取材を打ち切らせた。中川会長は「許可無く取材していたので（用紙を）回収した。記者が倒れたのは認めるが、倒していない」と主張している。北日本新聞社は同日、暴行と窃盗の疑いで富山中央署に被害届を出し、受理された。

【関連記事3、31面、審議会議事録全文23面】

本会議が開かれた富山市議会の議場＝9日午前

妨害は言語道断

反響大きく過剰反応

2016年6月10日1面

さらに同じ面で元神奈川新聞記者でジャーナリストの江川紹子さんのコメントも紹介した。

市議は、選挙で票を得て一人一人選ばれている。会派をつくっていたとしても、各議員に話を聞くのは当然の取材行為だ。議員は私人ではなく、公人。それぞれが取材を受け、答えたくなかったら各自がそう意思表示すればいいだけの話。他の人の取材まで妨害するというのは言語道断だ。

翌10日は、朝刊を読んだ人たちの電話が鳴りっぱなしだった。それまでも報酬増に憤る電話やメール、ファクスが相次いで寄せられていたが、その比ではなかった。「同じ女性として怒りを感じる。こんな議員は市民の代表としてふさわしくない」「正当な改正と考えるなら、自信を持って答えればいい」

対応に追われた前政治部長の読者センター長、室尚志は「流れが変わるかもしれない」と肌で感じた。

市役所前で抗議活動する市民団体も出てきた。北日本新聞が11日に行った緊急電話世論調査でも79・5％が増額に反対した。

しかし、そんな民意を無視するかのように、議員報酬を10万円アップする条例改正案は15日に賛成多数で可決された。賛成討論した自民党の議員は議場で「(審議会の結論は)内容にかかわらず尊重すべきだ」と主張し、議論は深まることのないまま決着したかのように見えた。

取材班結成

市議会で条例改正案を採決する15日は、傍聴席が全て埋まった。読者からの投書も増える一方だ。市民の議会への関心は、かつてないほど高まっていた。

数日前に編集局長に就いたばかりの勢藤和弘は、専任の議会取材班をつくると決め、片桐と高橋に加え、高岡支社編集部の笹谷泰をメンバーに選んだ。笹谷はかつて高校の必修科目が未履修だった問題をスクープし、2007年度の新聞協会賞をニュース部門で受けている。

21日、1面に次の「社告」を掲載した。議会と対峙《たいじ》していく姿勢を読者に示す宣誓でもあった。

富山市議会の議員報酬引き上げや、自民党会派前会長による取材妨害によって地方議会に改めて注目が集まっています。北日本新聞に寄せられた手紙やメールも200件を超えました。怒りや不信感だけでなく、議会や議員の役割とは何かといった根源的な疑問を抱いた人も多いのではないでしょうか。

関心の高まりを受け、本紙は「地方議会取材班」をつくりました。富山市議会に限らず、広く県内外の議会を取材し、住民に開かれた議会に向けた課題、問題点を探っていきます。皆さんの意見や疑問もお寄せください。

3人は編集局の窓に近い一角に専用のスペースを設け、机を並べた。通常の仕事を離れ、議会報道の専従としてキャンペーン報道「民意と歩む　とやま議会考」をスタートさせた。

本会議をケーブルテレビやネットで中継しているか、期末手当や費用弁償、調査研究などに使う政務活動費の実態はどうなのか。県内外の比較や先駆的な事例紹介を交え、「開かれた議会」の実現に向けて取材を続けた。

「民意と歩む」のタイトルを考えたのは、編制本部長の織田浩之だ。本紙では、キャンペーンの記事だとひと目で読者が分かるように「ワッペン」と呼ぶロゴマークを、関連するニュースに付けている。タイトル案は取材班の3人があれこれ思案して20近く考えたものの、それを見

北日本新聞

富山市議報酬増 可決

34対3 賛成多数

来春 月10万円増70万円

定数2減38人に

「議会とは何か」考える時

2016年6月16日1面

た織田が、言葉を組み合わせ直し、すぱっと決めた。民意と議会が乖離《かいり》している状況を憂える思いを込めた。

キャンペーンでは、読者の質問に答えながら地方自治について考える「ギカイのはてな?」シリーズも始めた。「富山市はどうして議会中継をしないのか」「議長はなぜ短い期間で変わるのか」「議会は〝男社会〟と聞いた」。そんな疑問に答える「Q&A」形式の記述にし、地方議会の知識がほとんどなくても読めるように気を使った。

中でも「面識のない議員からの弔電に戸惑う。なくせば経費削減になる」との意見を受けた記事は反響が大きかった。県内の全議会の状況と、ライバルの動向を気にして弔電をやめるにやめられない議員心理を紹介。この記事をきっかけに、足並みをそろえて虚礼廃止を実行する議会が出てきた。

素朴な質問には、本質を突いたものが多く、知ったつもりでいる取材班でも、答えに詰まったり、はっとさせられたりすることが多かった。

本紙に地方議会取材班

意見・疑問を募集

富山市議会の議員報酬引き上げや、自民党会派前会長による取材妨害によって地方議会に改めて注目が集まっています。北日本新聞に寄せられた手紙やメールも200件を超えました。怒りや不信感だけでなく、議会や議員の役割とは何かといった根源的な疑問を抱いた人も多いのではないでしょうか。

関心の高まりを受け、本紙は「地方議会取材班」をつくりました。富山市議会に限らず、広く県内外の議会を取材し、住民に開かれた議会に向けた課題、問題点を探っていきます。皆さんの意見や疑問もお寄せください。

はがき・手紙の宛先は、〒930—0094 富山市安住町2の14 北日本新聞社編集局「地方議会取材班」へ。住所、氏名、年齢、電話番号を明記してください。ファクスは076(431)2110。メールはchihougikai@ma.kitanippon.co.jp

特別評論28面

北日本新聞社

2016年6月21日1面の社告

県議会不正

政務活動費の不正によって辞職ドミノが始まるとは、このころは誰も思っていなかった。一連の不正で辞職したのは富山県議3人、富山市議14人、高岡市議1人。その最初のドミノに指を掛けたのは、実は社会部の〝別動隊〟だった。

議会報道への読者の反響は、日に日に大きくなっていた。政治部や取材班だけでなく、周りの記者たちもひそかに熱い思いを抱いていた。

事件や裁判を担当している高嶋昭英もその一人だ。先輩の松井公一からカネにまつわる不正がないか調べてみてはどうかと持ちかけられ、その気になった。まずは県議の政務活動費を調べることに決め、社会部デスクの米沢昌宏や松井と相談しながら調査を進めていった。

県議会事務局に通い、収支報告書などの膨大な資料に1枚ずつ目を通していく。高嶋は日ごろから難解な裁判資料を読み解くのを仕事にしているが、気が遠くなりそうだった。

「あれっ、こんなの政治に関係ないだろ」

県議会副議長の矢後肇氏（のちに議員辞職）の報告書に、違和感を覚えたのだ。あまりにも専門的で、しかも数万円もする高額な書籍を大量に購入したことになっている。

「電気鉄道ハンドブック」３万１５００円

「現代おさかな辞典」３万８８８０円

「発酵ハンドブック」２万４１５０円

すぐにでも資料をコピーして本社に持ち帰り、一気に調べ上げたいが、その際は閲覧とは違い、情報公開請求の手続きを経なければならない。

しかし、相手は副議長だ。情報公開を決裁する立場にある。手続きをすれば警戒され、関係者に口裏を合わせる時間を与えてしまう。

高嶋は「全て書き写す」という極めて地道な手段を選んだ。監視する議会事務局の職員に怪しまれないよう気を配りながら、後輩の野村達也も巻き込んで書き写し続けた。

◇

社内の雰囲気が7月10日投開票の参院選モードに切り替わったころ、手書きした資料がそろった。期間は２０１０年の4月から5年間。高額な書籍や専門書を含む約４５０冊すべて、同じ書店から購入していたことが分かった。金額は４６０万円余りに上る。

取材は慎重に進めた。県議と書店が共謀しているのではないかと、思い込んでいたからだ。

ほとんどが特殊な専門書だ。当時、書店が取り扱っていたのかどうか。出版元は数十社に上るが、高嶋と野村に新人記者の久保智洋も加わり、手分けして電話をかけ続けた。

「確認できない」。最初はそんな反応ばかりだったが、次第に複数の出版元から「この年は全国のどこからも取り寄せの注文はなかった」「2008年には、すでに品切れです」といった証言が得られるようになった。

ここまで待って、高嶋はようやく資料の公開請求に踏み切った。

次は矢後氏と書店に、同時刻に取材をかけるタイミングを見極めなければならない。1週間かけて富山県西部の南砺市にある書店に通い、経営者の行動を確かめた。

◇

その日が来た。

参院選投開票後の7月12日の夕刻。高嶋と野村は緊張しながら、書店の経営者と向き合っていた。店内には雑誌やコミックなどがずらりと並んでいるが、棚を見渡しても高額な専門書など見当たらない。

高嶋は矢後県議を知っているかと尋ねた。相手は明るい表情だ。

「矢後さん？　私が知ってる矢後さんは国鉄にいたような…。（フルネームを文字で確認し）いやぁ〜、その方は知らないです」

「知らないんですか？　矢後県議がこの店で、2010年から5年間に毎月10冊前後、金額にして10万円分を買っています。5年間で合わせて460万円ですよ。領収書をつけて報告しているんですけど」

「まったく知りませんね」

長くこの店に勤めているという女性従業員も領収書の記載を知って「ええっ」と驚きの声を上げた。

「そんなお客さんはいません。いれば絶対に記憶に残ります」

高嶋と野村は拍子抜けした。

人の良さそうなこの2人が、うそをついているとは思えない。幾つかの書籍の入荷状況も調べたが、記録は一切残っていなかった。

念のため、矢後氏が提出した「領収書」も確認してもらった。

店は10年以上前から同じ領収書を使っている。だが、高嶋が示した領収書はそれとは様式が違っていた。

領収書用紙のメーカー名が記されておらず、収入印紙を貼る位置もおかしい。この時は気づかなかったが、実は印鑑も本物そっくりに偽造したものだったことがのちに判明する。

高嶋と野村は祈るような思いで、本社に引き返した。あとは同じ時刻に、矢後氏本人に取材している高岡支社編集部の2人がどんな証言を引き出すかだ。

矢後肇氏は1959年生まれで、県西部にある高岡市戸出地区が地盤だ。銀行に勤めた後、2003年の県議選で初当選した。4期目を迎え、3月に副議長に就任したばかり。政策通で知られる一方、地域の行事にもよく足を運んでいた。

市政を担当する高岡支社編集部の米谷彰夫は、後輩の柵高浩とともに矢後氏の自宅を訪ねた。やり取りは1時間20分に及び、途中、玄関から納屋の軒下に場所を移した。矢後氏はたばこを頻繁に吸い、どこか息づかいも荒い。

書籍を購入せずに領収書を提出したことはないと主張し、おおむね次のようなことを語った。領収書に記載した本とは異なる書籍を購入したことはある。それは資格取得用のテキストなどだ。当時役員を務めていた会社の社員たちに、使ってもらおうと考えた。購入した書籍の一部は破棄され、現物は残っていない…。

米谷は矢後氏を幾度となく取材してきた。「不正の一部を認めることで、話のつじつまを合わせている。やはり頭がいい」と感じた。

米谷と柵が取材を終えて車に戻ろうとすると、矢後氏は「記事になるのか」と尋ねながら、2人についてきた。そして、こう言った。

「きのう開示決定したのに、1日で調べたのか」と。

◇

翌7月13日付の北日本新聞は【矢後県議　政務活動費不正か】の見出しを打ち、1面と社会面のトップで報じた。

県議会副議長の矢後肇氏（56）＝自民、高岡市醍醐＝が政務活動費で書籍を購入したと報告しながら、実際には少なくとも一部は購入していなかった疑いがあることが12日、北日本新聞の調べで分かった。収支報告書によると、矢後氏は2010年4月から4年半の間に1冊数万円の高額書籍や、出版元でも在庫が少なかった専門書を含む約450冊合わせて約460万円分を全て南砺市内の同一の書店で購入。しかし、書店経営者は「矢後氏とは面識がなく、売買の記録もない」と話している。

矢後氏は北日本新聞の取材に、「本を購入せずに領収書を提出したことはない」と架空請求はなかったと説明。一方、「当時、役員を務めていた会社の社員の資格取得用テキストなど、領収書に記載された本とは異なる書籍を購入したことがある」と目的外使用があったことは認めた。また、「これまで購入した書籍の一部は破棄し、現物は残っていない」「南砺市の書店関係者とは親類関係だった」などと話した。（略）

だが、購入先となっている書店の男性経営者は「毎月10万円前後の書籍を購入する客がいれば顔や名前は分かるはずだが、矢後氏の名前は初めて聞いた」と話し、報告書の書籍の中には店で取り扱った記録がない商品もあるとした。男性は約30年前から書店の代表を務め、「店の関係者に矢後氏と親類関係にある人はいないと思う」とした。

日本新聞（明治17年創刊）　2016年（平成28年）7月13日　水曜日　（日刊）

北日本新聞

2016年（平成28年）
7月13日
水曜日

南西の風雨朝晩
所により雷を
伴い激しく降る

発行所
北日本新聞社
富山市安住町2番14号
〒930-0094 電話076-445-3300
©北日本新聞社 2016

地域の話題・情報は
076（445）3458へ

矢後県議 政務活動費不正か

書籍購入4年半で460万円

県議会副議長の矢後肇氏（56）＝自民、高岡市醍醐＝が政務活動費＝㊟＝で書籍を購入したと報告しながら、実際には少なくとも一部は購入していなかった疑いがあることが12日、北日本新聞の調べで分かった。収支報告書によると、矢後氏は2010年4月から4年半の間に1冊数万円の高額書籍や、出版元でも在庫が少なかった専門書を含む約450冊合わせて約460万円分を全て南砺市内の同一の書店で購入。しかし、書店経営者は「矢後氏とは面識がなく、売買の記録もない」と話している。

【書店主「領収書違う」27面】

矢後　肇氏

矢後氏は北日本新聞の取材に対し、「本を購入せずに領収書を提出したことはない」と架空請求はなかったと説明。一方、「当時、役員を務めていた会社の社員の資格取得用テキストなど、領収書に記載された本とは異なる書籍を購入したことがある」と目的外使用があったことは認めた。また、「これまで購入した書籍の一部は破棄し、現物は残っていない」「南砺市の書店関係者とは親類関係だった」などと話した。

県議会事務局に提出された10～14年度の政務活動費の収支報告書によると、矢後氏は10年4月から14年9月までの間、毎月末に10冊ほど、金額にして計10万円前後の書籍を南砺市の書店で購入したとして領収書を添えて報告。年度別の合計購入額は▽10年度＝約96万円▽11年度＝約96万円▽12年度＝約111万円▽13年度＝約110万円▽14年度＝約49万円だった。

だが、購入先となっている書店の男性経営者は「毎月10万円前後の書籍を購入する客がいれば顔や名前は分かるはずだが、矢後氏の名前は初めて聞いた」と話し、報告書の書籍の中には店で取り扱った記録がない商品もあるとした。男性は約30年前から書店の代表を務め、「店の関係者に矢後氏と親類関係にある人はいないと思う」とした。

また、北日本新聞が購入書籍の出版元に確認したところ、収支報告書に添付された領収書に記載された時期に「県内で販売実績はない」「県内の書店から取り寄せはなかった」と複数の社が回答した。1冊数万円の高級書籍や絶版本、出版元でも在庫がなかったため取り寄せが難しかった書籍もあった。

矢後氏は銀行員を経て03年の県議選高岡市選挙区で初当選。4期目で、16年3月から副議長を務めている。

南砺市の書店で購入したと報告している金額（年度別）

年度	購入額
2010	96万349円
2011	96万1452円
2012	111万4367円
2013	110万7983円
2014	48万9024円
計	463万3175円

※14年10月以降は購入の記載なし
※毎月10冊前後を購入

？ズーム

県議会の政務活動費　政党活動などを除く調査研究のため、議員報酬とは別に、会派に対して所属議員数に応じて1人月額30万円交付される。調査研究のほか、事務所費や要請陳情活動などに充てられる。決算は会派ごとに行い、不足すれば自己負担となり、余れば県に返還。2008年度から1円以上全ての領収書の添付が義務付けられた。12年の法改正で名前が変わり、それまでの「政務調査費」から名称が変更された。収支報告書と領収書、活動報告など証拠書類の写しは議会事務局で閲覧できる。

2016年7月13日1面

本人の言い分も掲載し、疑惑の全容を過不足なく書き込んだ。

その日の夜、矢後氏は富山市内の法律事務所で会見した。グレーのスーツと紺のネクタイ姿で現れ、憔悴《しょうすい》しきった表情で自らの不正を告白した。実は報告していた450冊は、一冊も購入していなかったのだという。

460万円すべてが架空請求だった。インターネット通販大手「アマゾン」で高価な本の題名を探しては、偽造した領収書に金額を書き込み、公金を詐取していた。

矢後氏はその6日後に議員辞職した。このスクープから地元メディアの調査報道が本格化していく。

県議の矢後氏に続いて不正が暴かれたのは、議員報酬の増額を強引に採決した富山市議たちだった。舞台は再び、富山市議会に戻ることになる。

中川氏の不正

8月になると新聞やテレビの報道はリオデジャネイロ五輪のニュースであふれかえった。中でもレスリング女子は、メダル獲得が有力視された登坂絵莉選手が高岡市出身のため、県民も盛り上がっていた。社会部は現地に記者を派遣し、県勢のきめ細かな動きを報道した。

そんな喧噪《けんそう》をよそに、地方議会取材班の片桐と高橋、笹谷は、富山市役所の市政情報コーナーで、議会事務局が開示した政務活動費の収支報告書などを地道に閲覧していた。矢後氏の件もあって、取材班にはさまざまな情報が寄せられた。それを基に、不自然な記載をチェックし、コピーを入手して精査する作業が続いた。

市議会の収支報告書は会派ごとに提出されている。のちに問題となる領収書は印刷会社のものだった。自民の会派名は記されているが、これだけでは誰の領収書か分からない。

しかし、手掛かりはあった。印刷資料は「市政報告会」の場で配られたといい、その開催案内状が、領収書とともに添えられていたからだ。

そこには、あの中川勇氏の名が書かれていた。

中川氏は1995年に47歳で初当選。議長や自民党富山市連幹事長、最大会派の会長を歴任し、議会内に大きな影響力を持っていた。

取材妨害の後も「人の〝家〟に入ってきて、この中でやる以上、(メモ用紙を) 回収するのは当たり前だ」と言い放った人物だ。

取材班が入手した報告書は2013年度から2年分。笹谷は、この間に中川氏が開いたとする市政報告会すべてを一覧表にまとめた。「頻繁に開いているなあ」。しかも毎回、配る資料の数が異常なほど多く、金額もかなり大きい。

目立つのは地元の東部地区センターで開いたという市政報告会だ。確認できた計7回すべてに、同じ様式の領収書と住民への案内状が添えられていた。

その場で配ったとされるコピー資料は合わせて1830部、金額にして105万7100円に上る。

一方、高橋は取材で、中川氏の収支報告に不正の疑いがあるという証言を関係者からすでに得ていた。実際には報告会を開いていないのではないかと疑問視する内容だった。言葉と物証が一致した。

取材を進めていた8月19日、地元のチューリップテレビも議員の不正を追っているようだと、ある人物が片桐にメールで伝えてきた。チューリップテレビは報酬増問題や本紙記者に対する中川氏の取材妨害を、同じメディアの立場から問題視して大きく報じた地元民放局だ。

19日付朝刊は登坂選手の金メダルを報じる特別紙面で、編集局内も続報に向けて熱気にあふれていた。そんな雰囲気とは対照的に、メールを見た片桐は気持ちが冷め、嫌な予感を抱いた。「同じ不正に気付いたのかもしれない」

スクープを狙うのは記者の習性であり、単独でいち早く報じたい。とりあえず他社は動いている。あれこれ悩んでも仕方がないと思い、取材班に加え、矢後氏の不正問題で活躍した社会部の高嶋と野村にも協力してもらい、裏付け取材を一斉に行った。

高嶋と野村は領収書の発行元とされる富山市内の印刷会社を訪ねた。

経営者は「うちの領収書で間違いない」と答え、印刷物の余りと納品書の控えを出してきた。のちに分かったことだが、これらは、メディアの取材を察知した中川氏が不正を隠ぺいしようとして、あらかじめ印刷会社に持ち込んだものだった。口裏合わせを依頼していたのだ。この時だけは、高嶋と野村もだまされた。

午後6時15分、チューリップテレビがニュース番組で中川氏の疑惑を報じた。同じ不正だった。問題視したのは、東部地区センターで開いたという1年分、計4回の市政報告会。記載された会場で開いた形跡がないとの指摘に、中川氏は「場所を移して開いた」と説明したが、記者は丹念な取材でその証言の不自然さを突いていた。場所を移して開いたわけがないのだ。

北日本新聞の取材班はこの時点で、中川氏が2013年度から2年間にわたり、東部地区センターで計7回の市政報告会を開いたという領収書を手元にそろえていた。しかも毎回漏れなく、住民向けに開催日時と場所を知らせる案内状を添えているのだ。7回の報告会すべてで、案内状を出してから会場変更することなどあり得ない。

行政機関である東部地区センターが入る公民館の責任者も、テレビの記者や片桐たちの裏付け取材に「2012年度からここにいるが、中川氏が報告会を開いたことは一度もない」と断言した。1回の報告会につき、多い時で350部もの資料を配っていることになっているが「この建物には80人が入る部屋しかない」とも証言していた。

◇

中川氏に聞かなければならない。しかし、高橋と笹谷が自宅を訪ねても外出中といい、携帯電話にも出ようとしない。確認が取れないまま締め切りは迫ってくる。片桐は2人に自宅をずっとマークするよう指示した。

疑惑を報じる際は本人の言い分を記すことが不可欠だ。後に訴訟になる可能性も否定できない。西嶋と片桐は思案に暮れたが、本田はこれまでの取材だけで十分に報じるに値すると判断。8月20日付朝刊の社会面トップは4連覇を逃した吉田沙保里選手の記事を予定していたが、急きょ差し替えを決めた。午後9時近くだった。

見出しは【中川富山市議報告誤り　政務活動費】【記載の会合開かず】【資料代105万7100円受給】。本人の弁明が聞けないため、矢後氏のように「不正」とは打たず、この段階では議会に報告している内容と事実が異なることから「報告誤り」とし、以下のように報じた。

富山市議会議員の中川勇氏（68）＝富山市清水元町＝の2013年度と14年度の政務活動費の報告に誤りがあることが、北日本新聞の取材で分かった。市東部地区センターで7回にわたって市政報告会を開いたとし、その資料のコピー代として計105万7100円（1830部）を市から受け取っ

ているものの、同センターで報告会を開いた事実はなかった。（略）
案内状には、7回とも開催場所として「東部地区センター」と明記し、「多数ご参集下さいます様お願い申し上げます」と呼び掛けている。
しかし、市東部地区センターの入る市東部公民館の責任者は「12年度からここにいるが、中川氏が報告会を開いたことはない」と言い、200～350部コピーしているものの「建物には多くて80人が入る部屋しかない」と説明。管轄する市教委も「13、14年度とも市議の報告会はなかったと思っている」と話す。

◇

中川氏は自殺を心配させる書き置きを残し、8月20日の未明から行方不明になっていた。
一報をつかんだ取材班は緊迫し、早朝から情報収集に追われた。
この日の夜、中川氏は市役所の駐車場に止めた車の運転席で、ぐったりしていたところを同僚議員に発見された。病院に救急搬送され、面会謝絶になった。

◇

頬に無精ひげを生やし、疲れた表情で報道陣の前に現

北日本新聞　（第3種郵便物認可）　新聞定価　月ぎめ本体価格2,845円（税込み3,072円）、1部売り（税込み）130円

政務活動費

中川富山市議 報告誤り

東部地区センター 記載の会合開かず

富山市議会議員の中川勇氏(68)＝富山市清水元町＝の2013年度と14年度の政務活動費の報告に誤りがあることが、北日本新聞の取材で分かった。市東部地区センターで7回にわたって市政報告会を開いたとし、その資料のコピー代として計105万7100円（1830部）を市から受け取っているものの、同センターで報告会を開いた事実はなかった。

資料代105万7100円受給

本紙は富山市に公開請求し、中川氏の政活費に関わる13、14年度の伝票を入手。領収証と住民向けとみられる市政報告会の案内状、資料の表紙などが添えられていた。

政活費の伝票と添付された市政報告会の案内状。7回とも東部地区センターで行うとしているが、開かれた事実はなかった

中川氏が地元の市東部地区センターで市政報告会を開いたと記載したのは①13年8月23日（資料200部、コピー代18万2千円）②14年1月26日（350部、21万7千円）③同2月22日（250部、15万5千円）④同3月15日（230部、11万9600円）⑤同11月27日（200部、4万6千円）⑥同12月20日（300部、17万1千円）⑦15年1月24日（他会場と合わせ300部、16万6500円）―の7回。

13年8月に配ったという資料は1部当たり910円で、14年11月の1部230円を除けば、すべて500円以上かけたことになる。コピー代の領収証を発行したのは、7回とも富山市内の同一の印刷会社。社長は「領収証はうちのもので間違いない」と話す。

案内状には、7回とも開催場所として「東部地区センター」と明記し、「多数ご参集下さいます様お願い申し上げます」と呼び掛けている。

しかし、市東部地区センターの入る市東部公民館の責任者は「12年度からここにいるが、中川氏が報告会を開いたことはない」と言い、200～350部コピーしているものの「建物には多くて80人が入る部屋しかない」と説明。管轄する市教委も「13、14年度とも市議の報告会はなかったと思っている」と話す。

案内状を出した後、すべて異なる会場に場所を変えて報告会を開いたり、使わなかった資料を地元で配っていたとしても、報告書の記述は事実と異なる。

市民オンブズ富山の青島明生弁護士は「（記載を誤ったとしても）最初の1回はともかく、2回目以降も毎回、会場を変え、大量に資料をコピーするのはおかしい」と指摘。「自主的に返還すべき。しなければ、返還に向けて住民監査請求を行うことを検討する」と話している。

政活費は議員報酬とは別に支給され、富山市議は1人当たり年間180万円。余った分は返還する仕組みだが、富山市議会は15年度の場合、すべて使い切っている。

北日本新聞は19日、取材のため中川氏の自宅を訪ねて待機したほか、携帯に電話したものの連絡が取れなかった。

2016年8月20日第1社会面

れたのは、27日の夜だった。後援会の会合で辞意を伝えた中川氏にはかつての覇気はなく、記者たちの取材には応じないままその場を去った。

辞職は30日。翌31日に開いた会見でようやく口を開いた。その時の謝罪の言葉や記者たちとのやりとりは、こうだ。

「富山市東部地区センターで市政報告会を開かなかったことは事実だ。政務活動費を流用したことを認めざるを得ない。議会の信頼を失墜させたことを、心より深くおわび申し上げる。市議会の自民会派が私の政活費を精査する予定であることを、有澤守会長から聞いた。その結果を待ち、請求があれば全額返還させていただきたい」

—市政報告会の資料のコピー代として政活費を受け取る際、資料と印刷業者の領収証を添付していた。どういうことなのか。

「(添付した)資料は会派にあるコピー機で1～2部刷り(市議会に)出した。印刷業者では印刷していない。業者は知らないことであり、私の独断の行為だ」

—業者は「印刷した」と言っている。

「業者とは二十数年来の付き合いなので、そういうふうに取材に答えたのだろうと思う。領収証をどう使っているかも業者は全く知らない」

—白紙の領収証をもらったということか。

「(うなずいた上で)いつごろかは覚えていない」

—それに自分で記載した。

「はい」

—罪の意識はなかったのか。

「何回か重ねるうち、これじゃいけないのではないかと思いながら、ついついやってしまった。弁解の余地はない」

—虚偽の報告に当たるという認識を持っていたということか。

「どこかの時点で必ずあった」

—矢後肇元県議の政務活動費不正問題を受けて、自分も報告しなければ、との気持ちにならなかったのか。
「120％あった」
―しかし、報道が出るまで報告しなかった。
「なかなか言い出すことができなかった。自分の弱さだろう。いつ（報道が）出てもおかしくない、という風には思っていた」
―自殺を図った、という報道があったが。
「それは間違いない」
―お金は何に使ったのか。
「ほとんどが飲み代。（酒を）飲むのが好きで、誘われれば嫌と言えない性分なので。趣味のゴルフにも使った」

北日本新聞（明治17年創刊）　2016年（平成28年）9月1日　木曜日　（日刊）

領収証偽造し架空請求

政活費「飲み代に」

着服認め全額返還へ

中川元富山市議

実際には開かれていない市政報告会の資料のコピー代を政務活動費として受け取っていた中川勇元富山市議（69）＝同市清水元町＝が31日、同市の長江公民館で記者会見し、資料はコピーしておらず、領収証を偽造して市に請求したと明かした。着服した分は飲み代やゴルフなど「遊興費に使った」と述べ、「議会の信頼を失墜させたことを深くおわびする」と謝罪した。【口裏合わせ 業者に依頼37面、一問一答35面】

中川氏は、政活費の報告には2012～15年度に市東部地区センター（市東部公民館）で13回の市政報告会を開いたとしていたが、全く開催していなかったと説明。その上で、資料のコピー代として請求した157万400円を受け取っていたと認めた。

領収証は、長年の付き合いのある同市内の印刷業者から白紙の束を受け取り、その都度、自ら金額を書き込んでいた。不正を始めた時期に関しては、記憶が定かではないとしながら「議員として余裕が出てきた11年ごろから」と話した。

不正を始めた理由を、所属していた自民党富山市連や市議会の自民会派で重要な役職に就いたことから「いろんな人たちとの付き合いの中で、ついつい手を出してしまった」。使い道を問われると「ほとんどが飲み代」「趣味のゴルフに使ったこともある」と話した。

東部地区センターでの報告会では、茶菓子代として計15万5789円も受領。さらに、同センター以外の会場で開いたとしている報告会でも資料のコピー代として不正を行ったとした。

ただ、資料が手元にないとして、着服した金額の総計をはじめ詳細は説明しなかった。自民党会派の調査が進められると言い、「結果を待って、会派に求められれば全額返還する」と話した。

中川氏はことし6月、自民会派会長として、議員報酬の月10万円アップを推し進めた。報道陣の「報酬が足りないから不正をしたのか」という質問には、「それは別の話」とだけ答えた。

中川氏は1995年に初当選し、通算6期。政活費の報告に事実と異なる記載があるとの報道を受け、30日に議員辞職した。

政務活動費の着服を認め、謝罪する中川氏＝31日午後6時、長江公民館

中川氏の記者会見のポイント
- 市政報告会の経費を架空請求した。
- 印刷業者から白紙の領収証をもらい、自ら記入した。
- 飲み代やゴルフなど遊興費に充てた。
- 架空請求は2011年ごろからだと思う。
- 自民会派の調査を踏まえ、すべて返還する。

北日本新聞
2016年（平成28年）
9月 1日
木曜日
南の風のち北東の風晴
発行所
北日本新聞社
富山市安住町2番14号
〒930-0094 電話076-445-3300
©北日本新聞社 2016
地域の話題・情報は
076（445）3458へ

2016年９月１日1面

驚くべき内容だった。

報告会は開いていない、資料もコピーしていない。印刷会社から白紙の領収書の束をもらい、金額を書き込んだ。着服したカネの使い道はほとんどが飲み代…。自暴自棄になっていたのか、正直すぎるのか、あきれた弁明を繰り返した。

会派の調査でさらに金額は増え、２０１１年度から５年間で不正に受け取った額は７４１万円に上った。そのうち47万円余りは後輩議員の谷口寿一氏（のちに議員辞職）に、偽の領収書を渡して不正請求させ、自らの懐に

入れていたものだ。このほか茶菓子代も、実際に受け取った領収書の「万の位」に、数字を書き足して水増し請求していた。

辞職ドミノ

9月以降、全国紙やブロック紙、地元民放、通信社が積極的に調査報道を行い、不正を次々に暴いていった。富山市議会の事務局横のソファがあるスペースは、常に各社の記者が待機し、緊急の「囲み」取材が頻繁に行われるため「プレスセンター」の様相を呈した。

地方議会取材班が不正を暴いた手法はこうだ。例えばA氏がX社で架空請求していた場合、A氏のY社、Z社の領収書もチェックする。他の会社でも悪知恵を働かせたかもしれないからだ。

さらにX社はA氏だけでなく他の議員の不正にも関わっていると考え、X社が発行したB氏やC氏の領収書を精査。おそらく他社も同じように調べていたと思われ、複数メディアが競い合い、結果として網羅的に調べることができた。

北日本新聞は3人だった取材班に、新川支社編集部の吉崎美喜、社会部の松倉実里を投入し、体制を手厚くした。論説委員は社説を、文化部は識者評論を次々に掲載。編制本部の内勤記者たちも一緒に、1面から社会面まで力強く報道を展開していった。

特に不正を巡っては、他社に先に報じられたから、つまり「抜かれたから」といって小さく扱うことはなかった。社長の板倉均がかつて編集局長だった頃、折に触れて記者たちに求めた報道姿勢だ。編制本部長の織田も、記事を書いてくる社会部や政治部に向かって繰り返しこう言った。

「俺たちの納めた税金をあんなふうに使っていたんだぞ。事実を白日の下にさらさなければならん。抜いた抜かれたはお前らの理屈。読者に関係ない」

そして辞職の連鎖は続き、中川氏が牛耳っていた〝家〟は崩壊した。

富山市議会は定数40人のうち14人が辞める異常事態になり、うち自民が12人(補選後に2人加わる)を占めた。

村山栄一氏は95回開いた市政報告会すべてで茶菓子代を水増しし、岡本保氏はパソコンで領収書を自作。議長の市田龍一氏は事務用品を架空請求し、岡村耕造氏と共にカラ出張も暴かれた。浅名長在ェ門氏、谷口寿一氏、藤井清則氏、丸山治久氏、浦田邦昭氏も辞めていった。領収書を渡した業者が自ら、深い後悔や自責の念から不正を告白したケースもあった。

自民が不正に得た総額は2千万円を超える。

取材班を驚かせたのは、自民だけでなく、民進系の民政クラブに飛び火したことだ。金額も大きく、衝撃が走った。会長の高田一郎氏と幹事長の針山常喜氏が手を染めた不正も、約2千万円だった。2人が幹部になる前から会派ぐるみで行われ、その手口を引き継いでいた。印刷会社から白紙の領収書をもらい、不正に着服した金は選挙費用にも流用していた。

民進は県議会でも坂野裕一氏と山上正隆氏が辞職に追い込まれ、高岡市議会では中山欣一氏が辞めた。党県連の政党交付金に多額の使途不明金があることまで分かり、残された民進の議員たちの目は悲しげだ。

来る日も来る日も、議員の誰かが謝罪して頭を下げる異常な光景が続く。

議会には本来、当局と向き合い、政策について論戦を交わすだけの力量が求められている。政務活動費はそのための必要経費だったはずではないか。笹谷は、朝から深夜に及ぶ連日の取材に疲れを覚えながら「政務活動費を打ち出の小づちと思っていたのか」と憤りを禁じ得なかった。

局長の勢藤は、9月22日の朝刊1面に【「自律」の精神今こそ】と見出しを付けた文章を載せた。局長自らがペンを持つのは異例のことだ。

21年前、地方自治をテーマにした本紙キャンペーン「市町村　われらが自治の砦《とりで》」に加わった。行政の最小単位である市町村に、「自律」した自治が生まれた時に初めて地方分権を担うことができるという思いがこもっていた。

議会と当局とのなれ合い、秘密主義、議会事務局の事なかれ主義…。あちこちで指摘される課題は、当時もあったが、連載は努めて改革への前向きな取り組みを拾い出し、「頑張れ」とエールを送った。効率主義一辺倒で、市町村合併を進めようとする国の思惑が見え隠れしていた。市町村には踏みとどまって、まず自律の精神を獲得してほしいと願ったのだった。

その後生まれた政務調査費も政務活動費も、議会が調査活動や勉強を重ねて力を付け、首長や当局と渡り合い、しっかりチェックしてほしい、と願って生まれた制度だ。

しかし、そんな「性善説」に支えられた願いは、見るも無残に富山で崩れ去った。（略）

効率主義と激しい自治体間競争の中で、自治体の首長や役人たちは政策決定を急がされている。住民に向けた議会での説明や議論は、相当に時間がかかる。識者や専門家がお墨付きを与える審議会が重用され、多くの地方議会は当局の原案を追認するだけにとどまっている。

議会の比重を増すために横たわる課題は、あまりにも多い。不正の温床となった政活費前払い制の廃止、常時監視体制の確立も大事だが、誰のため、何のために議員バッジを着けているのか、原点を問わねばならない。

北日本新聞
2016年（平成28年）9月22日 木曜日
2会派で不正3380万円
富山市議会 政活費
自民 総額増の可能性
6人辞職 計9人に
補選 11月6日投開票
坂野氏が辞職願 民進会派 県議不在
来月23日投開票
民意と歩む とやま議会考
「自律」の精神 今こそ
編集局長 勢藤 和弘

2016年９月22日1面

長年にわたり、地方自治、地方議会重視を貫いている本紙の姿勢を伝える内容だったが、不正への怒りが行間ににじみ出ていた。

◇

相次ぐ政務活動費の不正は、議員報酬の増額にも影響を与えた。9月5日。村山氏の不正を公表する自民党会派の会見で、片桐は尋ねた。「こんな状況なのに、報酬は引き上げるんですか」。幹事長だった高田重信氏は、険しい表情ながらも、腹を決めていたのか、よどみなく答えた。

「凍結も含めて協議します」

潮目が変わった瞬間だった。

市議会は2017年4月に選挙を控える。辞職ドミノへの市民の反発の下、報酬引き上げという事案も抱えて戦うのは、到底無理だと感じたようだ。

自民党会派は9月26日、総会を開き、報酬増を撤回することを決定。北日本新聞はいち早く号外を発行し、県民に伝えた。

見上げると空は高く、市役所と県庁、本社を結ぶ200メートル余りの街路の木々も色づき始めていた。不正の発覚、緊急の記者会見、辞職願の提出…。そのたびに行き来した街路の変化で、記者たちは暑かった夏の終わりに気づいた。

不正の背景

一連の不正はどこに問題があったのだろう。彼らはなぜ、不正を繰り返してしまったのか。辞めた多くの議員は「安易な気持ちでやってしまった」「魔が差した」などと反省の弁を口にした。議員たちのモラルの低さと言ってしまえばそれまでだが、犯罪を生む構造的な問題があった。

その一つが「前払い」だ。議員は使う前に政務活動費をまとめて受け取っていた。いったん口座に入ったものは「使い切らないと、もったいない」という思いが働き、矢後氏をはじめ多くの議員が記者会見で「使い切り意識」があったことを明かした。

さらに、領収書を偽造して架空請求したとしても「絶対にばれない」という思いがあったのだろう。情報を遮る壁があまりにも厚く、メディアや市民の目が届きにくい仕組みだということを彼らは分かっていたし、隠し通す自信もあったに違いない。富山市議会で不正が発覚する前の2015年度、政務活動費に関する情報公開請求は1件もなかった。

くどいようだが、不正がはびこった最大の原因はメディアや市民の目が届かなかったことにある。議会はこれまで、収支報告書や領収書をインターネットなどで公開してこなかった。会派や事務局の点検も甘く、閉ざされた〝家〟の中で、何をしてもチェックをくぐり抜けられるという意識が蔓延《まんえん》していたようだ。

また、当時のほとんどの議会で領収書などを閲覧するには、情報公開請求の手続きと、それを持ち帰って精

北日本新聞 2016年(平成28年)9月6日 火曜日

報酬増見直し検討
政活費不正続発で
村山氏も55万円着服
富山市議会自民会派

民意と歩む とやま議会考
条例の再改正必要

2016年９月６日1面

朝刊で詳報します

北日本新聞 号外

この紙面はウェブ新聞webunでもご覧いただけます http://webun.jp

2016 平成28年 9/26 月曜日

発行所 北日本新聞社 〒930-0094 富山市安住町2-14 ☎076(445)3300(受付案内) © 北日本新聞社2016

富山市議報酬増 撤回
自民会派が決定
12月定例会に廃止提案

富山市議会での政務活動費不正問題を受け、自民会派は26日の総会で、議員報酬引き上げを白紙撤回することを決めた。増額を定めた条例を廃止する条例案を12月定例会に提出する予定。市議会には現在、30人の議員がおり、うち自民会派は19人。同会派単独でも条例案は成立する見通しだ。

総会は非公開で行われ、会合後、会派の五本幸正会長と杵山数男幹事長が記者会見した。12月定例会での提案に向け準備中であることを説明した上で、五本会長は「凍結ではなく廃止する。大変厳しい判断ではあるが、しっかりやっていく」と強調した。

同日、自民会派として所属議員の不正についてさらに精査する「政務活動費調査会」を発足させた。

議員報酬を巡っては、6月15日に月額10万円アップして70万円にする条例改正案を自民、公明、民政クラブの3会派の賛成多数で可決した。その後、政活費を巡る不正が相次いで発覚したため、自民会派内でも増額の凍結や白紙撤回を求める意見が出ていた。

2016年９月26日号外

ドキュメント編集局

査するために1枚10円のコピー代が必要になる。例えば13、14年度の富山市議会の自民党会派分の全ての資料をコピーすると費用は約5万5千円。他会派にも調査の手を広げるとさらにかかる。一市民が支出するには大きい。これも、ネット公開すれば、ただで調べられる。

県議会副議長のケースでは、記者たちが議会事務局に通いつめて収支報告書や領収書などを閲覧し、架空請求に気づいた。数万円もする高額な専門書の大量購入は、どう考えても不自然だ。ネットなどでこの領収書が公開されていれば、もっと早く誰かの目にとまっていたかもしれない。取材していることを副議長に気付かれまいと、証拠資料をひたすら書き写し続けるという手間もかからなかった。

そもそも市民の目が光っていると思えば、よほどの悪党でない限り、こうした不正に手を染めることもない。だからこそ情報の公開度はできる限り高めなければならないし、われわれも常に権力をチェックする視点を忘れてはならない。

そういう面では、「辞職ドミノ」は、それ以前に壁を突破しなかった記者の怠慢だという誹《そし》りは否定できない。大いに反省すべきである。

情報漏えい

一連の不正を振り返る上で、もう一つ触れざるを得ないのが、富山市議会事務局などによる情報漏えいだ。

富山市議会の中川勇氏が隠ぺい工作できたのも、チューリップテレビが情報公開請求したときに、事務局職員がその事実を議員本人に伝えてしまったからだった。

中川氏のケースでは、不正を追及するための裏付け取材の一つが、印刷会社に領収書を本当に発行したかどうか確かめることだった。だが、前述したように、印刷会社の経営者は取材に対し「うちの領収書で間違いない」「注文を受けて実際に印刷した」と証言し、中川氏の会合で配布したという印刷物の余りと納品書の控えまで出してきたのだった。

印刷会社のルートは、これ以上踏み込めなくなった。チューリップテレビも、同じ日に印刷会社に取材していたが、やはり経営者からは偽りの証言しか得られなかったという。われわれメディアは、幸いなことにほかの証拠を得て追及することができたが、そうでなければ、どうなっていたことだろうか。

後日、印刷会社の経営者は北日本新聞の取材に、中川氏から「矢後氏の架空請求事件があったから、マスコミが調べに来るかもしれない」と口裏合わせを依頼されたのだと明かした。「納品書控え」に書かれたコピーの数量や金額は「収支報告書」の内容と同じだったが、それらは議員側が書いたものだった。

印刷会社は、中川氏が架空請求していたことを知らなかったという。長い付き合いがあり、白紙の領収書は先代の経営者が議員に渡したものだった。とはいえ自社の領収書が不正に使われたことを知って後に引けなくなり、指示に従ってしまったのだと後悔していた。

隠ぺい工作の一件はこれで終わりではなかった。ひと月後、中川氏がなぜ取材を察知できたのか、そのなぞが解けた。驚くべきことに議会事務局が情報を漏らしていたのだ。雲隠れしていた中川氏にインタビューした朝日新聞が、9月21日付朝刊の社会面トップに掲載した。事務局の幹部はその日のうちに会見して謝罪。北日本新聞も22日付で追いかけた。

情報を漏らしたのは庶務課の中堅職員だった。政務活動費の収支報告書などをチューリップテレビが公開請求したのを受け、勤務時間外に1人で作業していたという。その日がいつなのかは判然としないが、事務局によると7月だった。

室内が暗かったことを職員は覚えている。その執務室に、中川氏と後輩議員の谷口寿一氏が入ってきた。「何をしているのか」と問われた職員は、情報公開に向けた作業をしていると答えたが、さらに「どこからよ」と畳み掛けられ、とっさに社名を答えてしまったのだという。

しかし、情報漏えいはこの1回だけではない。数日後に職員は、実際に開示した書類のコピー数枚を自民党会派の控室にわざわざ届けている。事務局の聞き取り調査に対して職員は「取り返しのつかないことをしてしまった」と頭を抱え込んでしまったという。

問題は幾つもある。

まず、職員の一連の行為は「職務上知り得た秘密を漏らしてはならない」と定める地方公務員法に違反する。

情報公開制度は国民による行政機関のチェックを促すのが目的だが、請求者の個人情報が第三者に漏れれば、圧力や嫌がらせを受けることもあるだろう。名前が漏れるということになれば、請求を控える人も出てくるのではないか。しかも、それだけではないということは、北

北日本新聞

公開請求 市議に漏えい

富山市議会事務局員

守秘義務違反 処分検討

森市長「よその組織」

解決してないだろ

市議会傍聴 市民ら怒号

2016年9月22日第1社会面

日本新聞やテレビの取材に対し、口裏合わせを許したことからも分かる。情報公開請求が逆に「情報隠し」に利用されたのだ。

富山市教委の生涯学習課長も、所管する東部地区センターの使用申請書について公開請求された際、書類のコピーを議会事務局にわざわざ届けている。情報は当時の議長にも伝わった。中川氏の市政報告会そのものが取材のターゲットだと、議会側に報告するようなものだ。議員におもねる意識、なれ合いや内輪をかばう空気があったと指摘されても仕方のない行為だった。

県議補選

政務活動費の不正による相次ぐ議員辞職のため、県議会と富山市議会では補欠選挙が行われることが決まった。

先に実施するのは3人がバッジを外した県議選だ。「10月14日告示─23日投開票」となり、2選挙区で共に三つどもえの戦いが繰り広げられた。

市町村合併前の旧富山市をエリアとする富山第1選挙

区では、民進党の坂野裕一氏が辞職。その欠員1に対し、日本維新の会、社民・共産・自由の3党が推薦する政治団体「怒る県民の会」、自民党の新人3人が立候補した。

高岡市選挙区では、不正が最初に明るみに出た自民党の矢後肇氏、水増し請求が分かった民進党の山上正隆氏の辞職によって欠員2が生じた。そこに共産、社民、自民の3党の新人3人が争う構図となった。

舌戦も政務活動費が大きな焦点になった。

不正が数多く発覚した自民党は、総じて防戦を強いられた。各陣営は「不名誉な戦いだが、信頼回復に向けて着実に進む」「今回の選挙では私たちの姿勢が問われている。襟を正し、県政を担っていく」と訴え、理解を求めた。

政活費不正 県議補選

富山市第1 藤田氏（自民）初当選

高岡 酒井氏（自民）と島村氏（社民）

政務活動費の不正に伴う辞職による県議補選は23日、投開票され、富山市第1選挙区（欠員1）は自民党新人の藤田良久氏(68)＝有沢＝が3万2934票を獲得し初当選を果たした。高岡市選挙区（欠員2）は、自民党新人の酒井立志氏(61)＝姫野＝が2万3172票を得てトップ当選し、社民党新人の島村進氏(69)＝福岡町江尻＝が1万1289票で議席を得た。落選した共産党新人、高瀬充子氏(54)＝中川本町＝との差は79票だった。投票率は富山市第1が30・20％、高岡市が32・76％だった。

【関連記事3、30面】

富山市第1選挙区は、民進党県議の辞職で補選が実施された。藤田氏は、富山市議会で相次いだ政活費不正問題で、自民に逆風が吹く中、党の組織力を生かして当選した。

日本維新の会新人の京谷公友氏(48)＝二口町＝は2万1713票、政治団体「怒る県民の会」新人で、社民、共産、自由3党の推薦を受けた星野富一氏(68)＝黒崎＝は2万1191票にとどまった。両氏とも自民への批判票の受け皿となることを狙ったが、届かなかった。

自民と民進の議員2人が辞職した高岡市選挙区は、自民の酒井氏が党所属議員の全面的な支援を受けて運動を展開。政活費不正問題の影響を最小限に抑えた。

島村氏は、政活費の不正根絶や福祉最優先の県政の実現を訴えた。地元の福岡地域での集票に力を入れたほか、労組票で上積みを図った。社民党は同選挙区での議席を2に伸ばした。高瀬氏は不正の徹底追及をアピールしたが、わずかに及ばなかった。

当選証書付与式は25日午後2時から県庁で行われる。

中新川郡選挙区（欠員1）で無投票当選した自民党新人の亀山彰氏(58)＝立山町岩峅寺＝を含め、4人の任期は2019年4月末まで。

今回の補選の結果、県議会の会派別の議席数は自民党30、社民党・無所属5、共産党、公明党、県民クラブ、無所属の会、会派至誠が各1となる。

県議補選の開票結果と当選者

選管最終（敬称略）

富山市第1 欠員1

当	32,934	藤田　良久	68	自①
○	21,713	京谷　公友	48	維新
○	21,191	星野　富一	68	諸新

無効4,940　不受理1　持ち帰り1

藤田 良久 68
自①
富山市有沢▽衆院議員事務所長▽元富山市環境部理事・環境センター所長▽東洋大

高岡市 欠員2

当	23,172	酒井　立志	61	自①
当	11,289	島村　進	69	社①
○	11,210	高瀬　充子	54	共新

無効2,537　不受理0　持ち帰り0

酒井 立志 61
自①
高岡市姫野▽自営業▽自民党高岡市連政調会長▽中央大

島村 進 69
社①
高岡市福岡町江尻▽団体役員▽元高岡市議▽石動高

【表の見方】当は当選、○印は法定得票（繰り上げ当選資格）獲得者。得票数、氏名、年齢、公認政党、現職・新人の別、○内の数字は当選回数。当選者の経歴は▽住所▽職業、公職▽主な経歴▽最終学歴

【党派の略称】自＝自民、社＝社民、共＝共産、維＝維新、諸＝諸派

2016年10月24日1面

一方、非自民勢は攻めた。候補者や弁士らは「地域の代表である議員が、税金から1円でも多く絞り出そうと不正を働いた」「自民にお灸《きゅう》を据えないと政治は変わらない」と批判し、「一連の不正は多数派の驕りが原因。必ず野党で議席を勝ち取る」と気勢を上げた。

結果は富山市第1選挙区は自民党新人が、高岡市選挙区は自民、社民両党の新人2人が議席を獲得。逆風の中で2人を立てた自民党は共に当選させて「2戦2勝」を果たした。

投票率は富山市第1が30・20％、高岡市が32・76％とかなり低かったが、厚い保守基盤に支えられた自民党の強さが際立った。

市議補選

市議会は、欠員が6分の1を超えると補選を行う。定数40の富山市は6・6人を超えた場合、つまり7人が

分岐点だ。既に社民の1人が県議選に出馬するため辞職して欠員1になっており、他に6人がバッジを外せば補選となる。

「まさか補選にまではならないだろう」。議会関係者や報道陣も、当初は高をくくっていた。しかし8月末の中川氏の辞職から2週間後の9月14日、浅名長在ェ門氏が辞意を表明して計6人に達し、補選の実施が決まった。記者たちは、辞職ドミノのあまりのスピードに驚いた。これほど不正にむしばまれているとは正直、想像を超えていた。

自民党内には、皆で〝みそぎ選挙〟をしようと、衆院の解散に相当する「自主解散」を模索する動きもあったが、「不正がうやむやになる」と抵抗感を抱く議員も多く、結局は補選に。日程は県議補選から2週間遅い「10月30日告示―11月6日投開票」に決定した。ただ、その後も辞職ドミノは止まらず、欠員は13にまで増え、その議席を争うことになった。

補選に至るまでの期間があまりにも短く、取材班でも「誰も立候補しないのでは」「いたとしても2017年4月の本選に臨む予定だった人ぐらいだろう」と話していた。しかし、いざ、ふたを開けると、ここでも予想を超える状況が待っていた。

10月15日、市選挙管理委員会が立候補予定者事務説明会を開いた。選管が見込んでいた出席数は「多めにみて30陣営」。配布物も30セットしか準備していなかったが、41陣営が出席。不足分を急きょ用意したほか、椅子や机も足りなくなり追加で配置した。担当者は「補選の注目度の高さを改めて思い知らされた」と驚いていた。

出席者に話を聞くと「富山の汚名をそそぎたい」という声が目立った。これまで政党や選挙とは無縁で、憤りから出馬を考えるようになった人もいた。「興味があってのぞいてみた」という野次馬的な人もおり、関心の高さをうかがわせた。途中で辞退する人もいて、結局、12人超の25人が出馬した。

各陣営や議員ら事情通は軒並み低い投票率を予想していた。片桐が、ある自民党県議に「こんなに議会が注目されているのになぜ低いのか」と問うと、「いつも世話になっている市議が出るのは来年春の本選。補選は知らない新人ばかりなので、投票に行かない」と分析した。
不正に憤っていた市民があれほどいたのに、確かに街では市議選の話を聞かない。民主主義の第一歩は投票から。選挙全体を盛り上げようと、政治部と社会部が中心となって、これまでにない手厚い報道を試みた。

北日本新聞　2016年(平成28年)9月15日　木曜日

北日本新聞

富山市議会 補選へ

浅名氏(自民)も偽造 辞意

一連の辞職 6人目

政活費不正

「魔が差した」浅名氏

政務活動費の不正を認めた富山市議

	氏名	不正額	手口	対応
自民	中川 勇	694万5,592円 / 741万7,867円	白紙の領収書での偽造など	議員辞職(8月30日)
自民	村山 栄一	469万420円 / 約300万円	白紙の領収書での偽造	議員辞職(9月9日)
自民	岡本 保	20万円 / 12万5,000円 / 10万円	パソコンで領収書を自作	議員辞職(9月12日)
自民	浅名長在ェ門	4万6,360円 / 1万6,000円	白紙の領収書での偽造	辞職願
自民	谷口 寿一	91万5,840円 / 47万2,275円		
自民	藤井 清則	20万8,000円 / 14万6,000円	白紙の領収書での偽造	
民政クラブ	高田 一郎	1,292万9,623円(2人の合計)	白紙の領収書での偽造など	辞職願
民政クラブ	針山 常喜	1,180万4,038円(2人の合計)		(9月14日)

2016年9月15日1面

まずは全候補25人にアンケートを行った。「政務活動費の妥当額」「再発を防ぐ方策」「議員報酬の妥当額」「立候補した理由」などを尋ね、全員の回答を1面トップで3日連続で掲載。一人でも多くの市民が関心を持ち、候補の政策や考えに理解を深めてもらうのが狙いだった。

投票日の6日付では、社会面を見開きで使って全25人の「最後のお願い」を写真付きでリポートした。演説で声をからしたり、街を練り歩いたりする候補だけでなく、運動をしないという候補は自宅に出向いて、思いを聞いた。

1面には【有権者の皆さんへ　地方議会取材班】との見出しで、次の文章を掲載した。

富山市議の報酬引き上げを契機に発足した地方議会取材班には、お便りや電話がいくつも寄せられています。政務活動費の不正が発覚するとその数は跳ね上がり、憤りの声はもちろん、「追及頑張って」という温かい言葉に日々励まされています。先日、年配の男性から電話がありました。理由を尋ねると「政活費の不正で富山が有名になり、恥ずかしい。投票に行かないことで、市民の怒りを議員に知ってもらいたいし、極端に投票率が低いと県外でも報じられる」。

「それは違います」。納得してもらえたかどうかは分かりませんが、すぐに否定しました。以前、政治学を専門とする東京大大学院教授の川人貞史さん（高岡市福岡町出身）を取材した時の言葉を思い出したからです。「投票に行かないのは、現状の肯定になることを知ってほしい」

投票率が低いと、市議をはじめ多くの関係者は「有権者はそんなに怒っていない」と受け止めます。わざわざ投票所に足を運ぶほどには、変化を求めていないと判断するからです。かつて、権勢を維持したい時の首相が「（無党派層は）関心がないと言って、寝てしまってくれれば、それでいい」と選挙前に〝本音〟を漏らしたこともあります。

「新人が多くて誰が誰だか分からない」。そんな声も聞きます。だからこそ、真っさらな目で投票先を探してみませんか。現行の議会が知恵を絞った再発防止策への評価もあるでしょう。選挙公報も配られています。本紙も詳報してきました。きょうは報酬引き上げや政活費不正など一連の問題に、市民が審判を下す日です。だから、有権者の皆さんにも改めて言います。

民意は棄権ではなく、投票でしか表せません。

北日本新聞 2016年（平成28年）11月6日 日曜日

富山市議会再生へ審判

政活費補選 きょう投開票

富山市議補選 立候補者

欠員13―立候補25

有権者の皆さんへ

棄権は現状の肯定

2016年11月6日1面

「あの文章を読んで投票に行った」という声が複数寄せ

北日本新聞 2016年(平成28年)11月7日 月曜日

自民 過半数維持

富山市議補選

維新初議席 共産倍増

政活費不正 投票率26・94％

開票結果

南砺市議選告示 定数4減の20

6超で選挙戦

富山市議会の党派別勢力

2016年11月7日1面

られ、取材班は反響の大きさに手応えを感じた。

だが、投票率は低かった。26・94％。4人に3人が棄権した。富山県内のすべての首長・議員選挙を見ても過去4番目の低さだ。不正への市民の怒りは簡単には投票行動に結びつかなかった。

しかし、議会構成には変化が起きた。一連の不正が発覚する前、自民党は28人で、全体の70％を占めていた。だが、辞職ドミノで18人（議長と副議長でつくった「長月の会」含む）になって半数を割り込み、補選で新たに5人当選して23人（「長月の会」「自民党新風会」含む）と再び半数を超えた。ただ、全体の58％で、かつての権勢はない。

一方、2人だった共産党は、不正追及の手綱を緩めない姿勢をアピールして新たに2人が加わって計4人となり、第2会派の公明党と議席数が並んだ。維新の会は2人が当選し、県内で初の地方議会の議席を獲得した。

政党の支援を受けない無所属は10人のうち3人が当選した。中には「ママ友」の輪を広げて当選ラインに滑り込んだ32歳女性もおり、これまでは考えられなかった人材が議場に立つことになった。

無所属を含めて4人いた民進党系の民政クラブは不正で2人辞めたが、あまりの逆風に新たな候補を立てられず2人のまま。以降、党勢回復を果たせない状況が続いている。

市議選

年が明けて2017年になると、4月の市議選に向けた動きが顕著になった。関係者の間では、定数38に対し、50人以上が立候補するとの観測が広がった。

焦点の一つは、政務活動費の不正が発覚して辞職し、本選を〝みそぎ選挙〟と位置付け、再び議員を目指す元市議たちの動向だった。

その一人が、自民党の浅名長在ェ門氏だ。富山市の山間部にある旧山田村で唯一の議員だった。いわば行政とのパイプ役を務める〝わがムラの議員〟。1月下旬、取材に対して「議員がいなくなると山田地域が衰退するとの思いが住民の間に強まっている」と出馬の理由を語った。

しかし、2月6日に事態が急変する。偽造した領収書で政務活動費を得ていた事案が複数発覚した。疑念がある領収書を持って、雪が降り積もる自宅に社会部の松倉実里が行くと、慌てていたのか浅名氏は裸足で板の間に現れた。疑惑を指摘すると、家族が店から白紙の領収書をもらい、浅名氏自らが金額を書き入れていたと認めた。

浅名氏は急きょ、後援会幹部と話し合い、出馬辞退を決めた。取材には「市民や地域の人にこれ以上迷惑は掛けられない。全ての責任は私にある」と言い、「政治家として活動することはない。私はもともと農家。農家の一人として地域の活性化に努めていきたい」。背中を丸め、生気が失せた様子で話した。

市田龍一氏も２０１６年末に「今は反省の日々。もう出ないと書いておいてくれよ」と片桐に語っていたが、意欲は消えていなかったようだ。1月末には「地元の要請を受け、熟慮している」と発言を修正。浅名氏と同じように、地元の豊田校区では「市とのパイプ役は必要」との期待がある一方、「みそぎ期間が短すぎる」という声も聞こえ、対応をウオッチし続けた。

だが、2月19日、これも浅名氏と同じように新たな不正が表面化する。ノートパソコンとプリンターの領収書を偽造していたのだ。連日の報道によって政務活動費に関心を持った市民が調べ、自民党会派に問い合わせたため表面化した事案だ。

その日、後援会の代表幹事会を開いた市田氏は約30人の幹部を前に出馬を断念する意向を伝えた。笹谷をはじめ集まった報道陣に「長年支えてもらった方々を裏切ってしまった。みこしを担いでくれた後援会の皆さんにも申し訳ないことをした。お許しをいただきたい」と沈痛な面持ちで語った。

　補選直後に不正が見つかって辞職した宮前宏司氏も本選を辞退する一方、浦田邦昭氏は出馬の意志を貫いた。返還した政務活動費を「不適切ではあったが、不正ではない」と強調し、支持者からの声援も受けて態度を決定。自民党の支援を得られず、無所属で立った。

　4月9日の告示日。松川べりの桜は満開だった。結局、定数38に対して58人が立候補した。その中には、不正や不適切な使用が分かっても辞めず、疑われた金額を返して再選を目指す議員も8人いた。

　補選同様に力を入れて報道した。アンケートを実施し、各議員の公約や、行政のチェック機能を果たそうという意識がうかがえる「森市政の評価」、市議会が政務活動費の不正対策を講じたことを踏まえ、その評価を尋ねた。いずれも1面トップに据えた。

　補選、本選ともアンケートに力を入れたのには訳がある。

　ともすれば地方選は、「近くに住んでいるから」「町内会が推している」といって票を入れがちだ。それは、悪いことではない。地元の声を行政に届ける議員が必要だと思う心理は理解できる。ただ、議員の考えや政策、首長への態度といった点も判断材料にしてみるのはどうだろう、という提案の意味を込めた。

　また選挙は、議員の任期中の活動に対して市民が「評価」を下す機会でもある。しかし、評価する側の市民の中で、議員がどんな活動をしてきたか知る人は少ないと思っていた社会部の荒木佑子は、活動を「見える化」し、

北日本新聞
2017年（平成29年）4月14日 金曜日
候補者アンケート（下） 政活費
「不正対策」54％が適切
9人は「もっと厳しく」
民意と歩む 富山市議選

2017年4月14日1面

実績を踏まえて判断してもらおうと、現職に自身の活動を自己採点してもらう紙面を企画した。

自分の活動を100点満点で採点してもらったほか、前回選挙で掲げた主な公約三つに対する達成度、本会議での質問回数などを掲載した。自己評価した結果を公表することは、活動への責任を明確にすることにつながる。回答を拒む議員もいたが、それも含めて全員分を紙面で紹介した。

38人中14人は、80点以上の高得点を付け、「けっこうみんな自己評価が高いんだな」と荒木は思った。政務活動費の不適切な支出があった議員は、それを踏まえて審判を仰いでもらおうと、返還額も明記した。

松倉は、投票先を決める一助になればとボートマッチを企画した。

英語でボート（vote）は投票、マッチ（match）は適合するという意味。58人の全候補に行った政策や思想に関するアンケートと同じものを有権者にも回答してもらい、色分けして一致度を確かめる手法だ。

有権者3人にボートマッチに取り組んでもらい、そ

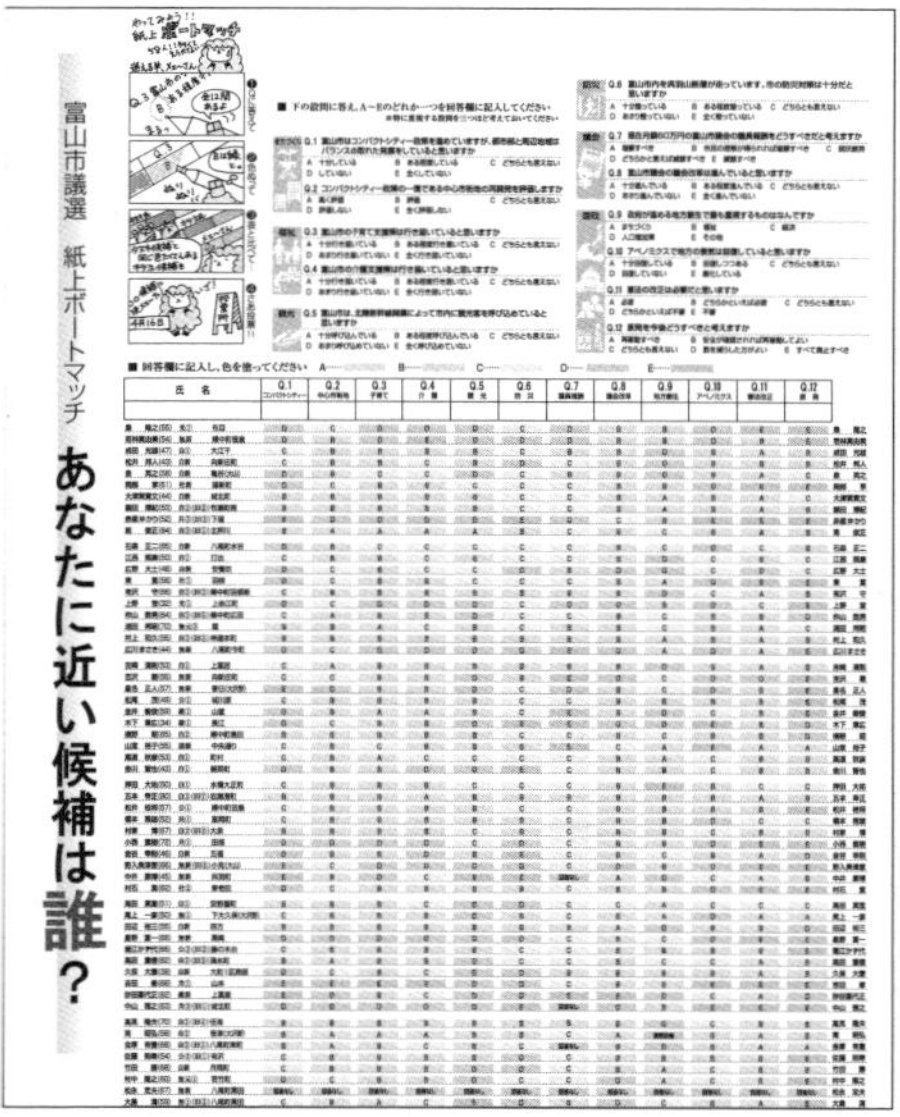

「紙上ボートマッチ」
＝2017年4月15日第13面

2017年4月8日11面

の様子を紙面で紹介。「これまでは政党だけで判断してきたが、今回は個人の考え方や政策を知り、自信を持って投票できた」「ここまで真剣に選挙を考えたのは初めて」などと話した。

明るい紙面になるように絵のうまい編制本部の記者に書いてもらったイラストも掲載。紙面の評判は良く、「候補者の考え方が同じテーブルで比較でき、分かりやすかった」「投票を決める助けになった」との声が寄せられる一方、「質問が抽象的」「表が細かすぎる」などの意見もあり、次回への課題も分かった。

◇

投開票日は16日だった。満開だった桜も散り始めていた。

27人を公認した最大勢力の自民は22人が当選した。過半数は維持したものの、5人が落選したことへのショックは大きかったようだ。議会の構成も全体の58%で、不正発覚前の70%には届かない状況だ。

公明は改選前の4議席を守り、社民は3人全員当選し、議席を一つ増やした。共産はトップ当選者を出したが、票に偏りがあり4人から2人に半減。2016年秋の補選で初当選した維新の会と、その直後に無所属議員で結成した政策チーム光は、共に現有勢力の2議席を維持。民進系の民政クラブは2議席を死守した。

政務活動費に不正や不適切な使用が見つかった候補9人の結果は、6勝3敗だった。いったんバッジを外して〝みそぎ選挙〟に臨んだ浦田氏も落選した。

9人全員が13年の前回選挙より票を減らしており、有権者の怒りは簡単に消えないことがうかがえる。

ただ、言い方を変えれば厳しいながらも6人は勝った。

ある落選した新人が後日、語った。「不正が分かった候補の陣営は、新聞やテレビにたたかれればたたかれるほど、結束していた」。その議員の地盤は、雪深い山間部も含まれている。中心市街地活性化に力を入れる富山市では、取り残された地域ともいえる。

その言葉を聞き、片桐はある選挙が頭をよぎった。田中角栄元首相の事件が焦点となった1976年の「ロッキード選挙」だ。全国的に金権政治批判が高まったものの、田中氏は、豪雪地帯を抱える新潟3区で2位

ドキュメント編集局

に11万票差をつける16万8千票をさらってトップ当選し、自派も膨張させた。

少子高齢化、過疎化が進む地域に道路や鉄道を造り、救ってくれるのは田中氏しかいない。当時の新潟3区の有権者はそう思った。逆風がかえって結束を固くしたという構図は富山市議選と共通していた。「民度が遅れている」「政治意識が低い」という言葉では片付けられない根深い構造があると感じた。

開票日、結果を受けて政治部長の鶴木はコラムを掲載した。【〝議会ムラ〟繰り返すな】との見出しで、こう続く。

北日本新聞

富山市議選

自民が過半数維持

政活費不正 3人落選

投票率最低47.83%

開票結果

富山市長に森氏4選

投票率47.84% 大差で新人破る

現職16人全員当選

砺波市議選 投票率65.78%

2017年4月17日第1面

富山市議会は7人の初当選組を加え、新たに船出することになった。4年前の改選時と比べると、その顔触れは大きく変わった。政務活動費の不正が発覚しなければ、これほど急激に〝新陳代謝〟が進むことはなかっただろう。

ちょうど1年前だった。議会が議員報酬の引き上げを森雅志市長に求めた。「10～13万円」という法外な要求額にあ然とさせられ、市民からの異論や反論に一切耳を傾けようとしない態度に憤りを覚えた。取材を始めると、想像以上に閉鎖的で、自由な議論を認めない雰囲気が漂っていることに気付かされた。その後に起きた「辞職ドミノ」の衝撃は忘れられない。

市議会に今、最も求められているのは信頼回復である。再発防止策を講じたとはいえ、不名誉な評判を広めた議会に対する不信感は、いまだに払しょくされていない。

大逆風 みそぎ遠く
富山市議選
政活費不正候補9人
「印象覆らず」「責任 肝に」

2017年4月18日第1社会面

富山市議会の会派別勢力

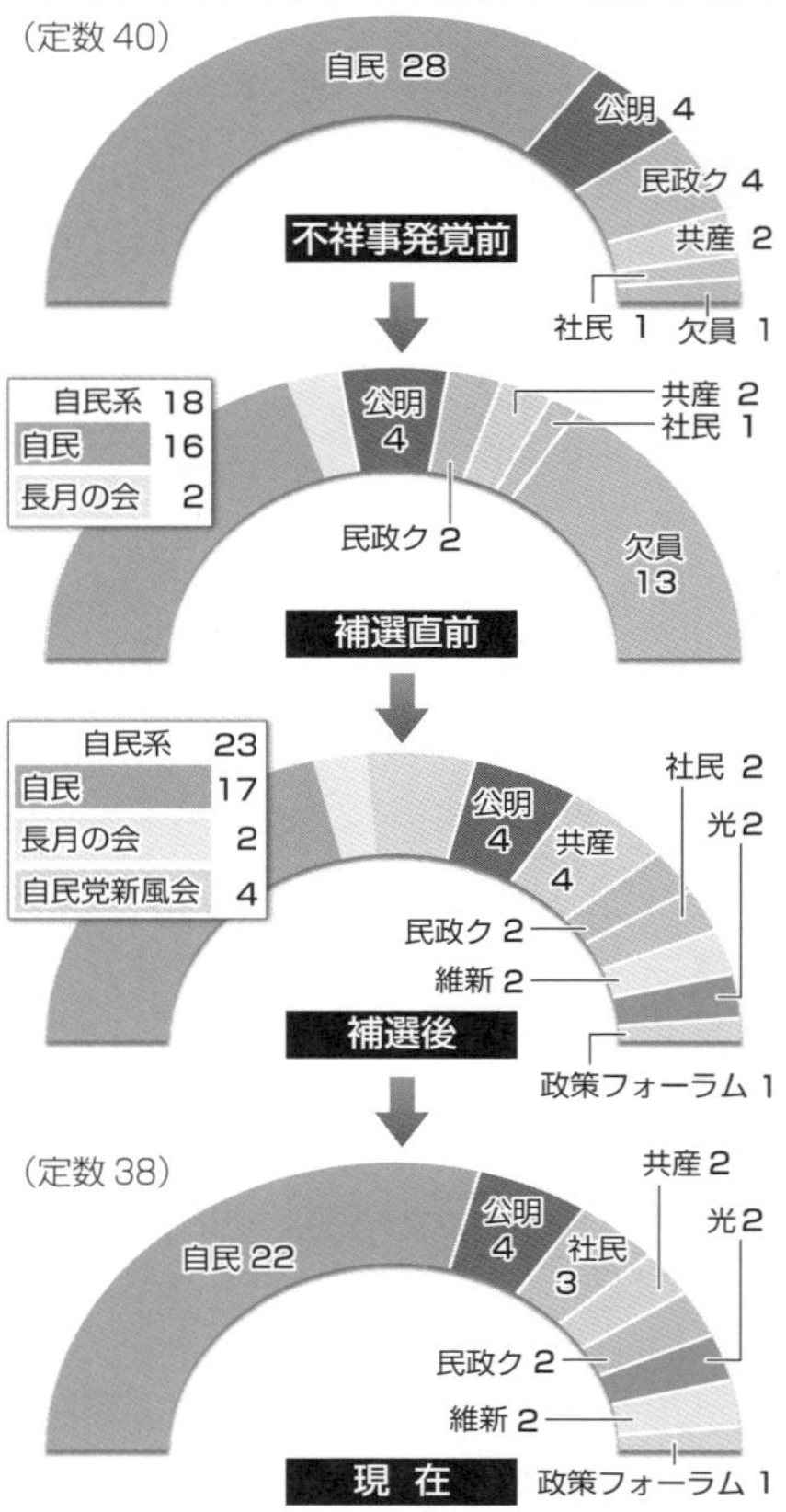

その閉鎖的な体質が不正を招く要因であったことを考えれば、徹底した情報公開で議会の透明度を高めなければならないはずだ。政活費の領収書のネット公開や、本会議のCATV中継を一日も早く実現させたい。ボスがにらみを利かせ、〝ムラの掟《おきて》〟を優先させるような議会に戻ることは許されない。

（略）

投票率は低かった。47・83％。富山市では過去最低だった。市民の怒りや憤りを、地方議会の役割や自治の仕組みへの関心に昇華させ、投票行動に結び付ける―。そんな理想を思い描いて紙面を展開してきたが、もくろみどおりにはいかなかった。言いようのない無力感が漂ったのは、事実だ。

地方選だけでなく国政選でも投票率の低下傾向は止まらない。民主主義で最も重要な意義を持つ意思表示である投票の大切さをどう伝えていくか、記者たちの模索はいまも続いている。

民意と歩む

議会再生

（北日本新聞２０１７年１月から６月まで連載、全57回）

第1部　政活費の闇

２０１６年は地方議会で前代未聞の不祥事が続き、信頼が地に落ちた。再生に向け、どう歩むのか。

富山県、富山市、高岡市の３議会で大量の議員が辞めた政務活動費不正から検証する。

本文の敬称は略します。図表のデータは掲載当時のものです。

1――苦悩

「裏切り」払拭したい

2016年12月下旬の未明、男性が黙々と新聞を配っていた。仕事の開始は午前3時45分。辺りは暗闇と静寂が支配する。気温1度、吐く息は白い。担当するのは富山、射水両市の約390軒分だ。随所で軽乗用車を止め、駆け足で玄関先に向かう。

男性は藤井清則（54）＝富山市北代。3カ月前までは富山市議だった。だが、政務活動費の水増し請求が発覚し、1期目途中で辞職。「今は生活費を稼ぐことが第一。反省しないと」。本来なら、地元のあいさつ回りに追われる忙しい時期だ。

しかし、あの不祥事で人生が大きく変わった。

――

13年に初当選した。万歳を繰り返しながら心の中で誓った。「地域に活力をもたらす議員になる」。元は東証1部上場の電気機器メーカーの営業マン。エネルギー分野の知識を生かし、市の政策をチェックしていくと決めた。

自民党衆院議員、田畑裕明も同じ呉羽地区に住む。若い頃から応援してきた田畑に推され、政治の道を選んだ。議会では最大会派・自民党に入り、環境や農業、地元の課題を取り上げてきた。

――

16年8月中旬、自民会派元会長、中川勇（69）＝清水元町＝の政活費の報告に誤りがある、と報じられる。「頼りにしていたので残念だった」。形式的なミスかと思ったが、結局は同僚に請求させた分を含めて741万円の市政報告会の資料印刷代などを架空請求していたと分かった。

9月上旬、会派の別の議員が報告会の茶菓子代を水増し請求していたことが判明。幹部の指示で、その議員の領収書を点検した。紙の束をめくりながら、不安が頭をよぎった。「俺も同じようなの、あるわ」。9日夕、共産会派が記者会見を開き、名指しで不正を指摘した。「ついに来たか」

14～15年に白紙領収書を使って茶菓子代を11回水増しし、23万2千円を受領。会合は開いていたという。しかし、1本百数十円のお茶を出しつつ、500円で請求。「茶菓子代は1人500円まで請求できる」という議会のルールを軽い気持ちで拡大解釈した。

上限いっぱいに請求するための白紙領収書は、酒屋で買い物した際にもらった。「お店の人は無言だった。申し訳ないことをした」。倫理観が乏しかったと振り返り、「余計にもらえる分は手当という感覚でしかなかった」。

——

9月20日に辞職願を提出。10月下旬、新聞販売店を営んでいた中学校の先輩の計らいで、配達を始めた。藤井の場合、起床は午前3時、休みは月1日。実働3時間だが、1回に車を27キロ走らせる。

「休みが少ないのと、朝が早いのが大変。周りは『厳しい仕事』と言うが、皆さんを裏切ったことを払拭《ふっしょく》するというか、社会の役に立とうと一歩踏み出したことを分かってもらいたい気持ちもある」

17年1月には介護施設でのアルバイトも始める。県外に進学した大学3年の次女の卒業まで、家計は苦しい。現時点で4月16日の市議選の出馬は明確に否定する。しかし、長期的には「未練がないことはない。チャンスがあれば」と言う。

——

16年11月6日にあった補選の直前のアンケートで、本選への出馬を否定しなかった辞職議員は、藤井のほか、浦田邦昭(70)=堀=と元議長の市田龍一(61)=豊田本町=がいる。

12月9日夜、浦田は支援者を集めた会合の後、報道陣に囲まれた。内容は経過説明とおわびだったと強調。立候補の意思を問われ、「できるものならとは思う。自分の周りは好意的だが、それが全てではないと分かっている」と言い「うーん、迷っている」。

市田は12月下旬、電話取材に応じた。日を追うごとに批判が耳に入るのか「もう駄目やちゃ。出られる状況じゃないよ」と語る。「今は反省の日々。もう出ないと、はっきり書いてほしい」

補選直後の11月8日に辞職した宮前宏司（60）＝八尾町東川倉。「出馬は考えていない」と否定するものの「『もう一度挑戦して』という声もある。自分だけでは決められない」。

潔く退いた議員、バッジに固執した議員。苦悩、迷い、諦め…。さまざまな思いを抱きながら4年に1度の審判の年を迎えた。

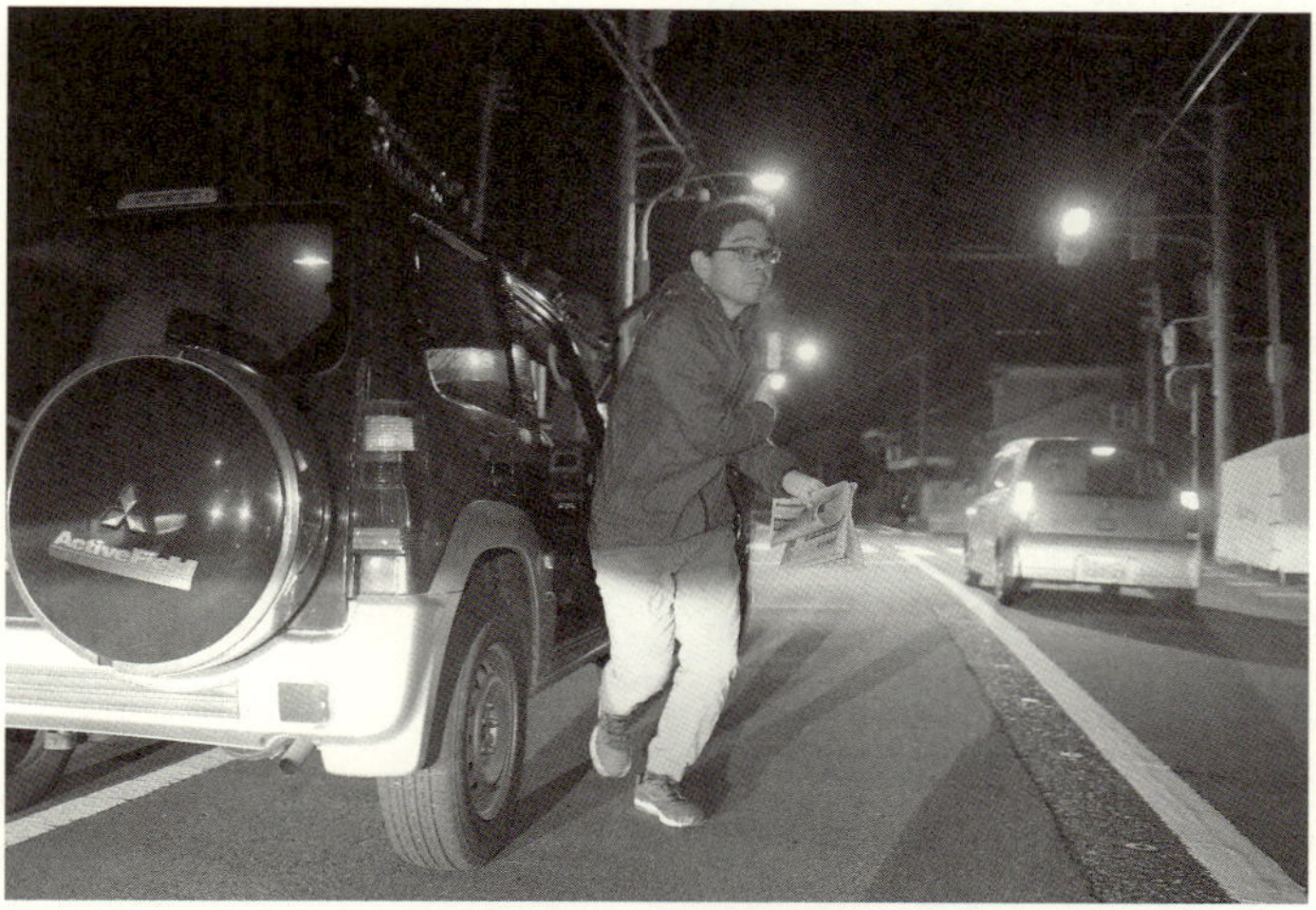

新聞を手に車から降りて配達先に向かう藤井＝2016年12月下旬、射水市内

辞職願提出後、報道陣を前に頭を下げる藤井（左）＝16年9月20日、富山市役所議会棟

2――汚染

欠落した公金意識

富山市議会では、政務活動費の不正で13人が議員辞職した。うち11人は最大会派・自民党の所属だ。自民では、さらに8人が「不適切な処理があった」として受領額を返した。28人を擁していた会派の3分の2に当たる19人に広まった〝汚染〟。辞職したある議員の証言を基に、政活費が日常的にどう扱われていたのか再現してみる。

――

「これ、お願い」。市役所議会棟6階にある会派控室。議員は女性事務員に領収書を手渡す。事務員は、その金額を市役所2階にある銀行の支店で引き出す。封筒に入れ、間違えないよう議員の名前と金額を書き入れる。

事務員は2人。共に会派が雇っている。適正に使ったことを証明する「支出伝票」などの書類の作成は、事務員任せ。議員ははんこや政活費専用口座の通帳を預けており、全て整えてくれる。

その日のうちに、自分の名前がある封筒が事務員の机に置かれる。「ありがとう」。議員は事務員にお礼を言い、中にある現金を確かめることもなく、ポケットに入れる。現金を手にするまで誰のチェックも受けない。

議員になったばかりのころは自己責任で管理しようと金額をチェックしていた。しかし慣れとともに、どれだけ使い、残っているか把握しなくなった。

今になって後悔する。「公金の意識があったかと言えば…。謝るしかないよね」

ずさん管理、温床に

政活費の額や支払い方、使途は自治体が条例で定める。富山市の支給額は1人月額15万円。3カ月に1度、会派に全議員分をまとめて振り込む。議員が充当できるのは調査研究や研修、要請・陳情、会議などだ。

自民は、議員ごとの口座に政活費を分配し、それぞれの判断で使う。会派が書類や領収書を議会事務局に提出する前、会長と会計が審査する仕組みもあった。しかし、複数の議員が「書類も見ず、はんこは事務員に押させていた」と明かす。チェックは形骸化していた。

現金を渡された際に受領印を押すこともない。詳しい帳簿もなく、過去の現金の流れは確認できない。例えば、偽造された2013年4月の領収書で、会派5人の口座から計74万5千円が引き出されていた問題は、今も詳しい経過が分からない。

――

「ほとんどが飲み代。飲むのが好きで、誘われれば嫌と言えない性分なので」

「事務所などにいろんな経費がかかる。つい気が緩んだ」

「次を目指し、選挙資金として蓄えさせていただいた」

「たまたま家に領収書があり、大して考えずにやった。魔が差した」

不正が発覚した際、自民の議員が述べた。それぞれ中川勇、村山栄一（66）＝八尾町福島、丸山治久（65）＝月岡町、浅名長在ェ門（65）＝山田宿坊＝の言葉だ。政活費の趣旨の理解不足、公金であるとの意識の欠落が共通している。

ずさんな管理、低いモラル。二つが混じり合い、不正は常態化していった。

おかしいと思う議員もいた。しかし、言い出せる雰囲気ではなかった。

富山市議会の政務活動費の流れ

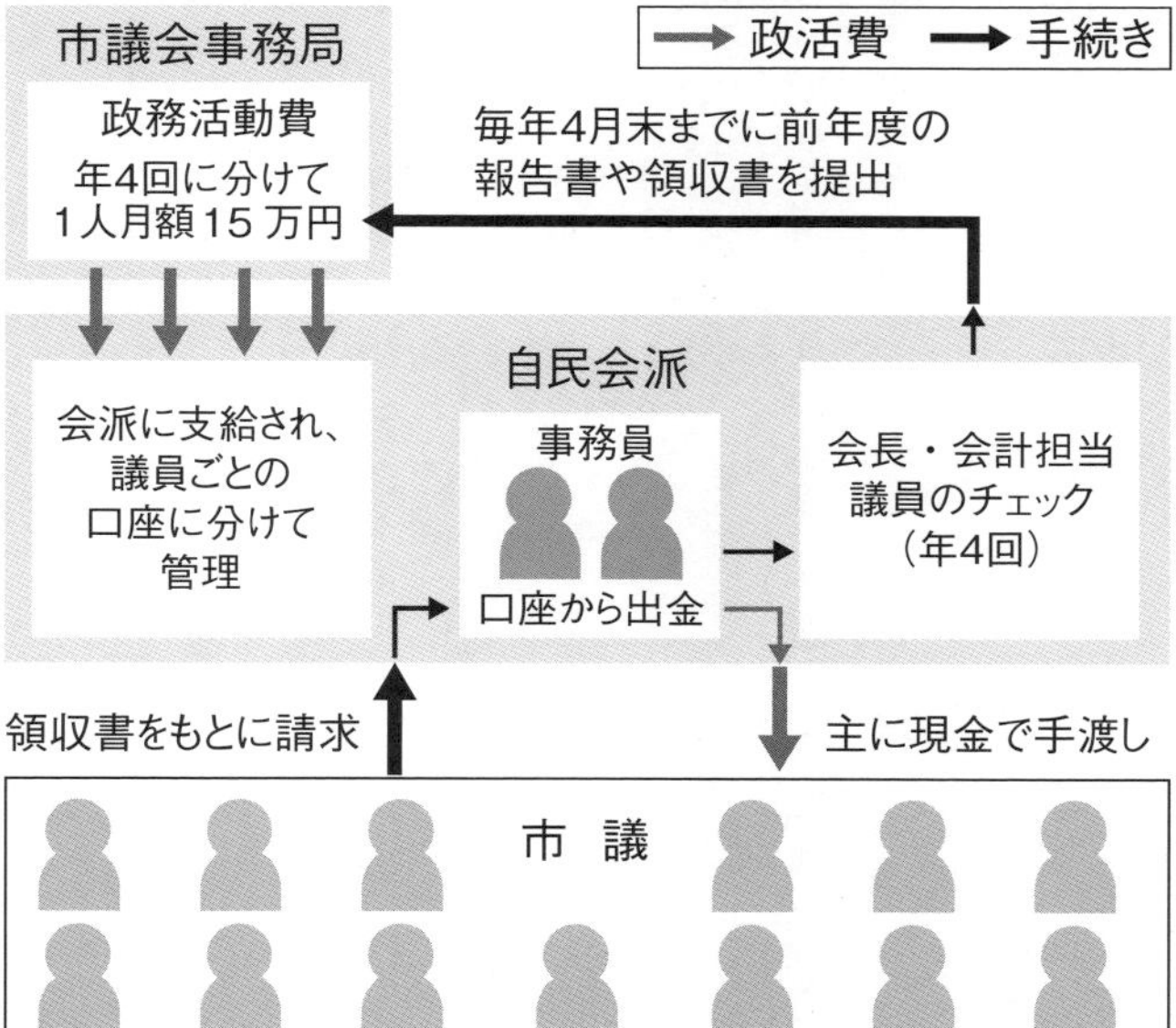

3――ムラ社会

自民会派に派閥支配

「一部の人が権力を手中にして、全て仕切る。みんなに意見を言わせなかった」

政務活動費の不正で11人がバッジを外した富山市議会の最大会派・自民党。「辞職ドミノ」のさなかに幹事長を務め、謝罪会見に何度も同席した高田重信（62）＝清水町＝は、ここ数年の会派の雰囲気を説明する。

ずさんな管理と低いモラルが混じり合い、広がった不正。ボスがにらみを利かす「ムラ社会」特有の少数派や多様性を認めない空気も漂い、おかしいと思っても異議を申し立てにくい状況があった。

――

複数の議員によると会派には一つのグループがあった。元市議の中川勇を頂点とする派閥といえ、会派の方針や人事の多くはその幹部で決めた。架空請求で辞職した市田龍一は記者会見で「私を含めて十数人が中川さんと行動を共にしてきた」と認めた。

ベテランの五本幸正（80）＝岩瀬港町＝や高見隆夫（69）＝任海＝は排除した。「うるさ型を外したかった」とある辞職議員。中川と距離を置いてきた村上和久（55）＝神通本町＝は「グループ外の議員が異論を言うと、『出て行け』とすごい剣幕で怒鳴られた」と振り返る。

市議会の議員定数は40で、うち当時の自民会派は過半数の28人。その約半数を占める派閥のトップの意向は、会派だけでなく議会全体の議論を左右した。議員報酬を月60万円から70万円にする引き上げも主導した。

もの言いにくい空気

自民会派では、白紙の領収書に金額を書き入れたり、行ってもいない視察の領収書を旅行業者に偽造させたりして政活費を着服する議員が続出した。領収書の偽造では金額の欄に数字を書き加え、受領額を水増しするという稚拙な手口もあり、不正が横行していた。

「悪いのは自分。ただ、会派の19人に不正や不適切な請求があったのは会派全体の問題でもある」。水増し請求によって辞職した藤井清則は言う。別の辞職議員は「取り扱いがずさんだと思っていたが、運用を見直そうと議論になることはなかった」。

異議が出たこともある。2016年9月まで会派に勤めていた女性事務員は、領収書1枚で数十万円が受領できることに違和感を覚え「請求書も添付してほしい」と議員に要望。しかし、伝え聞いた中川が「そんなもんはいらん」とはねつけた。不正拡大を止める芽は、そのひと言で摘み取られた。

「ものが言えない空気を変えることができなかった。議員は一人一人が有権者に負託されている。言うべきことは言わなければならなかった」と高田は悔やむ。

中川の不正による辞職で、派閥は解散した。

———

16年11月6日の富山市議補選後、16人に減った自民会派は控室を改装した。窓や壁に向かって机を並べていたのを、幹部席の前に、議員が向かい合わせになる三つの「島」をつくるように変えた。民間オフィスでは一般的なレイアウトだ。みんなで話し合い「互いの顔を見て、いつでも議論できるようにしよう」と決めた。

その中では若手も積極的に発言したという。

補選後の自民会派の控室。議員同士が話しやすいよう机の配置を変えた＝市役所議会棟

4——邪念

報告会と懇親会混同

「市政報告会」は、市の施策や課題、議会の考え方を市民に伝える場だ。党派や議員への支持・不支持、住んでいる地域にかかわらず広く参加できるからこそ政務活動費が充てられる。富山市議会では、この報告会が不正の舞台となった。

最大会派・自民党の領収書を調べると、ホテルや宿泊施設で報告会が数多く開かれていた。その際、会場代と茶菓子代に政活費を充てており、1回に計20万円ほど受け取っていたケースが目立つ。

報告会にそれほどお金がかかるとは思えない。実態は政活費が使えない懇親会の経費への転用ではないのか。充当できない後援会の集まりの可能性がある—。そんな疑問が取材を加速させた。—

自民では10人に懇親会費への充当が判明した。辞職した浦田邦昭は「報告会と自分の後援会活動を混同していた」と説明。五本幸正も指摘を受け、「乾杯までが報告会。その後が懇親会だ」と苦しい弁明をした。

1期目の成田光雄(47)=大江干=も追及を受けた。とやま自遊館(富山市湊入船町)で報告会と懇親会を続けて開き、会場代に政活費を充てた。結果、懇親会にも使用したことになり、返金した。「ごっちゃにしていた。先輩のやり方を見ていたので、悪いことだとも思わず…」

それぞれ政活費のルールはもちろん、報告会の趣旨を理解していたとは言い難い。そのため会派では、懇親会で出す酒を買ったり、スピーチした各種団体の集まりも報告会とみなして請求したりする事案が多々あった。

裏ルール「1人500円」

報告会では、茶菓子代の水増し請求も相次いで見つかった。

茶菓子代を返還した自民の議員の少なくとも13人は、

出席者1人につき500円を請求していた。百数十円程度のペットボトル飲料しか出さなくても、白紙の領収書に自ら金額を書くなどして水増し請求した議員もいた。実費と請求は別物だった。

　富山市議会には「茶菓子代は1人当たり500円が上限」という取り決めがあった。議会が定めた「運用指針」は「実費」と明記。「公職選挙法に触れず、社会通念上妥当な範囲」との文言があるため、上限は議会事務局が具体的に500円と示していた。

　ところが、自民会派内ではいつしか「実費」が無視され、金額の「上限」も消えて「1人500円受領できる」という〝裏ルール〟ができた。「みんなそうしているから」と広がり、今となっては誰が言い出したのか不明だ。1円でも多く欲しいというよこしまな気持ちも透けて見える。

　裏ルールは民政クラブにも広がった。会派4人のうち、3人に水増し請求があった。自ら約6万円を返還した会派会長の橋本雅雄（52）＝富岡町＝は「先輩から聞いて、そう思い込んでいた」。自民と合わせ13人にも上る「辞職ドミノ」の要因の一つが裏ルールの存在だった。

　裏ルールを信じ、不正だとは思わずに請求したケースもあった。だが、指針には「実費」とある。報告会での不正が判明した吉崎清則（53）＝上富居＝は正直に明かした。「問題になるまで指針を読んだことがなかった」

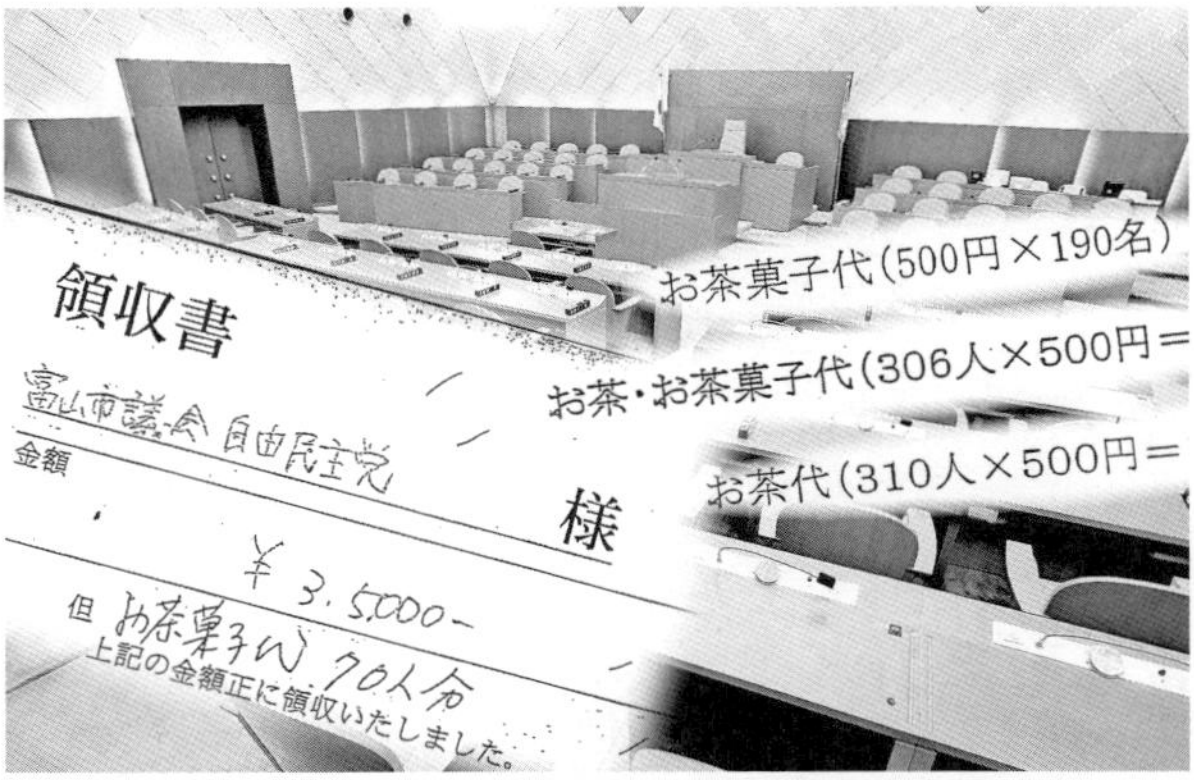

茶菓子代を1人500円で請求したことを示す書類の記述（右）と領収書（左）、富山市議場のコラージュ

5——使い切り

年度末の支出目立つ

〈残額がある場合は、速やかに、当該残額に相当する額の政務活動費を返還しなければならない〉

富山市議会の政活費条例にある文言だ。全国の多くの自治体の条例に同様の表記がある。「余った分は返す」。当たり前のルールが、不正につながる意識も生んだ。

——

「使い切ってくれよ」

「早く使ってください」

毎年2月ごろになると、富山市議会最大会派・自民党の控室に幹部の声が響く。1人年間180万円の政活費を使用させるためだ。精算に向け、各議員は頭をひねる。

自民会派の2016年3月の書類を調べると、20万円以上の領収書が13枚ある。10枚は「広報誌」の印刷代で、パソコンやシュレッダーの代金もあった。どうしても3月に必要な経費とは思えない。

もらったものは返したくない——。そんな気持ちが透けて見える。パソコンなどの購入費を架空・水増し請求していた元議長の市田龍一は、辞職願提出後の記者会見で「使い切り意識」の有無を問われ「それはありました」と認め、「みなさん持っています」。

言葉を裏付けるように、自民の11~15年度の使い切り率（支給額に対する使用額の割合）は全て100%だ。

「もらえるものなら」

富山市議会全体の11~14年度の使い切り率は97%以上。全国市民オンブズマン連絡会議（名古屋市）によると、15年度の100%は都道府県と政令指定都市、中核市の計114議会で富山市だけ。自民だけでは達成できない。

民政クラブは13~15年度の3年間、3月31日に「民政クラブだより」などの印刷代として121万~409万円を支出しており、水増し請求もあった。幹部2人が辞職しており、幹事長だった針山常喜（70）＝清風町＝は記者会見で「もらえるものは、もらっておきたいというのが本音」と明かした。

公明は15年度、市民の要望を聞く際の経費としてコーヒー豆代を合わせて約16万円支出。ただ、議員だけで飲む場合もあって線引きが難しく、16年度から充当をやめた。5年連続の100%に、政調会長の佐藤則寿（54）＝有沢＝は適正に使っているとしつつ「今後は少しでも残すなど市民感覚に合わせないといけない」。

共産は16年3月30、31の2日間に、約115万円を支出。パソコンや住宅地図の購入費、市議会報告用ＤＶＤの作成費などに充てた。赤星ゆかり（51）＝下堀＝は「全て政務活動に必要だが、多忙なため購入が年度末にずれ込んだ」と説明する。

14、15年度100%だった社民。富山県議に転出した岡崎信也（56）＝布目＝は13、14年度、支援労組の会合に出席するためのガソリン代を計約17万円受け取っていた。他会派は「政党活動だ」と指摘するが、「市政報告をして雇用や景気の動向を聞き、議会での質問につなげた」と主張する。

「使い切り意識」は富山市議会だけでない。高額な書籍の架空請求が判明した元自民県議の矢後肇（57）＝高岡市醍醐＝は会見で「返すくらいなら将来のために取っておけないかと軽く考えた」と動機を語った。

不正の源流を探ると、40年ほど前から各会派に渡されていたお金にたどり着く。

富山市議会各会派の政務活動費の使い切り率（%）

	2011	12	13	14	15年度
自民	100	100	100	100	100
公明	100	100	100	100	100
民政クラブ	100	100	98.3	100	100
共産	100	87.9	67.4	99.9	100
社民	65.7	72.7	91.9	100	100
全体	98.4	97.6	97.8	99.9	100

※　の濃淡は使い切り率に比例する

6——源流

ルーズさ引きずる

ずさんな管理、チェックの甘さ、使い切り意識…。2016年に県議会や富山、高岡市議会であった政務活動費の不正の要因だ。計17人が辞めた「辞職ドミノ」の源流を探ると、政務活動費（旧政務調査費）が制度化される00年以前から渡されていたお金にたどり着く。

戦前、地方議員は名誉職との考えから無報酬だった。敗戦から2年後の1947年、地方自治法施行で議員に報酬と費用弁償が支払われることになる。自治体によっては調査研究名目のお金も渡していたが、56年の同法改正で議員個人に交付できなくなり、対象は会派となる。

富山県内では70年度、県が「調査交付金」の支給を始めた。金額は月1万円。以後9回引き上げを重ね、91年度に現行の政活費と同じ30万円になる。同様に富山市は78年度から「調査研究費」を、高岡市は80年度から「調査交付金」を出すようになる。

富山市の研究費の推移をつぶさに見ていくと、妙な軌跡に気付く。県が80年度に10万円にすると市は1年後に5万円、県が84年度に15万円に上げると市は2年後に7万円にした。県の半額をめどに、市が後を追っているかのようだ。

自民党会派に所属していた2人の元市議は「事業の負担金でも何でも富山市は県の半分という思いがあった」と声をそろえた。非自民会派の元市議は「自民市議は県議への対抗意識が強く『県議の半分はもらう』と考えていたようだ」と明かす。

証言からは、増額は実際のニーズに応える意図が薄かったことがうかがえる。「月10万円を超えるようになると、使うのに頭が痛かった」と元自民市議。膨らみすぎた金額は、水増しや架空請求につながっていく。

領収書「不要」の研究費

「研究費」時代の富山市議会。ルールである市の要綱は、年度ごとに使途の報告書を議長に出すよう会派に求めていた。会派は、領収書か、会派代表による「支払証明書」を基に経理を行わなければならないが、領収書や証明書の議長への提出義務はない。仮に会派内で口裏を合わせれば、外部からは使途の検証ができない。

「わやわや、やったね」。元自民市議は研究費時代を思い出す。「領収書をもらうことはなかった。会派に請求する際も事務員に『あれ出しといて』。使途はまずチェックされないから生活費になった分もあったと思う。会派でプールし、幹部が食事代に充てていた節もある」

79年に初当選した自民会派会長の五本幸正も当時を知る。余剰分は返納するよう求められていたが「返金したことはないと思う。使い切っていた。自分が使わなければ、会派の仲間に回した」。領収書を会派に出した記憶もなく「昔のルーズさを引きずってきた面はある」と反省する。

——

同様のお金は他の自治体にもあった。旧八尾町は、視察旅行費の一部として毎年一定額を一律支給していた。「実費ではないので、差額が議員の小遣いになるのでは」。旧八尾町議だった大島満（58）＝八尾町黒田＝は99年、北日本新聞の取材に答えていた。後に懸念は現実となる。

大島はいったん議員を辞めたものの2016年11月の富山市議補選で当選した。「全て『議員は悪いことをしない』ということが前提の仕組みだった」

政務活動費を巡る主な経過

1947年	地方自治法施行
56年	地方自治法改正で調査研究の経費を議員個人に支給できなくなり、会派への交付に
70年	富山県が県議に調査交付金を支給。1万円
77年	県議への支給が6万円に
78年	富山市が市議に調査研究費を支給。2万円
80年	県議への支給が10万円に 高岡市が市議に調査交付金を支給。2万円
91年	県議への支給が30万円に
93年	富山市議への支給が10万円に
98年	高岡市議への支給が年91万円(月7.6万円)に
2000年	富山市議への支給が15万円に 地方自治法改正で政務調査費制度が創設
01年	県、富山、高岡市が政調費を導入。 金額は各30万円、15万円、7.5万円
10年	都道府県議長会が緊急要請で政調費の見直しを政府や各党に求める
12年	政調費の使途を拡大し、政務活動費とする地方自治法改正案が可決
13年	県、富山、高岡市が政活費制度を導入。 金額は政調費と変わらず

※金額は1人当たりの月額

7——使途拡大

「裏切られた気持ち」

政務調査費は2012年、地方自治法の改正で政務活動費に変わった。使途拡大が理由だ。修正案を議員提出したのが富山3区選出の自民党衆院議員、橘慶一郎（55）。4年後、くしくも富山県内で不正が相次いで発覚する。

「地方のため、分権のため良かれと思ったのに、非常に残念。提案した心からすれば、裏切られたという気持ちでしょうね」

——

改正当時、政調費を巡る住民訴訟が相次いでいた。全国市民オンブズマン連絡会議によると12年時点で裁判は70件を超え、うち47件で支出の一部が違法とされた。使途が「調査研究」に限られるため、議員からは「使い勝手が悪い」との声が上がり、全国都道府県議会議長会は10年、使途拡大を政府や各党に要請した。

地方自治を所管する党総務部会の副部会長だった橘は元高岡市長だけに地方議会に詳しく、修正に携わった。他党にも呼び掛け、民主、公明などの計6人で提案した。

——

政調費の使途を「調査研究その他の活動」に変えることで、選挙や政党・後援会活動、私的な支出を除き、広く充てられるようにした。橘自身は、陳情や有権者の声を聞くための集会の経費などを想定していたという。

12年8月、国会の衆参両院の総務委員会で乱用を懸念する質問に、提出者である橘が答弁した。

「（使途の）範囲は条例に定める形にしており、条例を定める際に地方議会で審議し、その審議の過程で住民が監視するので、無駄の排除、活動費の妥当性が担保されると考えるわけです」

「議長に、使途の透明性の確保に努めるよう義務を課す規程を追加している」

法で地方を縛るのではなく、議会と議長、住民を信じて自律を求めた。改正案は8月29日、可決、成立した。

条例改正　議論乏しく

答弁と現実は違った。不正による辞職者が出た県議会と富山、高岡市議会。使途の範囲を盛り込んだ条例案が、県は12年11月、両市は12月の各定例会に議員提出された。県議会では新たに広聴広報費、要請陳情等活動費、事務所費に使えるようにした。

衆院総務委員会で答弁する総務相の高市。右端は首相の安倍＝2016年10月4日、衆院第1委員会室

しかし、３議会とも突っ込んで議論する委員会への付託を省いた。本会議だけが公開審議の場になったが、県議会では提案理由説明もなく、共産の火爪弘子（61）＝富山市豊城町＝が反対討論しただけ。富山、高岡両議会は討論もなく、全会一致で可決した。

当時、県議会議長だった自民の山辺美嗣（64）＝南砺市やかた＝は「議論を隠していたわけではない」と話す。各会派代表者会議で話し合ったと言うが、協議は非公開。橘が求めた住民監視下の審議は「事実上なかった」と認めた。

議長による透明性確保はどうか。政活費になった13年度に議長を務めた元自民会派の杉本正（67）＝富山市東岩瀬村＝は「特に仕事が変わったわけではなかった。申し訳ないが、認識不足だった」。

――

16年10月４日の衆院予算委員会。日本維新の会の議員が富山県内での政活費不正を取り上げ、法改正によって透明性を高めるよう求めた。しかし、総務相の高市早苗は否定した。分権のために政活費を創設した経緯から「まずは制度の趣旨を踏まえ地方議会で、取り扱い、情報公開を適正にやっていただきたい」。

再び求められた地方の自律。富山の「議会再生」に、多くの視線が注がれている。

8――情報公開

15年度は請求ゼロ

「市民に見られる」なんて緊張感はなかったのだろう―。不正が次々に発覚した富山市議会最大会派・自民党。店舗が違うのに同じような筆跡、パソコンで自作したと思わせる書式、政務活動費なのに発行主が酒店…。領収書を見ていると、そう思えてくる。

「誰も見ないと思っていた。会派の議員もみんな同じではないか」と高田重信は認める。実際、市民の関心は低かった。政活費に関する市への情報公開請求は２０１４年度は2件、15年度にいたっては０件だ。

16年度、様相は一変する。17年1月６日までの議会に関する請求は２６１件。県や富山、高岡市議会での不正発覚を受け、市民は議員に不信の目を向け始めた。理由はどうあれ、議会への関心が高まった。

―

連日の報道を受け、富山市小杉の元銀行員、小杉正義(72)は16年9月中旬、市に情報公開請求した。領収書や政活費支出伝票のコピーを入手し、目を通してすぐに疑問が湧いた。名前が書かれていない領収書が数多くあったからだ。

使途には「市政報告資料印刷代」「パソコン代」などと記してあるが、宛名は「富山市議会自由民主党」だけ。「もし支出に問題があれば、誰が責任を取るのか。議員は公人。氏名は明記すべきだ」。憤りが込み上げた。

領収書のコピーを提出する議会のルールにも首をかしげる。領収書に数字を書き足す不正があったことから「原本なら簡単に分かったはず。常識から外れている」。その上で、指摘する。「密室で、自分たちの都合のいいようにしていたとしか思えない」

―

請求が少なかった理由は関心の低さだけではない。市役所に出向いて手続きし、さらに公開決定まで時間がかかる。条例には「15日以内」とあるものの、書類の量や内容によっては「黒塗り作業」などのため延長される。実際、4カ月ほどかかったケースもあった。

さらに、市政情報コーナーで見るだけなら無料だが、精査のためにコピーすると1枚につき10円必要だ。例えば自民は13、14年度だけで5500枚ほどあり、料金は約5万5千円。個人で調べるには負担が大きい。

手続きと費用。その二つのハードルが市民の意欲をそぎ、小杉が言う「密室」化を助長した。

「見られる」緊張感なく

不正を受け市議会は、透明化に向けて歩み出した。17年中に、16年度の領収書をインターネット公開。17年1月からは議会棟の1室で収支報告書などを閲覧できるようにした。領収書のコピーを出すルールも17年度から原本に改める。

ただ、弁護士で市民オンブズ富山理事の春山然浩（36）は「会計帳簿の公開も欠かせない」と注文する。書類だけが公開されても1枚ずつチェックしなければならず、議員名や使途、支出日をまとめた帳簿があれば「誰が何にどれだけ使ったか把握しやすくなる」。

全国市民オンブズマン連絡会議によると、都道府県と政令市・中核市の114議会中、39議会が帳簿をネット公開、もしくは閲覧できるようにしている。架空・水増し請求で3人が辞職した富山県議会も、反省を踏まえて17年7月から公開する。

さらに、春山は「例えば視察や備品購入、会合の会費などの支出が、どう市民の役に立ったか分からない」と指摘する。有意義に使われたかどうか判断できる報告書を議員が作成し、公開すべきとの考えだ。

情報公開請求した資料が閲覧できる市政情報コーナー
＝富山市役所

9——事務局

性善説が目曇らす

「領収書の偽造は想定しておらず、チェックに甘さがあった」「(不正が)起こらないだろうと性善説に立っていた」

政務活動費の不正が次々と発覚した富山市議会（定数40)。2016年9月15日に開かれた総務文教委員会で、議会事務局の責任を問われた局長の久世浩（60）は頭を下げた。

久世が今のポストに就いたのは15年4月。事務局勤務は初めてで、早々に気になったのが年間約8千万円に上る政活費だった。前年に兵庫県議の問題が発覚しており、担当者に「大丈夫なの」と尋ねると、「大丈夫です。中間チェックもしてますし」と返ってきた。

しかし、2会派22人に不正が判明。総額は4028万円に上り、うち13人が辞職した。確認できるだけでも不正は11年度から。「悔しさ、公務員としてもっとやるべきことがあったとか、いろんな思いが交錯している。今もそうだ」。久世は険しい表情を見せた。

審査「外形的だった」

市議会の各会派は、翌年度の4月末までに収支報告書と実績報告書、領収書を事務局に提出する。事務局職員は22人。うち庶務課の4人が書類を点検する。年度末以外にも四半期に1回、中間チェックを行ってきた。

提出される書類は年間約5千枚。必要な書類がそろっているか、金額の記入に誤りがないかを中心に調べていた。久世は「あまりにボリュームがあり、外形的な審査がメインだった」と説明する。

使途も見てはいた。だが、政活費は市長をトップとする執行部（行政側）の監視のために使うこともある。久世は「公金の支出の審査は市長の権限。政活費も市長に代わって審査している」と言い「過度に干渉できないお金であり、審査にも限界があった」。

ただ、別の業者から出されたはずの領収書の筆跡が同じだったり、金額に数字が書き足されていたりする不正も多々あった。領収書を1枚1枚ちゃんと見ていれば気付くはずだ。

庶務課長の横山浩二（51）は反省する。「議員をまるっきり疑っていなかったからだと思う。性善説に立ち、脇が甘かった」

富山県議会（定数40）では、2会派11人に計1491万円の不正や申請ミスが見つかった。事務局の職員は33人。うち、富山市と同じ4人が審査に当たっていた。

約460万円を詐取した前副議長の矢後肇。『研修医のための早朝講義』『美容皮膚科学』『発酵ハンドブック』『確率論史』など高価な専門書を何冊も買ったと装い、領収書を偽造した。

書名の不自然さを事務局は感じていた。その都度、会派に指摘したが、会派は「本人が『知識を得るため必要だ』と言っている」と押し返してきた。事務局次長の伊豆一美（58）は「どうしても譲れないと言われた場合、会派の主張を尊重せざるを得ない」と言う。

領収書偽造は山上正隆（62）＝高岡市長江＝や坂野裕一（53）＝富山市経堂＝も手を染めていた。防げなかったのかと伊豆に問うと、「有権者に選ばれた議員がそういうことを普通、すると思いますか。想定しなかったことは反省しますが…」。

県、市とも性善説がチェックの目を曇らせていた。

富山市議会の議会事務局。22人の職員が働く＝市役所議会棟

不正を受け、県と市は領収書のインターネット公開などの再発防止策を打ち出した。無論、審査に予断を持たないという事務局の意識改革も不可欠だ。

10——情報漏えい

議員に逆らえぬ空気も

2016年7月、富山市役所議会棟の6階。議会事務局で中堅職員が残業していた。部屋にいるのは1人。政務活動費に関する資料の情報開示請求を受けて、書類を処理していた。

市議の中川勇と谷口寿一（53）＝奥田寿町＝（いずれも辞職）が事務局に入ってきた。机のそばに来て声を掛ける。「何をしているのか」。説明すると、さらに尋ねる。「どこから」。職員は答えた。「チューリップテレビです」

谷口を経由したものを含め政活費741万円を詐取した中川。調べられていることを知り、隠蔽《いんぺい》を画策した。白紙の領収書をもらった印刷会社に、報道機関が訪ねてきたら実際に取引があったと口裏を合わすようにも指示した。「まだ修正が可能だった15年度分を必死に直していた」との関係者の証言もある。

政活費の不正発覚と同時に、情報公開の請求者名などの漏えいも全国で次々と明らかになった。富山市議会だけでなく高岡市議会の事務局も政活費の請求があったことを市議に伝えていた。

富山市では教育委員会の生涯学習課長（54）が、中川が市政報告会を開いたとする公民館の利用実績をチューリップテレビが情報公開請求したことを議会事務局に知らせ、申請書のコピーも渡した。部局を超えた「ご注進」だ。

政活費の公開を請求した同社の記者、砂沢智史（37）は「8月ごろ、市議や県議と取材や雑談で話すと『取り寄せたんだよね』と言われ、漏れているなと感じた」と話す。口裏合わせの事実を後で知り「不正であることを立証できず疑惑が疑惑のままで終わっていたかもしれない」と振り返った。

身内意識、悪く働く

請求内容が伝わると中川のように工作を図る対象者もいる。個人名が分かると圧力を恐れて思いとどまる市民もいる。「知る権利」を阻害する今回の問題の原因を、富山市議会事務局庶務課長の横山浩二（51）は「公開制度や守秘義務に対する認識不足」と言う。

さらに背景にあるのは、議員と事務局の距離感だ。二元代表制の地方自治の下で執行部（行政側）と議会は独立し、互いにけん制する。議会事務局の職員は市職員でありつつも、議長をトップとする組織の中に入る。

職員は庶務や議事運営はもちろん、行政の監視や政策立案に向け、議員を黒子として支えるのが仕事だ。行政と対峙《たいじ》する議会の中の「身内意識」は、良くも悪くも働く。今回は、その後者が出た。

事務局長の久世は「日数がたつに従って、ある種の〝慣れ〟というものができ、そういう所からガードが甘くなったんだろう」と認める。申請書を議会事務局に届けた生涯学習課長も、かつて議会事務局に勤めていた。

――

富山市の情報漏えいの背景には身内意識だけではなく、ボスがにらみを利かす「ムラ社会」もあった。ある市議は、職員の間に議員の顔色をうかがうような空気があったと明かす。「威圧的な人からガーンと言われたら、もうその人には逆らっては駄目だという頭で接している」

三重県で県議や知事を務めた早稲田大名誉教授の北川正恭（72）は語る。「議会と行政がうまくやるため、議員が怖いため、職員がものを言わないのは公僕の役割の放棄だ。市民への説明責任はどうなるのか。事務局の存在は年々重要になっている。しっかり対応する覚悟を持つべきだ」

記者会見で議会事務局職員による情報漏えいを謝罪する久世（右）と横山＝2016年9月21日、富山市役所議会棟

11――運用指針

都合良く「飲酒OK」

地方自治法は、政務活動費を充てられる範囲を条例で決めるよう自治体に求めている。ただ、条例にあるのは「調査研究」「研修」「広報広聴」といった大まかな規定のみ。そこで、各議会は「運用指針」や「手引」を作り、詳細なルールを明記している。

――

高岡市議会の旧自民党議員会は2012年3月、福岡町五位の温泉宿泊施設「ロッジ山ぼうし」で「研修会」を開いた。名目は施設の改善点とイノシシ肉の活用策の調査。参加したのは市議10人。焼き肉などイノシシ料理3品を味わい、日本酒をとっくりで25本、ビール10本、焼酎2本を飲んだ。

16年11月下旬、この会合の酒代に政活費（当時は政務調査費）を使ったことが判明。参加した当時会派会長の舘勇将（69）＝二塚＝や、現県議の川島国（43）＝福岡町荒屋敷、畠起也（64）＝本町、狩野安郎（63）＝守護町＝が記者会見を開き「政調費の運用指針の範囲内で支出した」と主張した。つまりルールに合致していると言う。

一体、どういうことか。運用指針の「食糧費」の項目を見ると、研修会の参加に伴う飲酒代は「支出できない」と記してある。しかし、舘らは「研究研修費」の項目に着目。「研修会の開催に必要な経費を支出できる」との文言があり、そこには「酒代はNG」という言葉はない。

議会事務局議事調査課長の安東浩志（56）は、酒代の充当を「指針をどう解釈するかという話になる」と説明する。市議らは会見で、自己流の解釈を踏まえ「研修の宿泊費に含まれる」「規定に反していない」「酒を飲みながら研究してもいい」と主張した。

11月28日の議会改革検討委員会で、共産は政活費のルールに飲酒禁止を盛り込むよう提案。自民党議員会を前身とする自民同志会などは「持ち帰って検討したい」とし、最終的には12月26日の委員会で合意に至った。

政活費で酒を飲まない―。市民にとっては常識でも、高岡市議会では明文化が必要だった。

6議会は密室で作成

富山市議会では、少なくとも7人がビールや焼酎などの購入に政活費を充当。市政報告会後の懇親会も報告会とみなし、さらに「お茶・菓子代」に酒類も含めてもいいと議員らは拡大解釈した。議会事務局長の久世は「指針には報告会でアルコールは出せないとは書いてない。議員には悪いが、当たり前の話だ」と嘆く。

旧婦中町職員で、旧町の議会事務局長も務めた富山市議の横野昭（64）＝婦中町島田＝は、改めて指針に目を通して言う。「議員は指針の内容をきちんとよく理解していなかったし、指針自体も、解釈を間違えると、広く使えてしまうかもしれない部分があった」

そもそも運用指針や手引の作成過程にも問題がある。

富山県内では、県と、舟橋村を除く14市町の計15議会が政活費を支給。うち南砺市と立山町以外の13議会に運用指針や手引があり、指針の内容は、議員が各派代表者会議や議員協議会などで決めている。

しかし、県、富山市、高岡市、射水市、黒部市、朝日町の6議会は、協議と決定のいずれの会合も非公開で行っている。運用指針や手引は、いわば市民の目が届かない〝密室〟で作られ、ルールそのものが議員に都合の良い「お手盛り」になりかねない。

自民と民政クラブの2会派で13人がバッジを外す「辞職ドミノ」が起きた富山市議会。不祥事を受け、公開の場で運用指針を見直す作業が始まった。

記者会見で研修会について説明する右から川島、舘、畠、狩野＝2016年11月下旬、高岡市議会棟

12――ルール作り

議論公開、市民も傍聴

「お茶代は不正の温床になったが、お茶を出すこと自体が悪いわけではない。実費を出すのが妥当だと思う」

2017年1月10日、富山市役所議会棟で開かれた「政務活動費のあり方検討会」の作業部会。使途のルールを定めた「運用指針」の見直しが議題だ。市政報告会の経費充当を巡り、社民党の村石篤（62）＝東老田＝が投げ掛けた。

隣にいた公明党の松尾茂（49）＝城川原＝は「そういうことでは、あいまいさが出る。お茶は全て自腹にすべきだ」ときっぱり。向かい側に座る共産党の吉田修（66）＝山本＝は「お茶くらいはいいのでは」と村石に賛同した。

この日の議論は2時間。菓子代は充てないことで一致したが、お茶代は平行線のまま。報告会への県議や国会議員の出席も内容が政党色を帯びるとして意見が分かれ、共に結論は持ち越しとなった。

協議は全てオープンだ。部会長の横野は「個人的には非公開がよかった。本音で言い合えるし」。横野が属する最大会派・自民党でも同様の意見が多かったが、「公開でいいじゃないか」と会長の五本幸正。衆人環視下で新ルールを作る流れが決まった。

1月10日の議論を傍聴した市内の60代男性は、初会合から議会棟に足を運んでいる。「再生に向け、良識ある議論が行われるのか聞きたかった」と理由を語り、「不正を二度と起こさないとの気持ちが伝わってきた」と話した。

政活費の使途を拡大するため、地方自治法の修正案を提出した富山3区選出の衆院議員、橘慶一郎も「いい議論をしている」と評価する。国会答弁で、住民が見守る中で闊達《かったつ》に議論することを地方議会に求めていただけに「思いがようやく実現した」と言う。

「議員とは」見つめ直す

16年の一連の政活費不正で、富山市議会では最大会派・

自民党11人と民政クラブ2人の計13人が辞職。富山市への返還額は自民2282万円、民政ク2185万円で計4467万円に上った。

架空請求・水増し請求で3人がバッジを外した県議会では、11人が1729万円を県に返納。領収書偽造で1人が辞めた高岡市議会は、1会派と5人が計329万円を返した。3議会合わせて6525万円が不適切に使われた。

不正額が最も大きかった富山市議会では16年9月、全会派による「あり方検討会」で再発防止策の協議を開始。11月に検討会の下に作業部会を設け、ルールの見直しを始めた。委員は14人。「辞職ドミノ」を受けて行われた市議補選で当選した新人6人もいる。

自民新風会の江西照康(50)=打出=もその一人。12月の会合では、居並ぶ先輩議員に臆せず「過去の不正事案を見ると、運用指針が悪いという以前の問題ばかりだ」とばっさり。原因はルールよりも議員の資質だと指摘した。

運用指針の見直しでは再発が防げないともとれる江西の発言を踏まえ、横野は「ここで議論することで、政活費の使い方を改めて認識することが必要だ」と強調した。ルールに理解を深めるのはもちろん、新人もベテランも「議員活動とは何か」ということを見つめ直す機会になると思うからだ。

「政活費をまずゼロに戻す」と主張して当選した新人もおり、認識の隔たりも感じるが「議会を再生させるという気持ちは同じ。心配していない」。次の作業部会は17年1月23日。新ルールの素案を取りまとめ、条例改正を経て4月からの運用を目指す。

富山市議会の作業部会。市民や報道陣が見守る中で政活費の使途の見直しを進めている=市役所議会棟

13――第三者機関

外部の目で使途点検

2016年11月2日、富山市議会の「政務活動費のあり方検討会」は、一連の不正を受けて再発防止策をまとめた。その柱の一つが第三者機関の設置だ。示された素案を基に、政活費の流れをたどってみる。

―

ある議員が県外視察を思い立った。企画を立て、旅費の見積もりを取り、書類を会派に申請。書類は会派のチェックを経て、公認会計士ら3人でつくる第三者機関に届けられる。

公認会計士は、政活費のルールを定めた運用指針に照らし合わせて内容を確認。会派を通じて議員にOKと伝える。ここまでが「事前審査」だ。

お墨付きを得た議員は自費で視察に行き、富山に戻ると領収書や報告書を会派に提出。会派の点検後、第三者機関が「事後審査」する。承認を受け、初めて政活費が会派から口座に振り込まれる。

政活費が市から会派へ「前払い」されることに変わりはないが、使う前に審査があるのが特徴だ。17年6月開始予定で、運営費用は各議員の政活費から捻出する。

―

県内では、不正が発覚した県議会と高岡市議会も第三者機関を設ける。〝身内〟の会派や議会事務局のチェックだと問題を指摘しにくいケースがあり、しがらみのない外部の視線を入れるためだ。

ただ、内容は異なる。16年度末までに設置する県は、議長が諮問した書類のみ事後審査する。17年4月スタートの高岡も事後審査だけで、全ての領収書を対象にするかどうかは検討中だ。

事前審査を取り入れ、全ての領収書を調べる富山市議会が最もチェックが厳しい。素案作りに携わった自民党の村上和久は「実効性ある形になったと思う」と話す。

審査の厳しさに差も

全国市民オンブズマン連絡会議によると、16年6月時点で都道府県と政令市、中核市の中で、15議会に第三者機関がある。しかし、違いは大きい。

さいたま市議会は07年から、年間1万件に上る領収書のチェックを公認会計士に委託。議員は毎月、領収書を事務局へ提出し、全て公認会計士が目を通す。広報紙の内容を確認して「選挙向けのアピールの部分がある。全額充当は不可」とするなど、不適切な支出を数多く指摘してきた。

かつて97％に達した使い切り率（支給額に対する使用額の割合）も機関設置後は84～91％で推移。最大会派・自民党議員団の団長、鶴崎敏康（67）は「外部の目でチェックされることが当たり前になっており、議員も自覚して使っている。富山の不祥事は『えっ、なんで』という感じだった」と話す。

兵庫県議会は、14年夏の〝号泣県議〟の政活費不正を受け、同年11月に第三者機関を稼働。富山県議会と同じく、議長の諮問があれば審査する仕組みだ。しかし、不適切事例を指摘した実績はない。

16年11月に富山市内で開いたシンポジウム「民意と歩む　議会は変われるか」のパネリストを務めた兵庫県議の丸尾牧（52）は言う。「残念ながら第三者機関は機能してない。兵庫のように形式だけになっている議会は多い」

第三者機関について全国調査を行った仙台市民オンブズマンの弁護士、石上雄介（37）は「機関の設置は透明化の第一歩ではあるが、調査量が膨大な中核市などでは効果が薄れる。機関と議員がなれ合いにならないためにも、審査結果や是正内容を公表し、市民に見てもらうことが必要だ」と指摘した。

**富山市議会
第三者機関設置後の
政活費の流れ**

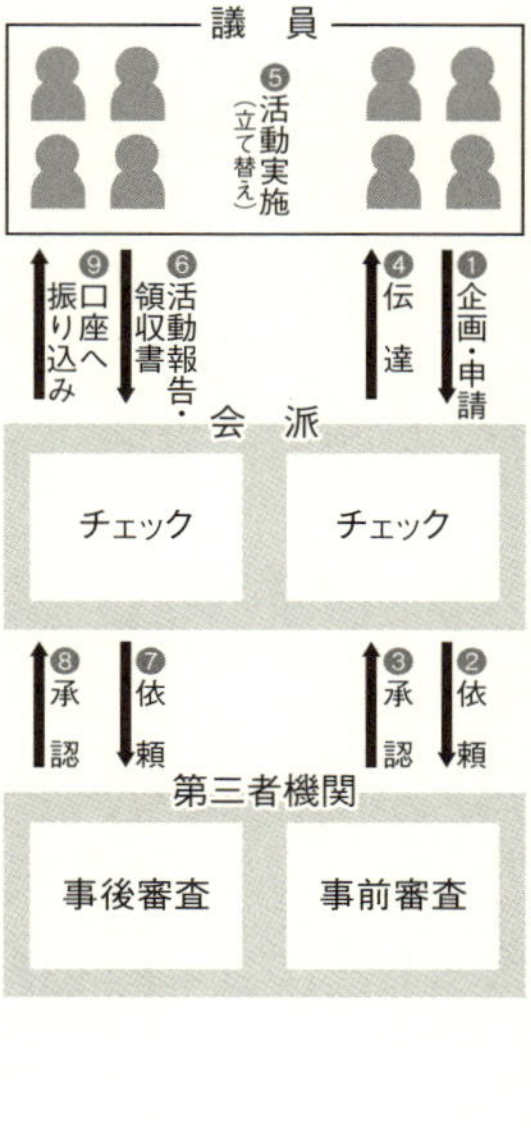

14——後払い制

「感覚のまひ」防ぐ

前払いだと、議員だけが特別扱いと思われるんちゃうかー。そんな心配が原点だった。２０１４年９月、京丹後市議会（京都府）の政務活動費等調査特別委員会で、自民系会派の谷津伸幸（45）が後払い制を提案した。

頭にあったのは、各種団体が市の補助金を受け取る時の流れだ。計画書を出し、活動報告と領収書の精査を経てようやくお金が入る。「前払いでは市民に説明がつかない。厳しい『京丹後モデル』を作りたかった」

各会派での協議を経て翌10月、再び委員会が開かれた。目立った異論はない。全国に先例があるのかという話にもなり「いや、ないんちゃう？」「市民にもインパクトあるはずや」。15年度の政活費導入に併せ、全国に先駆けて「使い切り意識」を防ぐ後払い制を取り入れることになった。

——

京都府最北部にある京丹後市は04年、旧6町が合併して誕生した。富山から北陸新幹線と在来線特急、私鉄ローカル線を乗り継いで約5時間半かかる。人口5万7千人は、県内では南砺市の5万2千人と近い。

「政活費の導入まで生みの苦しみがありました」。特別委員長を務めた公明の松本聖司（57）は振り返る。元々、市には政活費がなく、13年に政活費を調査・研究する特別委をつくり、導入の是非などを議論してきた。

14年7月にはシンポジウムを開き、約１００人の市民も交えて議論した。だが、意見は「議員報酬でやりくりすべき」など反対ばかり。8月には旧6町ごとに市民との懇談会も開いたが、やはり大半は反対だった。

その夏、兵庫県議の政活費不正が発覚。「導入することになれば、厳しいルールで透明性を高めないといけないとの認識を、議員が共通して持った」と松本は言う。

そうした中、谷津が後払い制を提案した。松本は「事前に受け取ると自分のお金と区別しにくく、感覚がまひするかもしれない。後払い制はそれを防ぐ」と感じた。市民に理解を求めながら15年2月、1人月1万5千円を後払い制で交付する政活費の条例案を可決。4月から運用を始めた。

使い切り率57%に

後払い制だと費用を立て替えなければならない。議員が抵抗感を抱きそうだが、谷津は「うちは額が小さいので」と否定する。活動内容の報告書と領収書を上半期と下半期にそれぞれ提出し、議長と議会事務局のチェックを受ける。適正と認められると初めてお金が受け取れる。

政活費導入への厳しい民意を肌で感じた分、厳格な運用基準を設けた。視察時も含め食事代は一切認めない。タクシーの利用も合理的な説明が必要だ。内容によって充当率を変える「案分」もない。松本は「グレーの部分があると、市民からお手盛りと言われかねない」と語る。

議会事務局は職員4人が使途を審査する。局長の中田裕雄(58)は「運用基準は全て公開しており、違反した支出を許すと市民に指摘される。指摘されるようでは、事務局は仕事をしていないのと同じ」。緊張感を持って審査していることがうかがえる。

導入初年度の使い切り率(支給額に対する使用額の割合)は57・5%だった。

京丹後市から2年遅れ、富山でも動きが出てきた。

政活費の書類をチェックする京都府京丹後市議会の事務局職員=同市役所

15——汚名返上

射水・入善、後払いへ

「あんたらは、ほんまに大丈夫ながけ」「おまっちゃも同じことやっとるがいろ」

前射水市議会議長で自民の津田信人（59）＝赤井（大島）＝はそんな声を耳にするたび、相次いで発覚した政務活動費の不正によって、議会全体が不信の目で見られていると感じた。「襟を正し、市民の不安を払拭《ふっしょく》しないと」。そう思った。

２０１６年11月29日、政活費の条例改正案が議員提出され、賛成多数で可決した。事前にお金をもらい、余った分を返す「前払い制」をやめ、使った分だけ受け取る「後払い制」の導入が、県内で初めて決まった。17年４月に施行する。

議会運営委員会の委員６人らと共に改正案を作成した津田。支給額が１人月５万円と県や富山市と比べて低く、ネックとなる立て替えへの抵抗感はなかったという。調査や修正の権限を持つ議長の精査を経て交付するため、不適切な充当が排除され、「『使い切らないと』という思いにならない」。

―

入善町議会では自民会派が17年３月、１人月１万円の政活費を後払い制にする条例改正案を定例会に提出する。議会改革特別委員会では異論が出ておらず、可決する見通しだ。４月施行を予定する。

特別委は議員定数や報酬の議論を重ねていたが、町外での相次ぐ不正を受けて16年秋から政活費の在り方も話し合った。委員長で自民の中瀬範幸（71）＝上野＝は、自らを含む町議の半数以上がサラリーマン経験者とし「民間では後払いが当たり前だった」と言う。

さまざまな事業への行政の補助金が後払い制になっていることを踏まえ、「政活費は議員活動への補助金ともいえる。活動していないのに受け取るのは、本来おかしい」と強調する。

「三大対策」そろわず

後払い制の導入を、政活費を交付する富山県と14市町の計15議会の事務局に確認すると、立山町は協議中とし、小矢部市と南砺市が「協議する」と答えた。不正で13人が辞職した富山市議会では共産党が導入を強く求めているが、実現の見通しは立っていない。

ただ、市から会派には前払いするものの、会派は議員の申請が第三者機関の審査をパスしないと交付しない仕組みだ。政活費のあり方検討会座長で自民の村上和久は「事前審査があり、実質的な後払い制だ」と言う。

――

後払い制、インターネットでの領収書の公開、第三者機関による関係書類の審査―。政活費の不正を防ぐ〝三大対策〟といえる。議員の「使い切り体質」を払拭し「見られている意識」を持たせるために効果がある。富山県内では10議会がネット公開、3議会が第三者機関の導入を決めている。

全国市民オンブズマン連絡会議は、ネット公開と第三者機関について都道府県や政令市・中核市の114議会で調べており、それぞれ導入したのは11議会、15議会だけ。比率を考えれば、県内の議会は積極的といえる。

県民からは、全国に広まった富山の汚名を返上すべく、国内で最も厳しい仕組みを作るべきだという声を聞く。しかし、三大対策を全て取り入れた県内の議会は、まだない。

政活費の不正防止策の導入状況

	ネット公開	第三者機関	後払い制
富山県	7月	4月までに設置	見送り
富山市	17年中	6月に設置	見送り
高岡市	17年度中	4月に設置	見送り
射水市	6月	見送り	4月
魚津市	5月以降	なし	なし
氷見市	7月	なし	なし
滑川市	5月以降	なし	なし
黒部市	17年度中	なし	なし
砺波市	なし	なし	なし
小矢部市	1月から協議	1月から協議	1月から協議
南砺市	協議中	2月から協議	2月から協議
上市町	6月ごろ	なし	なし
立山町	協議中	なし	協議中
入善町	5月ごろ	なし	4月
朝日町	協議中	協議中	見送り

（2017年1月）
見送り…協議の結果、導入せず
※政活費を支給していない舟橋村は除く

第2部　バッジの重み

議員報酬はいくらが妥当なのか。議員の存在とはなにか。取材を通じ、議員活動のあり方を考える。

1――懐事情

報酬高く、驚く新人

「皆さんのおかげでつけられたんです」。2017年1月18日の昼すぎにあった富山市議、上野蛍（32）＝上赤江町＝の後援会の新年会。議員バッジを上着から外して渡すと、集まった女性8人は珍しそうな表情で手に取った。上野は会社員の夫を持ち、5歳と3歳の女の子を育てる〝ママさん議員〟だ。

会場は富山市中央通りのそば店。「児童館少ないよ」「いつ傍聴に行けば面白い？」。雰囲気は女子会だ。参加費は天ぷらやデザートも付いた「そば御膳」代の2300円で、上野も含めて全て割り勘。「昼なら子どもを持つ親も集まりやすいし、ランチなら手頃だし」。主婦として、議員として節約は大切だと思っている。

――

地方議員には給料ではなく、仕事の対価である報酬が支給される。額は自治体で異なり、県内市町村で最も高いのは富山の月額60万円で、最低は舟橋の15万円。期末手当を含む年収はそれぞれ1003万円、246万円となる。

国税庁の民間給与実態調査によると、全国の1人当たり平均給与（15年）は420万円。年齢別で最も高額なのは50～54歳の509万円だ。規模の大きい自治体では、議員の収入は一般の平均をはるかに超える。ただ、昇給や退職金はない。議員年金も11年に廃止された。次の選挙で当選する保証もなく、安定しているとは言い難い。

――

議員の懐事情を探る取材の相手には、収支をホームページで開示すると公言している地域政党「政策チーム光」を選んだ。16年11月の市議補選で初当選した上野と島隆之（54）＝布目＝に加え、富山市第1選挙区選出県議の無所属3人でつくる政党だ。

富山市議の場合、報酬は所得税を引いて振り込まれる。扶養家族数や副収入などで差があり、17年1月は

57万2300円〜40万5千円。前年12月は冬のボーナス（期末手当）と、年末調整による還付金も加わった。補選当選組のボーナスは本来の3割の46万円だった。

上野の16年12月の総収入は計111万円。ここから、住民税や社会保険料、富山市議全員でつくる親睦会の会費を引いた99万円が「手取り」となる。ボーナスを差し引いた53万円は、前職の介護老人保険施設の職員時代より増えた。

全て家計に入るわけではない。政党活動の費用、仕事に使う日用品の代金などは報酬で賄う。さらに政党事務所の賃貸料や看板代といった初期費用として50万円を負担。今後も賃貸料や人件費を月10万ほど払っていく。

4月の市議選の資金も必要だ。上野は50万〜60万円に抑えたいと考えており、12月は30万円貯金した。スーツや事務用品を買った残りの11万円余りを家計に入れた。「金額はやっぱり大きい」と上野は言う。「ただ、きちんと（給料が）上がる50代のサラリーマンと比べたら少ないかも」

収入が増えた分の住民税や健康保険料は17年度以降に反映されるため、手取りは減る。「やりくりしていくしかない。議員活動の経費も削れる部分は削っていく」

中堅は「余裕ない」

元中学の技術科教諭の島は現在、放課後学童教室を運営している。家族は5人。教員の妻、年金受給者の母親、会社員の長男の4人で暮らし、名古屋市の大学に進学した長女はこの春、卒業する。

12月の報酬は、ボーナスもあり「びっくりするほど出た」。議員としての収支は50万円余りのプラスとなった。「議員になったばかりで仕事が十分にできてないからかもしれないが、仕事量の対価としてはとんでもなく高い」

――

「光」の2人は新人だが、議員の多くが当選を重ねるにつれ、人脈や仕事が増し、支出はかさむと言う。

富山市議会は16年6月、報酬の月額10万円アップを可決したものの、市民の反発や政活費不正を受け撤回。ただ、議長の高見隆夫（69）＝通算7期、任海＝は今も引き上げは必要だとし「議員の仕事は昼夜を問わず、休日返上もよくある。そこを理解してほしい」。

増額に反対した社民代表の村石篤（62）＝2期、東老田＝も「活動するほど付き合いは広がり、出費は増す。香典も増える。飲食する会合で会費を出さないわけにはいかない。余裕はないというのが実情だ」と語る。

後援会の新年会で参加者と意見交換する上野（中央）＝2017年1月18日、富山市中央通りのそば店

上野・島議員の議員報酬の収支

※100円の位を四捨五入　　　　（2016年12月）

上野

収入		支出		
議員報酬	60万円	固定費	税・社会保険	12万円
期末手当	45万7,000円	固定費	議員親睦会費	2,000円
年末調整	5万7,000円	議員活動関係	地域政党設立費	50万円
		議員活動関係	交際費、スーツ代、事務用品代など	8万円
		議員活動関係	選挙資金（貯金）	30万円
計	111万4,000円	計		100万2,000円

島

収入		支出		
議員報酬	60万円	固定費	税・社会保険	8万8,000円
期末手当	45万7,000円	固定費	議員親睦会費	2,000円
年末調整	8万1,000円	議員活動関係	地域政党設立費	50万円
		議員活動関係	事務用品代など	6,000円
計	113万8,000円	計		59万6,000円

2——市議の1日

新人「予想より忙しい」

富山市議会の会期は年間70日程度だ。それ以外の期間に本会議はなく、委員会もほとんど開かれないが、仕事の対価である報酬は毎月支給され、6月と12月にはボーナス（期末手当）が出る。議員は議会閉会中、どのような日々を送っているのだろうか。1人の新人を追った。

——

2017年1月21日。自民党の舎川智也（43）＝朝菜町＝は午前6時すぎ、起床した。16年11月の富山市議補選に立候補する前は富山信用金庫に勤務。以前なら、ゆっくりできる土曜日だ。スーツに着替え、9時半前に家を出た。

最初の目的地は、自宅にほど近い保育園。市の子育て支援策について園長と30分ほど意見を交わした。他の保育園にも出向いて実態を把握し、3月定例市議会で質問しようと考えている。

10時ごろに保育園を出た。前日に電話があった地元住民との待ち合わせ場所に行く。舎川が暮らす蜷川小学校区は郊外の住宅地。小学校周辺の狭い道路をマイカーで走り、地元の土地改良区の世話役の年配男性2人と合流した。

要望は通学路に関する案件だ。2人の先導で現場に向かう。1カ所目は児童が使う市道で、拡幅して歩道を設けてほしいという。「子どものすぐそばを車が通る。いつもヒヤヒヤしとる」と男性。舎川はスマートフォンで写真を撮った。

2カ所目は通学路脇を流れる用水だ。路肩が狭い交差点の周辺だけでもふたをしてほしいという。男性は「市にも言ったが『予算がない』と繰り返すばかり。こういう時のバッジやよ」。

2人と別れ、農家の男性と一緒に補強が必要だという田んぼの水路を見に行った。

11時すぎ、地元の朝菜町の公民館に到着。引き戸を開けると、お年寄りの拍手で迎えられた。高齢者でつくる「恵寿会」の新年会。簡単なスピーチを終え、腰を据えるいとまもなくお茶やビールをついで回った。

午後1時半、議員になってから誘われた市民有志や企業経営者らの論語の勉強会に出席した。5時には、草野球仲間との打ち合わせ。小学校3年生の時からプレーしている元高校球児で「おじさんの中では、うまい方」と笑顔を見せる。

6時すぎ、帰宅して家族と食卓を囲んだが、まだ仕事は残っている。午前中に聞いた要望を市の担当者に説明するため、写真や内容を整理したメモを作成。床に就いたのは11時ごろだった。

新年会7カ所〝はしご〟

4月に市議選を控え、空いた時間をあいさつ回りに充てていることもあり、バッジを着けてから3カ月、休んだ日はないという。1月15日には長寿会や農業団体の新年会が集中し、7カ所を〝はしご〟した。

「政策提言し、市を活性化させたい」と言って市議を目指した舎川。「地域の要望に応えるだけでいいのか、という意見もあると思う。それはその通りで、市政全般のために仕事をしなければならない。でも、地域の要望に応えることも大切だと思っている」

信金時代とどちらが忙しいかを問うと「予想より議員は忙しかった。ただ、仕事の質が違うので比べようがない。でも曜日の感覚がなくなった」と答える。「議員はやればやるほど仕事が出てくる。時間が足りないくらいだ」

月額60万円の報酬を「高いと思う。これから十分に根拠を含めて考えないといけない」。ただ今は、それに見合う仕事になるよう奔走している。

住民から「用水にふたをしてほしい」と要望される舎川（左から2人目）＝2017年1月21日、富山市赤田

3——視察

問われる目的意識

ずらりと並んだ大根や白菜などの地場産品を、買い物客が品定めしていた。富山市中心部の総曲輪通りにある農産物販売所「地場もん屋総本店」。２０１０年のオープン前には批判もあった。「総曲輪で誰が大根買うんだ」

しかし、利用者数は右肩上がりで、15年度は過去最多の約27万人に。市の地産地消の拠点整備には、市議の助言もあった。きっかけは政務調査費（現政務活動費）を使った視察だった。

―

09年夏、鋪田博紀（52）＝通算5期、布瀬町南＝ら自民会派の3人は長崎市を訪れていた。目的は駐車場の調査だったが、市街地が空洞化していると聞き、商店街へ足を延ばした。シャッターを下ろした店が並ぶ中、人だかりがある。地場の野菜や肉などの販売所「とれとれ旬《しゅん》家《や》」だった。

既に地場もん屋の構想があったこともあり、鋪田は同年10月、会派の経済教育部会のメンバーと再訪。経営者に運営のノウハウを聴き、小規模農家でも出荷でき、自ら値段を設定できる仕組みに理解を深めた。市に情報提供し、本会議や委員会でも取り上げた。

当時、市の農林水産部長だった藤井敏（63）は「議員独自の視点を生かした情報をもらい、参考になった」と振り返る。鋪田は「全ての視察が成果につながるわけではないが、目的を持って行けば効果が出るのではないか」と話す。

旅行同然のケースも

公費を使うのに首をかしげたくなるケースも目につく。自民会派は14年6月、北陸新幹線の車両製造工程と水道事業の海外展開を視察するため大阪府を訪ねている。

参加者は22人。会派会長だった村家博（66）＝通算6期、大泉＝は「タイムリーなテーマのため人数が増えた」

と説明。ただ、3人グループだと7カ所は調べられるし、そもそも1人でも可能だ。「大勢だと物見遊山になるのでは」と指摘すると、「それは気の持ちよう」。

政活費のあり方検討会でも視察は焦点になった。特に海外視察には「質問に生かされていない」「見聞を広めるためなら自費で行けばいい」「観光と見られるような日程を入れないようにすべき」などと厳しい指摘が相次いだ。

高岡市議会では、自民友進会の盤若進二（66）＝通算5期、通町＝が15年11月、東京国立博物館で特別展「始皇帝と大兵馬俑《へいばよう》」を見た。中国への親しみを市民に持ってもらうのが目的で、後日、高岡での兵馬俑展示を市教委に打診したという。「歴史文化の勉強はライフワーク。その一環だった」

社民党と市政高岡の計5人は15年4月、沖縄県の石垣島を視察したが、情報公開請求で入手した両会派の報告書の文言は一字一句同じ。内容からは、石垣島に行く必然性は感じられなかった。

――

愛知県半田市議会では06年、市議12人が視察先の北海道での会議を欠席してラベンダー畑を見学したことが発覚。政調費制度を廃止した。16年4月に制度を復活させた際、視察に事前審査制度を設けた。目的はもちろん、半田市の課題にどう生かしていくかも文書にし、インターネットで公開する。

ルール作りに携わった自民系の石川英之（53）は「『行く必要ないんじゃない』と思うくらい入念に下調べする。でも『百聞は一見にしかず』ということもあるから。面倒だという声も聞くが、この厳しさが目的意識を生む」。

議員がどんな視点や意識を持つのか。重要になるのは議会での質問でも同様だ。

地場もん屋総本店。整備に際して市議の助言もあったという＝富山市総曲輪

4――質問

考えぶつけ改善へ

２０１６年12月12日、富山市議の江西照康（50）＝打出＝が本会議場で一般質問した。11月の市議補選で当選した新人で、初の登壇になった。

「集落の力を取り戻すということについて、森（雅志）市長に見解を教えていただきたい」

テーマは産業廃棄物の処理、小学校のプールの老朽化、農家への支援の三つに絞り、現状や当局の姿勢を尋ねた。特に重きを置いたのは農業。実際に耕作する農家が減る中、市民間で問題が共有されにくくなっていると感じていた。

―

本会議での質問は、議員の仕事の花形だ。会派としての「代表質問」と個人による「一般質問」があり、自分の考えや提案を述べつつ、行政側（執行部）に説明や所見を求める。ケーブルテレビやインターネットで中継する議会も多く、議員の力量が露呈する場でもある。

12月定例会では、例年を10人前後上回る24人が質問した。江西は自民系新人でつくる会派に所属する。17年1月に83歳で死去した元富山県議の江西甚昇は義父。傍聴のため県議会に何度も足を運んだ経験もあり、初質問では先輩議員の助言を受けないことにした。

不動産関係の会社を経営し、田んぼも持つ。仕事や農業を通じて感じていることや選挙で有権者に聞いた声を基に、土地改良区の職員に会ったり、農家に話を聞いたりして内容を詰めた。

12日は市長や各部長から回答を得て、45分の持ち時間を終えた。「大きなとちりがなかったので、よしとすべきか。ネタはきっと山のようにある。問題を提起し、解決する質問をしていきたい」

事前調整に違和感

代表質問や一般質問では、議員は内容を事前通告するよう求められる。その上で行政側と議員が擦り合わせをする「答弁調整」がほぼ行われる。結果、議場では質問者、答弁者が共に原稿を読み合う光景がよく見られる。片山善博前鳥取県知事が「八百長と学芸会をやっている」と指摘し、物議を醸した。

調整を通じ、行政側が「この質問はちょっと…」と難色を示したり、「ここは答弁で成果をアピールしたい」と質問をリクエストするケースもある。しかし、事前通告や調整がなければ、やりとりがかみ合わなかったり、行政側が準備不足で十分に答弁ができなかったりする。

例えば東京都議会。小池百合子知事が「なれ合いをやめたい」と言ったことから、自民党の都議は16年12月の本会議で事前通告なしに質問。自民側は「28問のうち19問に答えておらず、内容も不十分」と批判、知事は「建設的な議論に逆行している」と反発した。

ただ、江西は事前に質問内容を細部まで尋ねてくることに違和感を持ったと明かす。「行政側は通告したこと以外は答えられないことも分かった。もっと熟練してもらいたい」と注文した。

――

質問すらしない議員がいる。北日本新聞のまとめでは、富山県内で15年度に本会議で1度も質問しなかった「質問ゼロ議員」は58人に上る。最多は高岡市で10人だった。

唯一、「ゼロ議員」がいなかったのが滑川市。議長の中島勲（69）＝田中町＝は、質問が活発ではない自治体を「議会が形骸化している」と指摘する。非公開の場での折衝が増えれば、政治への無関心につながると懸念し「議会で大事なのは定例会で論を戦わせること。行政側と対峙《たいじ》するのは議場が一番」と言い切った。

農業支援策について質問する江西（中央）＝2016年12月12日、富山市議場

5——ガチンコ

議場で白黒 否決も

北日本新聞のまとめでは、２０１６年６月までの４年間に首長の提出議案を否決・修正した富山県内の議会は、氷見市と滑川市だけだ。他の14議会は全議案を可決している。議会が「行政側（執行部）の追認機関」と批判されるゆえんだ。

実情は否決・修正を嫌う「役人の習性」もあり、行政側は水面下で折衝を重ね、全て通るように骨を折る。そんな中〝存在感〟を見せるのが氷見市だ。修正・否決は10件。一般会計決算も14、15年度と続けて不認定になった。

背景には、13年の前回市長選に端を発する市長と議会（定数17）の対立がある。市内を二分する新人同士の争いの末、地元県議らの支援を受けた本川祐治郎（49）が、前市長らが推した候補を破った。市議も両陣営に分かれた。

本川は非公式折衝に応じず、議場で白黒をつける〝ガチンコ〟の手法を用いる。予定調和の議会を「面白くない」とばっさり。「『お任せ民主主義』から市民が関心を持つ政治へと変わった。見える市政になった」とアピールする。

実際、議会の傍聴人が増えた。「論戦がスリリングで、分かりやすく映るのでは」と議会事務局。本紙の16年夏の調査でも「地方議会を傍聴したことも（ケーブルテレビなどで）見たこともない」とした無関心層は57・５％に上ったが、氷見に限ると21・７％だった。

「議会はガチンコでいい」。早稲田大名誉教授の北川正恭（72）は強調する。自身の三重県知事時代を振り返り「議会とのなれ合いをやめ、妙なことがあれば徹底的に戦った。決算は不認定になるし、議案も反対される。『不信任か、解散か』というところまでいかないと、改革はできない」と話す。

氷見〝本川流〟に賛否

一方、議会側。最大会派「自民同志会」（11人）は市長選で対立候補を推した会派の流れをくむ。会長の萩山峰人（55）＝2期、鞍川＝は「市幹部に伝言したり、直接話したりもするが、市長は馬耳東風」。市議選は14年にあり「議会の方が直近の民意を反映している。重きを置いてほしい」と訴える。

会派社民（1人）、谷口貞夫（71）＝4期、栄町＝も「議会側の考えを受け止めることがあってもいいのでは」と苦言を呈する。

議長就任前は同志会に属していた氷見クラブ（1人）の嶋田茂（56）＝5期、中村＝は、市民の関心の高まりを感じつつも「事前に思いをすり合わせ、方向性を導くのが議会の姿」と語る。

市長選で本川についた市議らでつくる市民クラブ（4人）の代表、椿原俊夫（65）＝7期、岩瀬＝は「もう少し議員と話し合いすればいい」と注文しつつ、同志会の言動も目に余るとし「市民が選んだ市長に敬意を表すべきだ」と言う。

―――

情報発信の面では切磋琢磨《せっさたくま》もある。ソーシャル・ネットワーキング・サービス（SNS）を活用する本川に対抗し、同志会は定例会ごとに冊子を作って配布し、市政報告会も積極的に開いている。

本川流を市民はどう受け止めるのか―。市自治振興委員連合会長の猶明《ゆうめい》孝信（66）＝余川＝に尋ねると「賛否両論あるけど、心配している人の方が多いかな」。

猶明は双方の若さが要因との考えだ。市議の平均年齢は52・7歳（16年7月）で県内議会で最も若く、本川も40代。「若さ故に歯車がかみ合っていないのでは」と推測し、「いまのままでは市政が停滞し、暮らしに影響が出てくるかもしれない。なんとか歩み寄って、接点見つけて、歯車かんでいけばいいんだけど」。

氷見市議会の本会議で答弁する本川（中央）＝2016年12月12日、同市議場

6――口利き

地元に利益「恩は票で」

大勢の若者でにぎわう大型ショッピングセンターから西に約3キロ離れただけで、昔ながらの静かな田園風景が広がっていた。富山市婦中町下邑《しもむら》。2017年2月5日、地元の公民館に住民約40人が集まっていた。

「下邑から出した要望がどうなったか教えてほしい」。総代の山田政夫（70）が切り出す。答えるのは富山市議の横野昭（64）＝婦中町島田。現在2期目。選挙では下邑を含む古里や神保など五つの自治振興会から推薦をもらった。

「街灯は2、3日中に設置するそうです」「市道の舗装は『財政に余裕がない時に、家が一軒もない所はできない』との回答でした。ただ、お願いは続けます」

11年7月の補選で初当選した横野。当時は市商工労働部参事だった。地元の城山中学校区が市議不在だったため、住民や自民党支部が白羽の矢を立てた。定年まで9カ月を残し、決断した。

山田は「議員がいないと地域の発展は遅れる」と言う。例えば道路の陥没。「市に言っても『うーん』といって反応が鈍いが、議員が言うとすぐ動く」

横野も「職員だった立場から言うと、議員に『こんな問題がある』と言われると無視できない。議会で、いろんな指摘を受けるからね」。もちろん謝礼はないが、4年に1度の選挙が4月にある。

山田は「恩は票で返す。『持ちつ、持たれつ』の関係やね」。

住民ニーズ　橋渡し

口利き―。辞書には「談判・相談などをまとめようと、あいだをとりもつこと」（岩波国語辞典）とある。議員が、住民の要望や意見を自治体に伝えることも口利きといえる。内容は、長期的な地元の振興策から個人的なお願いまでと幅広い。

富山市副市長の今本雅祥（62）は、住民ニーズは市内に79ある自治振興会や、各種団体の要望、タウンミーティングなど複数のルートでつかんでおり「議員が個々に何か言っても、事業に影響を与えることはない」と断言する。元市幹部は「たまたま事業と議員の任期が重なり、力が働いたように見えるだけ」と解説する。

一方、別の元幹部は事業の優先順位や地区選定は、緊急性や地域バランスを踏まえて判断するとしつつ、同じ条件であれば「人間だから影響はゼロではない」。違うOBは「議員はパイプ役であり、地元の調整役。事業がスムーズに進む面は確かにある」と話す。

―

職員採用で不正合格を求めたり、公共事業の指名競争入札に業者を押し込んだりして、刑事事件に発展した例も全国的にはある。防止策として外部からの働き掛けを記録し、公表する制度を設ける自治体が増えている。

全国市民オンブズマン連絡会議が「口利き記録制度」について16年6月、都道府県や政令市、中核市の114自治体を調べたところ、57％に当たる65自治体が導入していた。富山県内には制度のある所はなかった。

―

「近くの保育所に空きがない」「福祉施設に親を入れたい」「子供が採用試験を受ける」…。横野の元にも、そんな声が届くが「特定の人を『ねじ込む』のは無理。職員に圧力をかけるわけにいかない。時代が違う。できないお願いはできないとはっきり言う」。

ただ、耳に入るものには全て対応する。市の担当課に問い合わせ、住民に結果を丁寧に説明することで多くが納得する。「現状に何が必要かを考えるのが議員」と強調し「市全体はもちろん、地元や個人であってもね」と語った。

地元の要望への行政側の対応を説明する横野（右奥）＝2017年2月5日、富山市婦中町下邑

7——報酬額

はびこる横並び意識

議員報酬の決め方に基準はない。地方自治法は、金額や支給方法は条例で定めなければならない、としているだけだ。一体何を根拠に決めているのだろうか。

——

富山県と県内15市町村の議員報酬の金額の高さと人口の多さは、ほぼ比例している。上位4自治体は同じ順。4万人台の砺波市、氷見市、魚津市、黒部市は42万～37万円だ。人口3万人前後の滑川市、小矢部市の金額も近い。3万人未満の4町は29万円前後に定めている。

「給与」と「報酬」は違う。フルタイムで働く人の生活を支える色彩が強いのが給与であり、報酬は仕事の対価だ。精力的に活動すれば人口の多寡にかかわらず高額でもいいとの考えも成り立つ。だが、仕事の本質的な議論は置き去りに、人口規模を基にした「横並び意識」が透けて見える。

富山市議会は2016年6月、後に撤回するものの月額10万円アップして70万円にする条例を可決した。主導したのは最大会派・自民党。市長に提案した70～73万円という金額をはじき出した根拠の一つが、同じような規模の中核市との比較だった。

市長から諮問を受けた報酬等審議会の議論にも、横並び意識がうかがえる。「同じような規模の自治体と比較して判断」「北陸三県の県庁所在地で比較すると、富山市よりも（他は）報酬が高い」「金沢市の70万円が目安」。議事録にはこんな言葉がいくつも出てくる。

——

「日本一小さい村」で知られる舟橋村。議員1人当たりの人口は378人と富山市の28分の1にすぎず、議員報酬は15万円で県内で最も低い。県内の労働者の平均賃金の31万8265円（15年）の半分以下で、報酬だけで家族を養うのは厳しい。村は毎年、報酬審議会を開いているが、01年からずっと据え置いている。

17年2月3日、その年の審議会が開かれた。メンバーは村内に住む会社員や自営業者、農家の計6人。地域活動の状況などを勘案して村が依頼している。結果は据え置き。中では、休日や夜間議会を例に「村民が村政に関わりやすい仕組みを作ってほしい」との意見が出た。

議長の明和善一郎（69）＝3期、海老江＝は、なり手不足解消のためにも引き上げが必要と考えている。議会改革にも精力的で、委員会の傍聴を呼び掛け始めたほか、

県内15市町村の人口と議員報酬

		人口	報酬（月額）	
1	富山県	106万　91人	78万円	1
2	富山市	41万8,027	60万円	2
3	高岡市	17万1,349	54万5,000円	3
4	射水市	9万1,883	42万7,000円	4
5	南砺市	5万　474	38万円	7
6	砺波市	4万8,763	37万4,000円	8
7	氷見市	4万7,114	42万円	5
8	魚津市	4万2,408	40万円	6
9	黒部市	4万　776	37万円	9
10	滑川市	3万2,653	35万4,000円	11
11	小矢部市	2万9,973	36万円	10
12	立山町	2万6,114	29万円	13
13	入善町	2万5,045	29万4,000円	12
14	上市町	2万　676	29万円	13
15	朝日町	1万1,868	28万8,000円	15
16	舟橋村	2,968	15万円	16

（2017年2月）　※1～16は報酬の高い順

早ければ9月定例会から本会議をインターネットで配信する。「議会の『見える化』を図っていけば、引き上げにも理解を得られると思うのだけど」

一方、審議会は厳しい見解だ。会長の上楽《じょうらく》雄志郎（59）は「報酬だけで生活するのはかなり難しいだろう」としつつも、「議員の活動実態がよく分からないという委員がいる。改革の成果も村民に伝わってこない。もうしばらくは、このままでいいと判断した」と説明した。

―

富山市議会での議員報酬引き上げを巡っては市民の苦情が殺到。条例採決の日には、市民団体が市役所前に「税金のムダ使い」との横断幕を掲げ、議場も傍聴者で埋まった。怒りの根源は「住民が納得できる金額と支給額との差」だ。溝を埋めるには、議員が自らの実績と金額の根拠を説明し、有権者に理解を求めるしかない。

横並び意識を基に増額をもくろんだ富山。「活動が分からない」として据え置きとなった舟橋。自治体ごとに金額や事情は大きく異なるが、欠落しているものは共通している。

8――なり手不足

「ゼロ票議員」増す懸念

富山、高岡、砺波の3市議会は2016年、議員報酬のアップを提案した。いずれも撤回・見送りに至ったが、増額の理由に議員のなり手不足を挙げた。

北日本新聞が17年1月下旬に富山県内の全議長に行ったアンケート調査でも、16人のうち11人が「なり手不足を感じる」と答えた。議長らは「後継者をつくりにくい」(富山市・高見隆夫)、「若年の候補者が立候補していない」(朝日町・西岡良則) などと現状を記した。

定数8の舟橋村の報酬は月15万円。議長の明和も「声を掛けて断られたことがある」と明かす。村議選は11、15年と2回連続で無投票。15年は3人が引退し、自民系で立候補したのは2人だけで、共産党が村政初の議席を獲得した。

同じく直近の14年の選挙が無投票だったのが小矢部市だ。3人が引退したものの新人擁立が難航。元職の出馬や、政治団体・幸福実現党が候補を立てたことで定数16が埋まった。同党の地方議員第1号が誕生した選挙にもなった。

―

無投票当選は、有権者から選択の機会を奪うだけではない。地方自治に詳しい中央大教授の佐々木信夫(68)は、民意の審判を受けず、1票も得ずに代表者とみなされる当選者を「ゼロ票議員」と称し、「果たして政治的正当性があるのか」と疑問視する。

懸念をよそに、ゼロ票議員は増えている。15年の統一地方選では、全国の総定数のうち無投票当選の割合は11・4%で、前回より2ポイント上昇した。富山県内でも県議選の5選挙区と舟橋村議選が該当し、割合は全国平均より高い35・4%で、前回比2・1ポイント増だ。

選挙で手を挙げる人も減った。「平成の大合併」直後の県内の市町村議選での立候補者は計414人いたが、直近の選挙の合計は316人。定数削減も影響しているが、23・7%のマイナスだ。

ネック　報酬に限らず

議員を目指す人の減少の要因に、県内の多くの議長が、報酬額の低さや4年ごとに落選のリスクを背負う不安定さを挙げた。

16年11月の富山市議補選で初当選した江西照康は、子どもの大学卒業が近いので決断できたと明かす。「自分たちの人生だけ全うできればいい年だったから踏ん切れた。あと5年、10年早かったらそれどころじゃなかったかも」

ただ、補選には13の欠員に25人が出馬した。17年4月の本選は定数38に50人以上の立候補が見込まれ、なり手不足とは言い難い。

市議会が16年6月に報酬引き上げを決めた際、市議39人中13人がなり手不足を理由に挙げた。しかし、複数に具体的な話を聴くと「自分の『眼鏡にかなう』者に出馬要請したが、断られた」というニュアンスが強かった。

つまり、政務活動費の不正や強引な報酬アップで議会が注目を集めた結果、地域や政党といった既存の枠を超えた市民も立候補し、皮肉にも、なり手不足が解消。議会の多様性が増した。低報酬がネックの議会もあるが、増額だけで解決できる単純な図式でもない。

郵便局員を辞め、補選で当選した木下章広（34）＝長江＝は「不安はあるけど、それを考えたら、この仕事はできない」。信用金庫を退職した舎川智也は「リスクより、チャレンジしたい思いが上回った。待遇を理由にする人は意欲がそれほどでもないのでは」と話す。

そうはいっても富山市の報酬は月60万円と県内市町村トップだ。市外には兼業しないと生活が厳しい議員が多い。

なり手不足についての議長アンケート

	回答	理由(要約)
富山県	**多少感じる**	議員職への重圧があるのでは
富山市	**感じる**	報酬が仕事に見合わない
高岡市	感じない	前回選挙で候補数が定数を超えた
射水市	**すごく感じる**	会社員が議員になるのが難しいから
魚津市	**感じる**	定年後に立候補する人が多い
氷見市	感じない	過去に無投票当選がない
滑川市	**感じる**	会社員が多い社会ではなり手は減る
黒部市	感じない	定数以上の立候補者がいる
砺波市	**感じる**	身分保障の仕組みが追いついてない
小矢部市	感じない	自由に立候補できる状況にある
南砺市	**感じる**	より有能な人材が必要と考えるから
上市町	**すごく感じる**	高齢化している現状より
立山町	感じない	無投票当選になっていない
入善町	**感じる**	議員のほとんどが高齢者だ
朝日町	**多少感じる**	若者が立候補していない
舟橋村	**感じる**	候補者選考で大変苦労する

（2017年1月実施）

9──会社員議員

「仕事で世界広がる」

小矢部市内の運送会社の事務所。２０１７年2月25日夕、ジャンパー姿の男性が荷物をトラックに積み込んでいた。小矢部市議会副議長の中田正樹（52）＝３期、本町＝だ。契約社員として週5日勤務する。仕事は午前6時半―同8時半、午後5時半―同9時の1日計5時間半。「報酬だけでは生活できないのが本音」。でも、働くことで見える風景、聞こえる声がある。

中田は市議と社員の顔を持つ「サラリーマン議員」だ。2期目途中の11年に市議を辞め、富山県議選に出馬したものの落選。地元の会社に勤め、いまの運送の仕事も始めた。14年に市議に再選したが、運送業は継続。日程は議会を優先しつつ、委員会や会議など公務と仕事を兼務する日もある。

副議長の報酬は月額39万円で、手取りは「30万円ほど」。大学生と高校生の子どもが３人おり、家計は楽ではない。体力的な負担も大きいが「議員の世界はある意味、閉ざされている。仕事をしていると世界が広がり、いろんな話が聞ける。専業よりいい部分がある」。

上市町議の酒井恒雄（70）＝7期、広野＝は45歳から63歳までの20年弱、地元の繊維メーカー、細川機業に勤めながら、バッジを胸に着けていた。定例会中は休暇をもらったり、議会後に職場に行ったりして兼務をこなした。

当時を振り返り「私は特殊。幹部が理解してくれたおかげ」と感謝し、「他の人に迷惑をかけられないので、会社ではがむしゃらに働いた。大変だったが、働く仲間の声を聞けたことは議員の仕事にも役立った」と語った。

――

民意を鏡のように映すのが、議会の本来の姿だ。多様な立場の老若男女が集うのが理想だが、労働力人口（16年）の86％を占めるサラリーマンが圧倒的に少ない。

北日本新聞が、富山県内の全地方議員３１２人（16年7月）の状況を調べたところ、最も多いのは会社役員との兼業の88人で、全体の28%を占めた。次に多いのは専業議員の55人で、自営業との兼業51人、農業との兼業49人が続く。

一方、会社員との兼業は18人で全体の6%止まりだ。家族の会社に籍を置くケースもあり、本来の意味での「サラリーマン議員」はさらに少ないとみられる。

議会の定例会の会期は40~80日間程度。その時間を会社員が捻出するのは難しく、立候補は退職が前提となる。

自宅で書類をチェックする中田＝小矢部市本町

結果、多くが二の足を踏み、議員のなり手不足に陥る。さらに定年退職者や会社役員、自営業者の議員が増え、鏡であるはずの議会の構成がゆがむ。

専業でも生活に困らない報酬を議員に与え、目いっぱい働いてもらう考えがある。一方、兼業しやすくして報酬を抑える手もある。後者なら会社を辞めずに立候補できる。問われるのは住民が議会に何をどれだけ求めるかだ。

休日議会で門戸開く

議会への門戸を広げる手だての一つが、夜間議会や休日議会だ。15年の東京都千代田区議選には「土日・夜間議会の開催」を訴える団体が3人を擁立。議席は獲得できなかったが、合計得票数は民主党や維新の党を上回り、候補となった弁護士の岩崎孝太郎(35)は「予想以上の得票で、手応えを感じた」と言う。

なり手不足は町村部ほど深刻だ。長野県喬木《たかぎ》村議会は17年8月、定例議会の大半の審議日程を平日の夜や休日に行う方針を全国に先駆けて決めた。目的は、会社員らが仕事と議員活動を両立できるようにし、議員のなり手を確保すること。初の休日議会は12月に行われる。

10――議員年金

人材確保へ保障訴え

2016年12月21日。入善町議会は定例会の最終日、ある議案を可決した。全会一致だった。国に出す「地方議会議員の厚生年金制度への加入を求める意見書」だ。「年金制度を時代にふさわしいものにすることが、議員を志す新たな人材確保につながっていく」

他に職を持たない専業議員の年金は、自営業者や非正規雇用の人たちと同じ最低保障の「国民年金」だけだ。意見書は、議員のなり手不足対策として、より手厚いサラリーマンの「厚生年金」に加えるよう要望している。

「議員になったばっかりに、厚生年金を切られるのはおかしないか」「自営業者しか議員になれん」。意見書への対応を話し合った同15日の全員協議会では、不満の声が次々と上がった。報酬は月29万4000円、手取りは約20万円。意見書を提案した谷口一男（67）＝5期、椚山＝は年金の状況も踏まえ「会社を辞め、専業でやっていくのは難しい」と言う。

意見書は、少なくとも地方議会の半数に上る約900議会が可決。入善町や朝日町、立山町、上市町、舟橋村の富山県内5議会も含まれる。北日本新聞の取材に、県内16議会の議長12人が現行の制度に「問題がある」と答えた。

廃止後に異論続出

「議員年金」という制度が11年度まで存在した。廃止を決断した一人が、当時、全国市議会議長会会長だった富山市議の五本幸正（80）＝通算10期、岩瀬港町＝だ。

議員年金は3期12年にわたって掛け金を払えば、引退後に支給される。しかし、「平成の大合併」による市町村数の減少に伴い、地方議員は1998年度の約6万人から、2007年度は約3万5千人となった。

もらう元議員が増える一方、納める現職は激減。維持には巨額の公費投入が必要だが、払込期間が短く「特権的な制度だ」との批判が根強く、市民の理解を得られる状況ではなかった。

「制度を残すことは無理。そこは、みんな理解していた」と五本は振り返る。しかし、受給資格を得てない現職に、これまでの掛け金をいくら戻すかで議論は紛糾。「議長会では『ふざけるな』とぼろくそに言われ、富山に帰っても仲間に聞こえよがしに文句を言われた」。結局、80％を一時金として支払うことなどで落ち着いた。

　いまになって、なり手不足を背景に、年金の充実を求める声が上がる。五本は「廃止は避けて通れなかったとはいえ、いまは申し訳ない気持ちがある。安心して活動できるよう、何らかの老後の保障は必要と思う」と述べる。

　しかし、議員が厚生年金に入った場合、保険料は本人と雇用者である自治体の折半。年間２００億円の公費投入が必要だ。加えて廃止前に辞めた議員にはいまも議員年金を支給しており、富山市も16年度には約1億円支出した。全ての負担が終わるのは約50年先とみられる。

「市の負担が増すとなれば、市民は納得するだろうか…」。五本は言う。


　一方、若い世代の見解は異なる。16年11月の富山市議補選で当選した日本維新の会の木下章広は「議員は４年に1度、選挙がある。そもそも安定を求める仕事なのか。何期も務めることを前提に〝終身雇用〟のように考えるのは違う」と言い切る。

　年金も含め、議員の仕事の妥当な〝対価〟とは何か。市民と共に報酬の算出作業に取り組んだ議会が、福島県にあった。

市町村議員数の推移

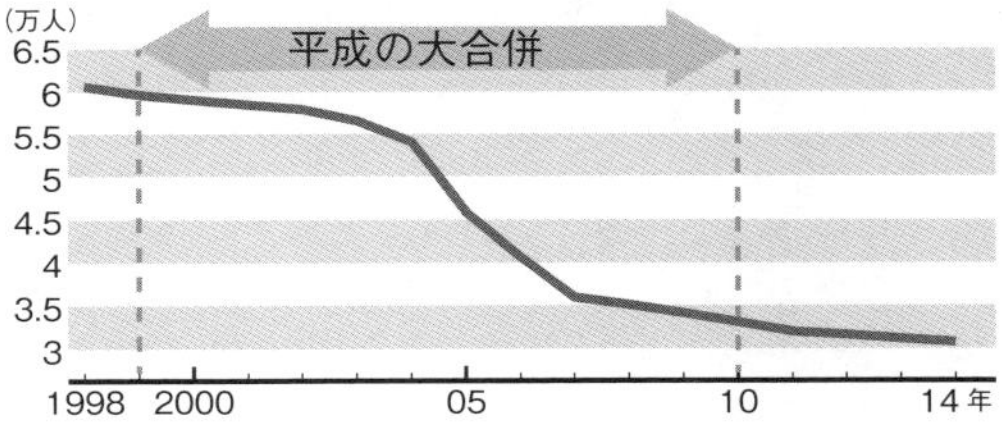

議員年金を巡る動き

1961年〜	議員立法により、国会で制度創設が決定
1999	「平成の大合併」始まる
2002	給付水準を引き下げ、掛け金を上げる改革を実施
06	合併の影響に対する激変緩和措置などを導入
09	五本幸正氏が全国市議会議長会会長に就任
10	総務省が都道府県、市、町村の3議長会に廃止する考えを伝える
	大合併が一区切り
11	廃止法が国会で成立。6月1日付で制度を廃止 五本氏が会長退任

11——妥当額

市民に根拠求められ

福島県の会津若松市議会が開いた市民との意見交換会は、重苦しい雰囲気が漂っていた。2009年11月。議会は当時、報酬の検討作業に取り組んでいた。議員が活動した時間を積算し、金額をはじき出せないか協議を重ね、その経過を報告していた。

「とにかく引き下げるべきだ」「給料を自分たちで決めることが、そもそもおかしい」。公民館に集まった市民から反発の声が相次ぐ。理屈より感情が先立つ意見も少なくなかった。

会合後、作業を担当している議会制度検討委員会の委員長（当時）で公明市議、土屋隆（62）に、視察に来ていた他市の議員が声を掛けてきた。

「恐ろしいことやってますね」

——

会津若松市は人口約12万人。磐梯山の麓、猪苗代湖の西側に位置する。市議会は08年6月、「議会基本条例」を制定。これをきっかけに改革を推し進め、「議会改革のトップランナー」として全国的に知られるようになった。

報酬額の検討も改革の一環だった。基本条例に基づき、初めて実施した同8月の市民との意見交換会が契機となった。参加者の多くが報酬が高いと批判し、額の根拠を尋ねた。しかし、市議らは説明できなかった。同じような規模の自治体との横並びで少しずつ引き上げたのが実態だったからだ。

土屋は「市民の問いに真正面から答えなければならない。避けて通れないと思った」と振り返る。

活動を分類して積算

09年1月、議会制度検討委は大学教授を招き、具体的な算出方法についてアドバイスを受けるところから始めた。客観性を保つため、委員として公募の市民２人も参加。会合は約２年間に28回を重ねた。５、11の両月に市内15地区で開催する市民との意見交換会ではその都度、経過を説明していた。

　会津若松の〝妥当額〟の算出方法はこうだ。

まず活動をA、B、C、Xの四つに分類した。Aは本会議や委員会への出席、Bは議会のそれ以外の会議、Cは質問作成や研修・視察をはじめとする調査研究で、Xは市民の相談、要望への対応といった地域での活動だ。

　Xには「報酬は充てられない」との指摘も出た。しかし、地域で得た市民の声を議会に反映させることは「公務」とみなすことができるという考え方でまとまり、A～Xの全てを報酬が支給される活動と決めた。

　モデルとなる議員を想定して「Aは1回8時間」「Xは1回3時間」などと定め、四つの活動に充てる時間を合わせると年間１３５４時間。1日8時間労働とすると活動は年間１６９日となった。

　ここからは同じ公選職である首長と比べる。会津若松市長が働いた日は年間３４５日で、議員の１６９日はこの約49％。報酬額も同じ比率にすると、議員は月49万４千円、年７７０万円となった。

　現行報酬の月44万７０００円、年収７０２万円は、この〝妥当額〟の中に収まる。

――

　市民との意見交換会では報酬に関わる質問は少しずつ減り、とげとげしかった会場の空気も変わってきた。それでも相変わらず「減額せよ」という厳しい声がある。

　土屋は「報酬の根拠を示すことは『議員とは何か』という問い掛けに答えることと同じ。これからも考え続けるしかない。終わりはない」と強調した。

市の施策について意見を交わす土屋（中央右）ら会津若松市議＝2017年1月下旬、市役所

12――二元代表制

議会として意思示す

福島県の会津若松市議会は「改革のトッププランナー」として知られ、早稲田大マニフェスト研究所の改革度ランキングでも上位の常連だ。市民との意見交換会、議員同士で政策を話し合う「議員間討議」。この二つに力を入れているのが特長だ。

交換会は年2回、市内15地区で開く。全議員30人が5班に分かれ、会合を運営する。そこで出された意見にどう対応するのか、議員間討議をして決める。

―――

一連の流れはこうだ。

交換会で道路を造ってほしいという声があったとする。要望は所管の建設委員会に回され、同委メンバーが「政策討論会」を開く。議会として動くべきだと判断すれば、議員間討議を進める。専門家を招いた勉強会や視察も行う。議会としての意思をまとめ、行政側（執行部）に「政策提言」として示す。提言は、予算案を否決・修正したり、意見書を可決したりする議場での「議決」の形をとる。会津若松では、この流れを「政策サイクル」と呼ぶ。

象徴的な例として、猪苗代湖に隣接する地区の水道の未整備問題がある。2012年の意見交換会で「水が乏しい。井戸水も断水する」との声が上がった。議会は住民や専門家に聞き取りし、13年に市に問題を解消するよう決議した。これを受け、市は給水施設の整備に着手。18年度に完成する予定だ。

議決で政策転換迫る

「議員間討議の結果、何度も議会の力を示し、市の政策転換を勝ち取った」。議会改革で中心的な役割を担ってきた議長の目黒章三郎（64）は言う。ちなみに、議長ポストは所信表明を行う〝ガチンコ〟の議長選挙で奪取した。

目黒は、交換会で議会として市民の声を吸い上げ、議決によって議会として提言することにこだわる。議員と首長が別々の選挙で選ばれる「二元代表制」。その一翼である議会が、本来持つ大きな力を生かすためだ。

議会には7会派存在する。「思想信条は異なるが、交換会の運営や反省会を通じ、気心が知れてくる。会派の垣根が低くなり、議会の団結力が高まった。これは予期せぬ作用だった」

「御用聞き」のように議員個人で要望に対応することは否定しない。ただ「議員一人の力が線香花火なら、議会全体は打ち上げ花火。問われるのは議員力じゃない。『議会力』です」と力説した。

―

17年1月26日。市庁舎に集まった総務委所属の市議が、石油ストーブを囲むように席に着いていた。新年度予算案にある施策の中から議会が意思を示すべき案件を選ぶため、議員間討議を実施。窓の外は雪が降りしきっていた。

「老朽化した庁舎の整備の方向性を取り上げるべきだ」「JT（日本たばこ産業）跡地の活用策も課題だ」。各委員が、それぞれ見解を語る。財政状況については大学教授に分析を頼む。行政側の都合の良い主張を、うのみにしないためだ。

議員間討議に行政側の職員は関わらない。目黒は「議会と行政は『車の両輪』じゃない。目線が同じ方向だと、チェックにならない」と言う。行政側との議論は、あくまで議場。水面下で折衝する他自治体の慣例を「それで『開かれた議会』と言えるのか。大事なことは市民の前でやるべきだ」。

目黒が議員を志した原点はまちおこし運動だった。そこには「2対6対2の原則」があったという。「2割の人が熱い思いを持ち、2割が足を引っ張る。残る6割は中間層。運動の成否は、どっちの2割が6割を引っ張るかだ」と言い「議会改革も同じ」と語った。

一方、福島県内には会津若松とは異なる形で議員の在り方を模索する議会があった。

会津若松市議会の「政策サイクル」

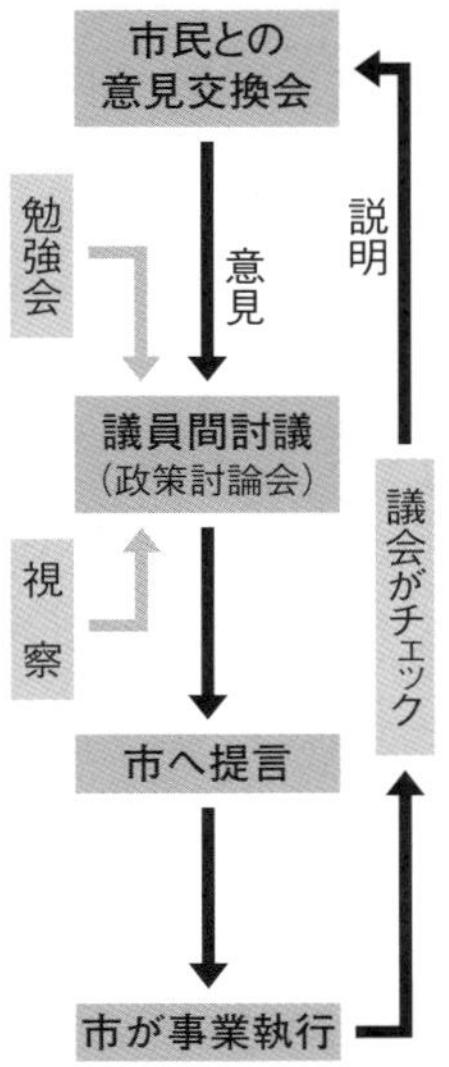

13——日当制

議会出席に3万円

福島県矢祭町。県の南端の山あいにあり、約6千人が暮らす。人口は朝日町の半分、舟橋村の2倍ほどだ。

町議会は2008年、議員報酬を「日当制」にした。議会に出席した日のみ1日3万円を支給する。全国の地方議員が毎月、報酬を受け取り、ボーナス（期末手当）もある中で注目を集めた。

背景には、町が01年に行った「合併しない宣言」がある。全国で「平成の大合併」が進んでいたが、「どこと組もうと中心になれない。合併すれば町は衰退する」と単独町政を選択。厳しい財政運営は避けられず、行革を徹底、日当制もその一環だった。

「まず『議員の活動って何？』ということを考えた」。日当制を提案した一人である元町議、菊池清文（71）は当時を思い出す。

議論の末、日当が支払われるのは本会議と委員会だけとし、ボーナスも廃止。議会は年間約30日あり、支給額は100万円程度だ。それまでの報酬額は月20万8千円。ボーナス込みの年額だと330万円で、3分の1にカットした。

支給対象を本会議と委員会としたのは、議員の最も重要な仕事である議会での「議決」に関わるから。一方、地元の行事に出席したり、住民の要望に対応したりしても対価はない。政策提言を重視し、活動の範囲を広くとらえた会津若松市議会とは対照的だ。

菊池は「議員の仕事は365日24時間。しかし、地域での活動は奉仕であり、金銭的な見返りを求めるべきではない」と強調した。

導入9年も賛否拮抗

日当制は、町全体の賛同を得てきたわけではない。賛成、反対が拮抗《きっこう》する中で続いている。定数10の町議会も5対5で真っ二つに割れている。議長の鈴木敏男（64）は反対派だ。

ダンプカーの運転手でもある鈴木は、議員になって増えた冠婚葬祭の支出に給料を回すこともあるという。「議員の仕事は365日24時間だ」と菊池と同じことを言いつつ「月々決まった額がないと、仕事を全うするのは容易じゃない。町民は『頼み事がしづらい』『ちゃんと報酬受け取って一生懸命やって』と言うんだが…」。

同じく反対派の鈴木正美（59）は「働きに対価がないのはおかしくないか。議員の専門職化が求められているのに、日当制になって仕事の質が低下し、議会のレベルが下がった」と訴える。

11年と15年の2度、町長選に出馬し、公約に「日当制廃止」も掲げた。合併しない宣言をした前町長の路線を引き継ぐ現職に及ばなかったものの、それぞれ46票、88票差まで迫った。「若い人が政治に関わってくれることが地域にとっての光。なのに、日当制で若い人が議員になれない」と憤る。

廃止の声に、賛成派の菊池は「議員を生活給を得るための『職業』にしてはいけない。別に収入を確保する職を持つべき」と反論する。生活給の位置付けだと、落選は「失業」を意味することになり、当選のために投じるお金が膨らみ、有権者におもねるようにもなるという考えだ。

なり手不足対策について尋ねると「日当制は、選挙でも議員活動でも金をかけないことが前提。金がかからないのなら、議員として汗かこうという人はけっこういる」と答えた。

矢祭町議会の議場。質素な造りになっている＝福島県矢祭町役場

議員活動とは何か、対価である報酬はどうあるべきか—。日当制導入から9年がたったいまも町は迷い続けているようだった。

14——弔電廃止

選挙考え やめられず

「違和感はあったけど、次の選挙を考えると自分だけ弔電を出さないわけにはいかなかった」。富山市議会社民党の村石篤は正直に明かす。

２００９年の初当選以降、地盤とする富山市呉羽地域で亡くなった人がいれば必ず弔電を打った。その数は年間約２５０件。面識がない人もいたが「機械的に出していた」。

１期目は呉羽地域に自民市議が２人、公明市議が１人いた。激戦区で選挙に勝つには、知名度アップは欠かせない。ライバルらが打っていることも気になった。

毎朝５時に起床し、新聞のお悔やみ欄に目を通した。地盤の住民の名前を見つけると、弔電を取り扱う会社にファクスで依頼した。県外にいても、新聞のインターネットサイトで調べた。弔電の代金は年間約13万円。日々のチェックが欠かせず「金額もそうだが、ストレスを感じていた」と言う。

——

政務活動費不正による市議会の〝ドミノ辞職〟をきっかけに、自らの行動を省みた。「本来の活動は政活費を使った調査・研究や、行政へのチェック、新しい政策の提案ではなかったのか。弔電を打つことではないだろう」

16年11月、市議会の議会改革検討調査会で弔電廃止を主張した。最大会派・自民党なども同じ意見で、12月2日から一律で廃止することになった。

いまでは弔電を打つ手間がなくなり、時間的な余裕もできた。「微微たるものだけど、住民の相談に対応しやすくなった」と話す。「弔電も香典もありがたく頂いている」と廃止を批判した匿名の手紙が1通あったが、他に

虚礼廃止を決めた文書に目を通す根塚（後列中央）ら生地地区の住民＝黒部市コミュニティセンター

苦情はない。「こちらが思うほど、住民は関心がなかったのかもしれない」

住民「本来の活動を」

富山市議会では、弔電に加えて祝電も一律で廃止した。支出を減らし、議員活動に専念しやすい環境をつくるためだ。他の議会でも実質の伴わないうわべだけの虚礼の廃止が進んでいる。

富山県と15市町村議会の事務局に聞いたところ、弔電を「全て廃止」「原則廃止」としたのは6議会。「全て自粛」「原則自粛」も合わせると14議会に上る。祝電は「全て廃止」「全て自粛」「原則自粛」が計5議会あった。香典は「原則廃止」「原則自粛」が計3議会。「本人会葬の場合のみ」（黒部市）など、公職選挙法の範囲内で対応することを確認した議会も複数あった。

独自の虚礼廃止の取り決め

	弔電	祝電	香典
富山県	◎	―	―
富山市	◎	◎	―
高岡市	○	協議中	○
射水市	△	△	―
魚津市	▲	―	―
氷見市	―	―	―
滑川市	▲	―	―
黒部市	△	△	―
砺波市	△	―	△
小矢部市	▲	―	―
南砺市	○	―	△
上市町	▲	▲	―
立山町	◎	―	―
入善町	◎	◎	―
朝日町	▲	―	―
舟橋村	―	―	―

◎…全て廃止　○…原則廃止
▲…全て自粛　△…原則自粛
―…なし・その他
（2017年3月）

―――

住民の意識も変わりつつある。黒部市の生地自治振興会（1538世帯）は1月から、議員の儀礼的な弔電や祝電、香典を受け取らないようにした。会長の根塚俊彦（69）は選挙活動的な意味合いも感じていたと言い「地区の要望や住民の意見を吸い上げるなど、本来の仕事に主眼を置いてほしい」と訴える。

同様の取り組みを一足早く始めたのが南砺市の福野北部自治振興会（1262世帯）だ。16年9月から実行している。会長の澤田清治（69）は「参列のための時間や無駄な出費が減ることで、議員を目指す若い人が出てくるかもしれない」と、なり手不足の解消に期待。「他の地区にも広がればいいと思う」と話した。

15――報告会

党派超え住民集まる

降りしきる雪にもかかわらず約100人が集まった。

富山市議会で一人会派「フォーラム58」をつくる大島満(59)=八尾町黒田=が2017年2月11日、八尾コミュニティセンターで市政報告会を開いた。「ずっと議会の中にいる人は厳しくなったと言うが、私や皆さんから見ると当たり前のルールなんです」。政務活動費の新運用指針を説明していた。

大島は元八尾町議。一連の不正に義憤を感じて16年11月の富山市議補選に出馬し、当選した。旧八尾町議時代は地元の公民館で報告会を開いていたが、これほど広い会場は初めてという。「こんなにたくさん来てくれるとは。ありがたい」。会場費や告知などにかかった総費用は29万978円で、月15万円の政活費を充てた。

――

市政報告会―。富山市議会の不正の温床となり、いまや〝悪名〟すら漂う。懇親会のスピーチや、あいさつした会合も全て「報告会」と言い張り、出席者1人につき500円の茶菓子代を受領。白紙の領収書を用い、架空の会合で請求した議員さえいた。

報告会は本来、議員が議会の一員として住民に課題や取り組みを説明し、耳を傾けて民意をくむものだ。質問に的確に対応するには、政策全般の知識も必要になる。

個人ではなく議会として開く「議会報告会」もある。06年に北海道栗山町の議会基本条例で正式に位置付けられ、有名になった。富山県内では高岡、滑川、黒部、小矢部、南砺の5市議会が基本条例を作り、報告会を実施している。

活動「見える化」の機会

これまで「報告会もどき」はあった。支援者向けの会合のため厳しい質問はまず出ない。県議や国会議員が駆け付け、政党色も漂う。そうではなく自分に票を入れそうもない人も含めて広く来場を呼び掛け、集ってこそ政治的な中立性を保て、内容が客観的になる。

大島が聴衆に行ったアンケートでは、本人や知人の声掛けでなく、郵便などで無作為に地元で配ったチラシを見て来た人が68％もいた。「支持者以外の顔もあった」と大島。この日は同じ補選組の会派光の上野蛍と、日本維新の会の木下章広も出席し、発言した。

有権者の意識も変わり始めた。中でも八尾地域では、地元の市議3人のうち2人が政活費の不正で辞職、残る1人は報告会に合わせて開いた懇親会の費用に政活費を充てたとして返還した。不正に手を染めた議員を選んだ後悔もあってか、報告会の聴衆の表情からは議会への関心の高まりがうかがえた。

会場にいた八尾町大杉、会社員、西野弘美（59）は大島に票を入れたことはなく、チラシを見て会場を訪れた。大島の話が月60万円の議員報酬に及ぶと、興味深そうに耳を傾ける。後で話を聞くと「報酬が高いか低いかは議員の働きで判断するべき。頑張っている人は上げてもいい。でも、その前に、いままで議員が何をやっているか知らなかった」。

報酬額の議論は、まず有権者が議会や議員に何を求めるか考え、活動を知ることから始めなければならない。当然、議会側が実績や活動の「見える化」を図ることは大前提だ。報告会は、その重要な機会になる。

市政報告会で大島の話に耳を傾ける人たち＝2017年2月11日、富山市の八尾コミュニティセンター

第3部　審判前夜

２０１７年４月、富山県内では富山市議選と同じ日程で砺波市議選も行われる。

政務活動費の不正や議員報酬の混乱を巡ってかつてないほどの視線が議会に集まる中、４年に１度の審判に臨む人たちの姿を追った。

1――出馬の値段

相場「300万〜500万円」

2017年4月9日告示の富山市議選に向け、3月半ばから「事務所開き」が相次いでいる。現状では定数を18人オーバーする56人が立候補する見通しだ。22日には3月定例会が閉会。現職も自由に動けるようになり、市内は日ごと選挙カラーに染まっていく。

――

一足早く2月半ばに事務所を開設したある現職は、旧富山市の郊外の地元で支持固めを図る。「辞職ドミノ」に伴う16年11月の市議補選で当選した13人のうちの1人で、本選は初挑戦。告示を前に「もう、お金はだいぶ使った」と明かす。

公選法は「自分に投票してほしい」という発言や行動は「選挙運動」に当たるとして告示前の実施を禁じている。一方、政策を訴える「政治活動」は可能だ。地方選は国政選のように〝風〟に左右されにくいため選挙期間中の一発逆転は難しく、告示前にどうアピールできたかが当落の鍵を握る。

この現職は3月半ばの時点で、生命保険も解約して用意した約300万円をつぎ込んだ。

最もかかったのが事務所の開設だ。いまは後援会事務所の位置付けで、告示とともに選挙事務所となる。17年1月から土地と約30畳のプレハブ建物をレンタル。建物の運搬や組み立て費も合わせて約160万円を要した。電気や水洗トイレ用の下水道を引くため別途約40万円も支出した。

リーフレットは15万円かけて1万枚作った。自らの名前と政策を知ってもらう重要なツールだけに、すぐに捨てられることがないよう工夫を凝らす。ただ、選挙運動に該当しないよう政党や自らの政策の紹介や、後援会への加入を呼び掛ける内容に絞った。

補選はほぼ家族だけで取り組んだが、本選では地元町内会のバックアップを受ける。住民の有志ら約30人がポスター貼りやはがきの宛名書きなどさまざまな作業を手伝ってくれると言い「集まってくれる人が良い環境で思い切り活動できるよう拠点となる事務所にお金をかけた。むしろ告示後はほとんどお金を使わないと思う」。

―

前回13年の富山市議選に立候補した44人が市選管に提出した収支報告書を見ると、支出は52万円から501万円までと差が大きく、平均は238万円。ただ、複数のベテラン議員や元市議は「相場は300万円から500万円ぐらい」と声をそろえる。

選挙費用の一部を公費で賄う制度もある。資金力が当落を左右しないようにするためで、富山市議選の場合、ポスター製作費は57万5280円まで。選挙カーのガソリン代やドライバーの人件費のほか、選挙用はがきの郵送代も2千枚分をみてくれる。

それでも、告示前の「政治活動費」がかさむ上、告示後にはウグイス嬢や作業員の人件費、個人演説会の会場使用料が膨らみ、多くの陣営が頭を悩ます。

あるベテラン現職は、月60万円の議員報酬から10万円ずつ積み立て、任期の4年間で選挙費用500万円を捻出する。「資金提供してくれるバックがいるわけでなく、貯金しておかないと何もできない」とこぼす。

人と金使わず　40万円の人も

一方、冗談めかして自らを「お金をかけずに選挙する専門家」と言うのが補選当選組の島隆之（55）＝布目＝だ。補選では公費負担制度も活用し、自己資金の支出は約15万円に抑えた。本選は選挙カーを使うことにしたため40万円に増える。それでも「相場」の10分の1程度だ。

大勢の支援者が集まることがないため、事務所は自ら運営する学童保育のスペースに形だけ置く。選挙に出る前は中学校教諭を務めており、教え子や保護者とのつながりを生かして支持拡大を目指す。インターネットの「フェイスブック」でできた千人を超えるつながりを生かす考えで、サイトを通じてボランティアも募った。

「少ない費用で戦えるなら立候補しようという志ある人は多いはず。人もお金も使わないスタイルを徹底したい」と語る。

数百万円投入する従来型か、ネット活用の低予算型か—。どちらが結果につながるかは有権者次第であり、16日の投開票日に判明する。

事務所開きで、あいさつを終えて頭を下げる立候補予定者に拍手を送る支援者ら=2017年3月中旬、富山市内

2――出馬断念

後援会「当選とても無理」

厚手のコートを着た記者たちが、富山市豊田地区の住宅街の一角に集まっていた。2017年2月19日。真冬の寒い晴れた日だった。4月の市議選への立候補を表明している元市議、市田龍一(62)=豊田本町=の後援会幹部の自宅前。中では、市田と後援会の約30人が話し合っている。

市田は議長だった16年9月、政務活動費の架空請求が発覚し、辞職した。それでも年明けに「再挑戦」を表明したが、有権者から得た感触は厳しく、会合ではこのまま準備を進めるかどうかを検討していた。折しも新たな不正が見つかったばかりだった。

午後6時ごろ、会合が終わった。結論は出馬断念。全会一致だった。その理由を、市田は語った。

「顔を見て『何ですか』と怒られたり、ストレートに『出ないで』と言われたり。それだけはっきり否定する人が多いと、難しいと実感する」「後援会も『これでは無理ではないか』と。僕も思っていたし、やめようとなった」

――

「もう駄目やちゃ。出られる状況じゃないよ」。16年末、市田は取材に答えた。だが、心境が変わった。地元豊田地区の自治振興会の要請があったからという。

1月半ばの振興会の賀詞交歓会で、幹部が「豊田の候補として応援したい」と立候補を求めた。振興会としては自民系の市議がいなくなることは避けたいが、後継者が見つからない。その結果の「続投要請」だった。市田は応える形で出馬を表明した。反対はなかった。

振興会のある幹部は、雨が降ると冠水する場所がいくつもあるなど地元に課題が多く、行政とのパイプ役が必要と言う。「批判は承知の上で振興会として推薦し、選挙を戦うことにした。難しいが、何とか行けるんじゃないかという思いがあった」と振り返る

有権者の怒り見誤る

後援会も、再挑戦を支援することで結束した。1999年の旧富山市議選で初当選して以降、計5回の選挙を一丸となって戦い、強固な信頼関係を築いてきた。

メンバーの男性は「不正は悪いが、本人は悪い人間ではない。地域のために本当によく働いてきた。議長にもなり、これからだった」と語る。批判があるのは分かっていたが、13年の前回市議選で4800票余りを得たことを挙げて「不正の影響で半分を失っても2400票。望みはあると思っていた」と説明する。

ところが、市田や後援会メンバーは地区内のあいさつ回りをスタートしてすぐ、想像以上の反発に直面した。後援会は、地域の反応を分析。励ましてくれる人もいたが、内部から「厳しい声の方が多い」「当選はとても無理だ」という意見が出て、足並みが乱れ始めた。結局、後援会長が「選挙をできる状況にない」と市田に伝え、断念に至った。

逆風を承知でバックアップしたのは、自治会活動をはじめ地域づくりの中心になっている人ばかりだった。後援会の男性は「地域活動を通じ、地元に市議が必要だと実感しているからだ」と説明する。ただ「そうではない住民との間に大きな溝ができていた。不正に対するみんなの怒りを見誤っていた」と力なく言った。

――

16年秋以降に政活費不正によって辞職した富山市議は14人に上る。うち市田を含む4人が17年に入って立候補を検討し続けたが、3人は断念に追い込まれた。残る1人は、出馬の意思を貫こうとしている。

辞職願提出後、記者の質問に答える市田(左)=2016年9月、富山市役所議会棟

3――みそぎ

促す声に信問う決意

元富山市議の浦田邦昭（70）＝堀＝が2017年3月20日、同市赤田で事務所開きを行った。政務活動費の不正で16年10月にいったんバッジを外し、いまは4選を目指す。

「いろんなことがありました」。陣営の統括責任者、津田信治（71）があいさつした。富山市下大久保（大沢野）にある東証1部上場の電子部品メーカー、北陸電気工業の社長で個人的に応援していると言う。「いろんな思いが去来する中で俺が地元のために汗をかかないと駄目だと思った決意に、敬意を抱いている」

浦田がマイクの前に立つ。「冒頭になりますが、皆さまに改めておわび申し上げます」。深く頭を下げると、会場は静まり返った。「大変な悩みと苦しみの中ですさまじい経験をした者として、いま一度、この富山市が日本に誇れるようにしたいと強く思いました」

約13分の演説が終わると、立ち見を含めて集まった約120人から拍手がわき起こった。

―――

浦田が返した政活費は計28万9850円で三つに大別できる。（1）は13年6月の市政報告会の茶菓子代で、続けて開いた懇親会の費用も含んでいた可能性がある。（2）は印鑑店の3枚の領収書。認められない名刺を刷ったが、報告会の資料を添え、その代金として請求した。（3）は八尾地域にある店の偽造されたお茶代の領収書だ。

浦田はこう説明する。（1）の茶菓子代は「会派の慣例で支出を細かく分けずに領収書をもらって請求した。人数は会派事務員が無断で書いた」。（2）の名刺代は「充てられると勘違いした」と言い、添付資料は事務員が知らないところで用意した。（3）は別の議員による請求だが、事務員のミスで自身に給付された―という。

浦田は「うかつな点はあったが、政活費をだまし取ろうという意図は全くなかった」と話す。ただ、事務員は取材に「議員に聞いて書類を作る」「資料は確認してもらう」と話したが、浦田は「全くなかった」と反論する。

不正が分かっても辞めなかった富山市議は9人おり、うち8人が再選を目指す。浦田は辞職を決めた時の心境を「政活費を扱う会派の会計だったし、不正を追及する会派の調査会のメンバー。恥ずかしい限りだった」と振り返る。

一方で「いったん身を引いて説明責任を果たし、許されたなら改めて信を問うのが筋だと思った」と述べ〝みそぎ選挙〟が視野にあったと明かす。11月中旬から10回以上説明会を開催。批判もあったが、出馬を促す声も多く、1月下旬に最終的に決断したという。

事務所開きであいさつする浦田＝2017年3月20日、富山市赤田

これまでと違って自民党の公認はなく、堀川中学校区では同党から2人が出馬する。「孤軍奮闘だよ」と浦田。05年の初陣から支援している男性は「耳に入るのは支持と批判が半々。ただ、これからは怒っている人にお願いしなければならない。厳しい選挙だ」。

市民団体「判断は有権者」

浦田ら元市議2人が3月2日、富山県警に告発された。詐欺罪に当たるとして告発状を出した市民団体のメンバーで弁護士の水谷敏彦（61）は「庶民は無銭飲食でも起訴される。当然のことだ」と話す。

しかし「警察権限によって、誰が議員にふさわしいかが決まるのは好ましくない。最悪の場合、権限を握った者が結果を左右できる」と指摘。告発が投票行動に影響を与えないようできる限り時期を離したと言い、こう強調した。

「どういう人を議員に選ぶかは市民が議論し、投票で決着をつけるのが民主的であり、本道。みそぎが済んだかどうかは有権者が判断することなんです」

4――過疎の村

人口20%減　集票に難

「これ以上迷惑は掛けられない」。2017年2月6日、元富山市議の浅名長在ェ門（66）＝山田宿坊＝は、後援会の集まりで市議選に出馬しないことを告げた。出席した役員ら約30人は静かに受け止めた。

浅名は16年9月、政務活動費の不正請求を認めて辞職。その後、周囲にも推されて17年1月23日に再挑戦を表明したが、2月6日に領収書の偽造が新たに発覚し、撤回を強いられた。

行政とのパイプ役が不可欠だと考えた自民党山田支部は急きょ、男性2人に出馬を打診したが、仕事や家族の反対を理由に断られた。当選が難しいこともネックだった。富山市山田地域（旧山田村）の有権者は1301人（17年3月現在）。13年市議選の当選ライン2500票に及ばない。

浅名は村議を含めて6期務めた経験や、元村長で名誉市民の父・源重の人脈があり、婦中を中心に他地域でも集票。13年は4939票を獲得した。他の人物では容易ではなく、同支部幹事長の若林正幸（67）＝山田小島＝は「（2人には）しつこくは頼めなかった」。結局、自主投票にすることにした。

山田地域の過去3回の市議選の投票率は平均87・3%。旧村民が結束し、当選させ続けてきた市議の存在は風前のともしびだ。浅名は「いまは何を聞かれても答える気持ちはない」と口を閉ざす。

――

富山市南西部の山間部にある山田地域は企業や商店が少なく、コンビニもない。唯一の病院は17年中に閉鎖する。2月には江戸時代から続く温泉旅館が自己破産。05年の市町村合併時と比べると市全体の人口は0・2%増えたが、山田は20・4%減った。

3月17日、市内で選挙ポスター掲示板の設置が始まった。定数を18人上回る56人の立候補が見込まれ、64人分まで張れる特大版だ。山田では10カ所に立てられる。

その日、地元の公共施設に健康マージャンサークルに入るお年寄りが集っていた。その一人、山崎登志子（68）＝山田若土＝は「誰に入れればいいか分からん」「村の将来が心配。誰か出てくれれば…」と表情を曇らせた。

候補出せず不安募る

8年前から市議不在の富山市細入地域（旧細入村）。自治会連合会長の高田敏成（71）＝蟹寺＝は「議員がおらんだら物事が進まんわけではないけど、何でも相談できたし、一緒に頼みに行ってもくれた。安心感が違う」と語る。

それだけが理由ではないが、細入の合併後の人口減少率は24・2％と旧町村で最も著しい。有権者が減ることで市議の擁立も困難になり、村の声が届きにくくなることで過疎化は一層加速する。

――

山田地域は「候補空白区」になる見通しで、近隣に住む立候補予定者らはリーフレットを配るなど浸透を図る。ある現職はあいさつ回りも行っており、告示後には演説会を開くつもりだ。

若林は「職場に『浅名さん出んから頼む』って何人も来た」と明かす。だが、村外の議員が山田のために働くのは難しいと断言し「みんな地元で手いっぱい。骨身になってくれるとは思わん」。

山田地域自治振興会は17日、特定の候補を応援しないことを決めた。会長の吉田良雄（68）＝山田湯＝は「市の施策は中心市街地に偏重している」とこぼす。

ただ、行政を頼ってばかりでは発展はないとも自覚する。特産品作りや都市部との交流で成果が出つつあると言い「自分たちで村を守り、盛り上げていかないと」と語った。

富山市山田地域にポスター掲示板を設置する作業員＝2017年17日、同市山田沼又

5――厚い壁

女性候補1割止まり

女性の政治参加において日本は遅れている。衆院議員の女性の割合は9・3％（2017年3月）で世界平均の23・4％を下回り、193カ国中164位。富山県も褒められる状況ではなく、地方議員の女性は8・0％（15年12月）止まりで、47都道府県中35位だ。

2017年4月9日告示の富山、砺波の両市議選の立候補予定者でも少ない。届出書類の事前審査を受けた人では富山（定数38）が56人中7人で12・5％、砺波（同18）は19人中2人の10・5％にとどまる。

なぜ少ないのか――。現職の女性富山市議4人に尋ねてみた。

――

「辞職ドミノ」に端を発する16年11月の富山市議補選で初当選した高田真里（51）＝芝園町。「女性がもっと活躍できる環境をつくるには、政治家になるのが近道ではないか」。そう漠然と考えていた時に補選の話が浮上した。

福井県内の税務署や北海道の税理士事務所などで勤め、12年ごろに古里に戻り、富山市内でウェブ関係の仕事をしていた。夫とは離婚し、2人の息子は既に成人。自由に動ける立場もあって出馬を決意し、地元の自民県議に相談し、党の推薦を得た。

地元・安野屋地区に後援会ができた。会長で同地区自治振興会長の吉川和男（80）は「男性にはない考え方を議会に持ち込める」と歓迎した。しかし、女性候補のため、事務局長の町村進（74）は「何で出るがけ」と説明を求められたり、反発があることを間接的に聞いたりしたという。「女性は政治家になるべきではない」「女のくせに…」。東奔西走していた高田は、そんな言葉を何度も直接、耳にした。男性、女性両方から。「『そうですか』って聞くしかない。女性だからといって、女性を応援するわけでもないんですよね」

補選を通じ、女性が活躍するには厚い壁があることを痛感した。「いくら男女共同参画、機会均等と言っていても、どうしても『男の人は外で仕事して、女の人は家庭を守る』という感覚が根底にある」

役割意識ネックに

4人のうちで最年長となる通算5期で公明の堀江かず代（66）＝藤の木台＝は「地域の代表に男性が選ばれることが多い」と指摘する。政治参加のネックとして「家事や育児との両立や、家族の理解や協力が得られるかどうかといった点がある」と挙げた。

高田と同じ「補選当選組」で会派・光の上野蛍（32）＝上赤江町＝は、2人の子どもを育てる〝ママさん市議〟だ。在職中に出産した県議や富山市議がいないことを踏まえ「これから出産、子育てという人にとってはハードルになるのではないか」と話した。

――

党派は違えど4人は女性を増やすべきとの考えで一致する。通算6期で共産の赤星ゆかり（52）＝下堀＝は「世の中は男女半々だし、それを鏡のように映し出す選挙制度が必要だ」と訴える。海外では議席や候補者の一定割合を女性にする「クオータ制」を導入する所もあり、国政レベルでは108カ国に上る。

日本では国会や地方議会での男女の候補者数をできる限り「均等」にするよう政党に促す法案が、今国会で成立する公算だ。強制力のない理念法にすぎないが、女性の社会進出を阻む「ガラスの天井」を打ち破ろうとする各党の本気度は浮き彫りになる。

県内議会における女性議員の割合

		定数	女性	割合
1	魚津市	17人	3人	17.6%
2	上市町	12	2	16.7
3	滑川市	15	2	13.3
4	小矢部市	16	2	12.5
5	黒部市	18	2	11.1
6	富山市	40	4	10.0
	砺波市	20	2	10.0
	朝日町	10	1	10.0
9	射水市	22	2	9.1
10	県	40	3	7.5
11	立山町	14	1	7.1
12	高岡市	30	2	6.7
13	南砺市	20	1	5.0
14	氷見市	17	0	0
	入善町	14	0	0
	舟橋村	8	0	0
	計	313	27	8.6

※2017年3月28日現在

全国の地方議会における女性議員の割合

		議員	女性	割合
1	東京	1,800人	463人	25.7%
2	神奈川	881	179	20.3
3	大阪	1,019	192	18.8
⋮			⋮	
35	富山	313	25	8.0
⋮			⋮	
45	大分	403	27	6.7
46	長崎	453	29	6.4
47	青森	646	41	6.3
	計	33,165	4,127	12.4

※内閣府の資料から作成。2015年12月31日現在

6――「野党」不在

円滑審議は諸刃の剣

「意見調整でそんなに苦労しないので、議会として意思決定しやすい。そのメリットを生かし、当局にもの申す時に『議会全体で言うとるんやぞ』となれば影響力が増す」。砺波市議会議長、今藤久之（60）＝柳瀬＝は強調する。

まとまりやすさには訳がある。市議20人の前回2013年市議選時の内訳は自民推薦17人、保守系無所属2人、公明推薦1人。会派も三つあるが、議長は一人会派になる慣例のため実質的には二つ。「自民会」は自民と無所属の17人、「創生砺波」は公明と無所属の2人でつくる。

自民と公明は国政で連立を組み、選挙でも協力する。16年11月の市長選では両党が共に現職を推薦。全議員の政治的な姿勢が近いため結束しやすく、見方を変えると、民進や維新、共産、社民といった「野党」が議場にいない。

「保守が強く、協調性を重んじる土地柄だしね」と砺波市選出の県議、米原蕃（73）＝中村＝は語る。投票率が高いため投票総数が多く、「野党」系候補に一定の組織票があっても、当選枠内になかなか入り込めないと解説する。

米原の指摘はデータでも裏付けられる。前回13年の市議選の当落分岐点は1100票。16年7月の参院選比例代表では民進こそ8228票獲得したが、共産は1021票、社民が997票。地縁血縁が絡む市議選には単純に当てはめられないが、社共は組織票だけでは当選ラインに届かない。

――

首長と議員が別々の選挙で選ばれ、対等な立場で競い合うのが二元代表制の本来の姿だ。その意味では、今藤が言うように、すぐに意思統一できる議会の方が首長に対抗する力を発揮しやすい。しかし、デメリットもある。

今藤は「一般論だが」と前置きした上で、「さまざまな方面から見た多様な意見が出にくく、議論も深まりにくい。審議がスムーズに進むのは長所でもあり短所でもあり、緊張感が乏しくなる面もあると思う」と指摘する。

砺波市議会は過去４年間、首長の提出議案を１度も否決・修正せず、予算関連の計93議案の採決で反対討論がなされたこともない。議事が滞りなく進むよう議会と行政側が水面下で交渉していたとしても有権者には見えず、チェック機能が働いたかどうかは不明。円滑審議は諸刃《もろは》の剣といえる。

例えば富山市議会。政務活動費を不正請求した自民議員に対し、共産の４人が辞職勧告決議案を提出した。議会内は対決ムードが漂い、17年３月16日の本会議で賛成、反対の討論が行われた結果、自民などの反対多数で否決された。砺波であれば否決はもちろん議案自体が出なかった可能性は否定できない。

―――

「日本一小さい村」の舟橋村で15年にあった村議選が注目を集めた。記録が確認できる１９４７年以降で初めて共産が議席を獲得したからだ。「開かれた議会」に向けて共産村議は２０１６年12月の本会議で、議会のインターネット配信を提案。前向きな答弁を引き出し、実現の運びとなった。

議長の明和善一郎（69）＝海老江＝は「論戦が活発化し、緊張感が出てきた」と語る。一方、これまで自民党国会議員への村の事業の陳情は全議員で行ってきたが、共産村議に「党の中でやってほしい」と断られたといい、「一枚岩になれない面もある」と明かす。

「野党」不在の砺波市議会。市議選では共産候補が１人立つ。議席を与えるかどうかは４月16日の投票日に民意が判断する。

3月定例会最終日の砺波市議会本会議＝2017年3月16日、同市議場

7——討論会

「思いや志 知りたかった」

19人に呼び掛けたものの出席は４人だけだった。２０１７年３月25日に砺波市文化会館であった砺波市議選（定数18）の立候補予定者討論会。実行委員長を務めた建設会社社長、宮窪大作（42）＝庄川町金屋＝は「こちらの努力不足もあるんだろうけど、ちょっとひどいですよね」。

きっかけは単純だった。「地元の市議は知っているけど、離れた所だと顔も分からない」。そこで「市議を目指す人たちの思いや志、得意分野を知ることができる機会をつくろう」と企画。市内の経済人ら有志約50人と実行委を作り、開催にこぎ着けた。

討論会を支援するＮＧＯ「リンカーン・フォーラム」（名古屋市）の参事で、今回、コーディネーターを務めた山口剛史（41）＝黒部市田家野＝は「議員側が非協力的なため企画がつぶれることは多い。心配したけど、実行委が頑張ってくれた」と笑顔を見せた。

有志の熱意 背く議会

３カ月前の16年12月下旬、砺波市議会は不参加を組織決定した。実行委への回答の文書に「既にスケジュールが詰まっている」と記してあったため、ビデオ出演でもいいと申し出たが、断られた。宮窪は「議会として一律に決めず、各自に委ねてもいいのでは」と対応に首をかしげる。

ある現職は「当選した議員が市民と意見交換した方が有意義」と言い、別の現職は「意識の高い人なら、討論会に関係なく候補のことを知ろうとする」と開催を疑問視。拒絶する議員の本音を、山口は「『地盤、看板（知名度）、鞄《かばん》（資金）』があれば当選できる。下手なことしないでくれと思っているのでは」と推測する。

国政選や首長選ではよくある討論会も市町村議選では珍しく、山口は「富山県内では初めて」と言う。県外では多々あり、茨城県鹿嶋市では15年4月、地元の青年会議所が開き、候補者11人が参加した。

当時の青年会議所理事長、井口善成（41）は「市議選は『地元だから』という理由で投票する人が多く、政策や人柄も含めてより広い視野で考えてほしかった」と振り返る。投票率は56・5％で、わずかだが前回より2・4ポイント上昇した。

―

宮窪たちの熱意に議会は背いたが、市民は応えてくれた。実行委が用意した150脚の椅子では足りず、急きょ搬入。約200人が4人の主張に耳を傾けた。

取り決めを破って参加した現職は2人。自民会の桜野孝也（46）＝庄川町青島＝は「議会のための議員か、市民のための議員か自問自答し、出席した」と言い、同会の堺武夫（72）＝五郎丸＝も最後に「議員活動の総括ができた。今後に生かせる」と感謝した。

残る2人も言及した。共産元職の境欣吾（62）＝大門＝は「候補者の〝中身〟が分かる環境で選挙は行われるべき」と歓迎し、新人の宝田実（55）＝苗加＝は「素晴らしい機会なのにどうして出てこないのか理解に苦しむ」。

会員制交流サイト（SNS）で開催を知った同市庄川町青島、会社員、川島力（45）。2時間にわたって熱弁を聞いた後、「政策や人柄が分かって良かった。きょうの話を参考に、誰が市のために頑張ってくれるのかじっくり考えたい」と話した。

4人の立候補予定者が出席した砺波市議選の討論会＝2017年3月25日、砺波市文化会館

砺波、富山両市議選は4月9日に告示される。投開票は16日だ。

第4部　改革は　いま

「開かれた議会」に向けて歩み出した議員たちがいる。
全国の〝先進地〟を訪ね、改革のいまをリポートする。

1――基本条例（1）

首長と政策競争

「住民に開かれ、住民と歩む議会をどうつくっていくのか。それを明確に宣言するのが、議会基本条例です」

2017年4月26日、富山県民会館であった県議会の勉強会。基本条例制定に向け、専門家である山梨学院大教授の江藤俊昭（60）の講演に、議員や事務局職員が聞き入っていた。

基本条例は目指すべき姿を掲げ、運営のルールを盛り込んでいる。最高規範として定めるため「議会の憲法」と呼ばれ、議員たちが自らの取り組みを住民に示す「公約」でもある。既に全国の議会の半数近くが持っている。

具体的には、住民と意見を交わす「議会報告会」の実施、住民の声に基づく政策の立案と提言、議員同士で活発に議論することなどが明記され、議員は規定に基づいて活動しなければならない。

16年、富山県議会は揺れた。3人に政務活動費の不正受給が発覚し、議員辞職した。失った信頼を取り戻すために着目したのが、この「憲法」だった。

―

基本条例の重要なポイントの一つに、「二元代表制」の原則に立ち返るということがある。

二元代表制は、首長と議員が別々の選挙で選ばれ、共に住民を代表する地方自治特有の仕組みだ。混同されがちなのが国政の「議院内閣制」。国民に選ばれた議員が国会で首相を決め、推した政党は与党になる。

政活費不正でイメージがダウンし、投票率の低下にも歯止めがかからない地方議会だが、与えられた「議決」という権限は大きい。二元代表制の原則とは、その議会が首長と対等に向き合い、より良い政策を練り上げるために競い合うことだ。

勉強会で江藤は訴えた。

「国政と違って、地方議会に与党、野党はない。議会としてまとまって、首長と政策競争をしなければならない」

明文化で脱追認

県議会で条例作りをリードするのは、定数40の4分の3を占める最大会派、自民党だ。ところが、会派内には、二元代表制を疑問視する意見がある。

あるベテランは、江藤の言う議会の在り方を「富山県議会とは対極にある」と指摘し「われわれは常に過半数を維持し、県政に責任を持ってきた〝県政与党〟だ。知事と対立することはない」。

会長の鹿熊正一（64）＝朝日町殿町＝も「これまで会派中心でやってきた。合議をして『議会としての結論』を出すことができるだろうか」と率直に明かす。だが、「作る以上、実効性あるものにするため、二元代表制を具現化する内容にしないと意味がない」と力を込める。

16年10月、議長として初めて策定する意思を示した大野久芳（68）＝黒部市生地＝は「会派内は二元代表制をつくろうという流れになってきたと思う。少数会派の意見も聞き、『議会はこうだ』と示していくことが重要だ」と語る。

県議会は17年6月中下旬に議員による検討組織を設置し、年度中の策定を目指す。

――

県内では小矢部、高岡、南砺、黒部、滑川の5市議会が既に基本条例を制定している。

16年4月施行の黒部。議会改革特別委員会を設け、検討をスタートしたのは14年末だ。委員長を務めた辻泰久（69）＝山田＝は、7年前のある出来事を覚えている。

若手が意見を出すと、古株が「お前、何言うとんがよ」と一喝。すると別の議員が「議論するのが議会だ」と反発した。辻は「まさにその通り。改革を進めないと、と思った」と振り返る。

特別委は幹事会を含め約30回を数えた。会派間の意見の隔たりも議論を重ねて調整し、条例案は全会一致で可決。これまで議会報告会を2度開き、旧市庁舎跡地の利用策も議会として協議している。

この1年の変化を、辻は「議員同士の討議が活発になり、質問も増えた」と説明。「追認機関ではなく、議会として積極的に提案できるようにしたい」と意気込む。

射水や砺波も制定を検討し、県内でも広がりが見えつつある基本条例。その始まりは、北海道の小さな町だった。

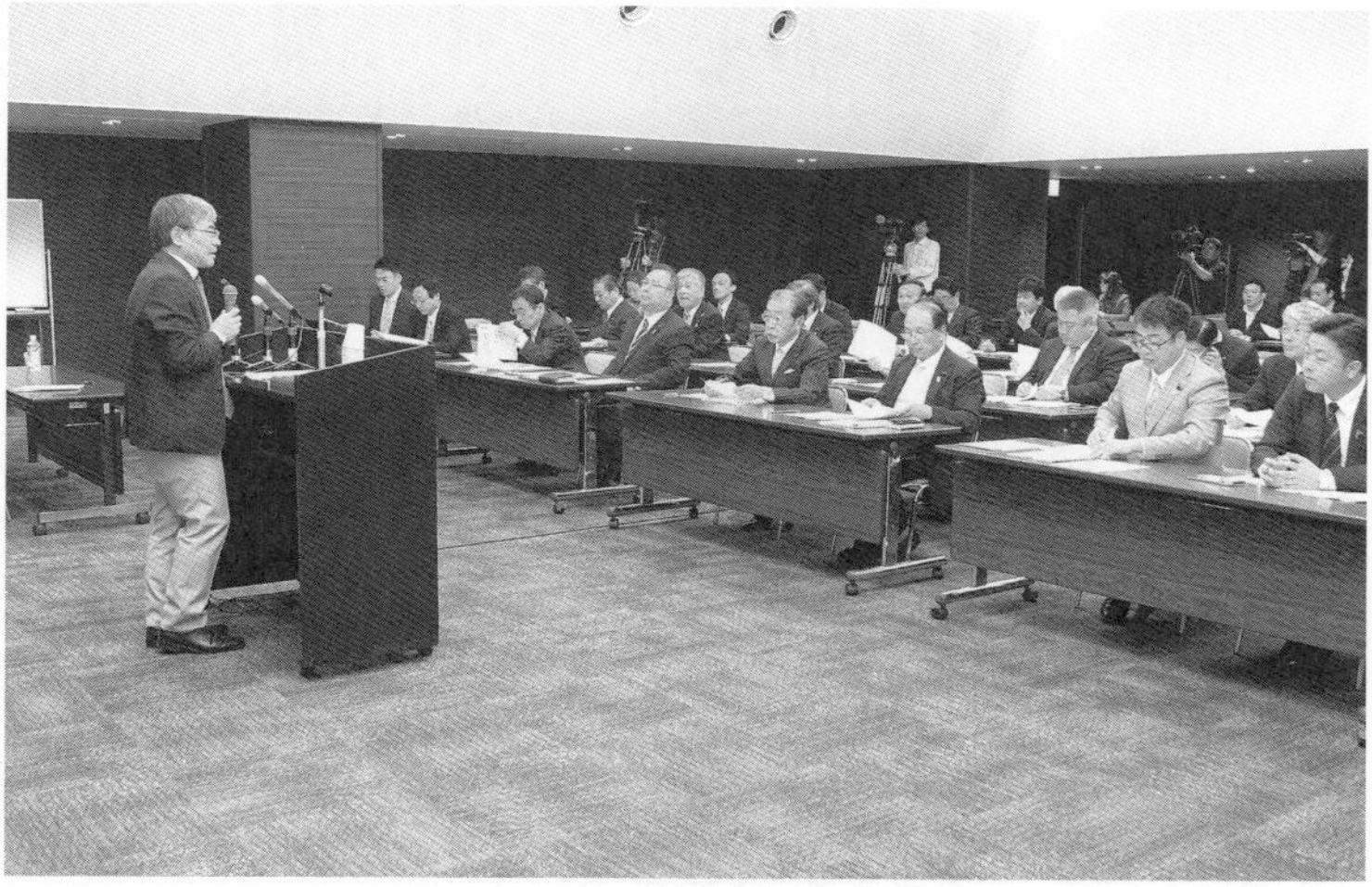
県議会の勉強会で、江藤（左）の説明を聞く議員ら＝2017年4月26日、県民会館

地方自治と国政の仕組み

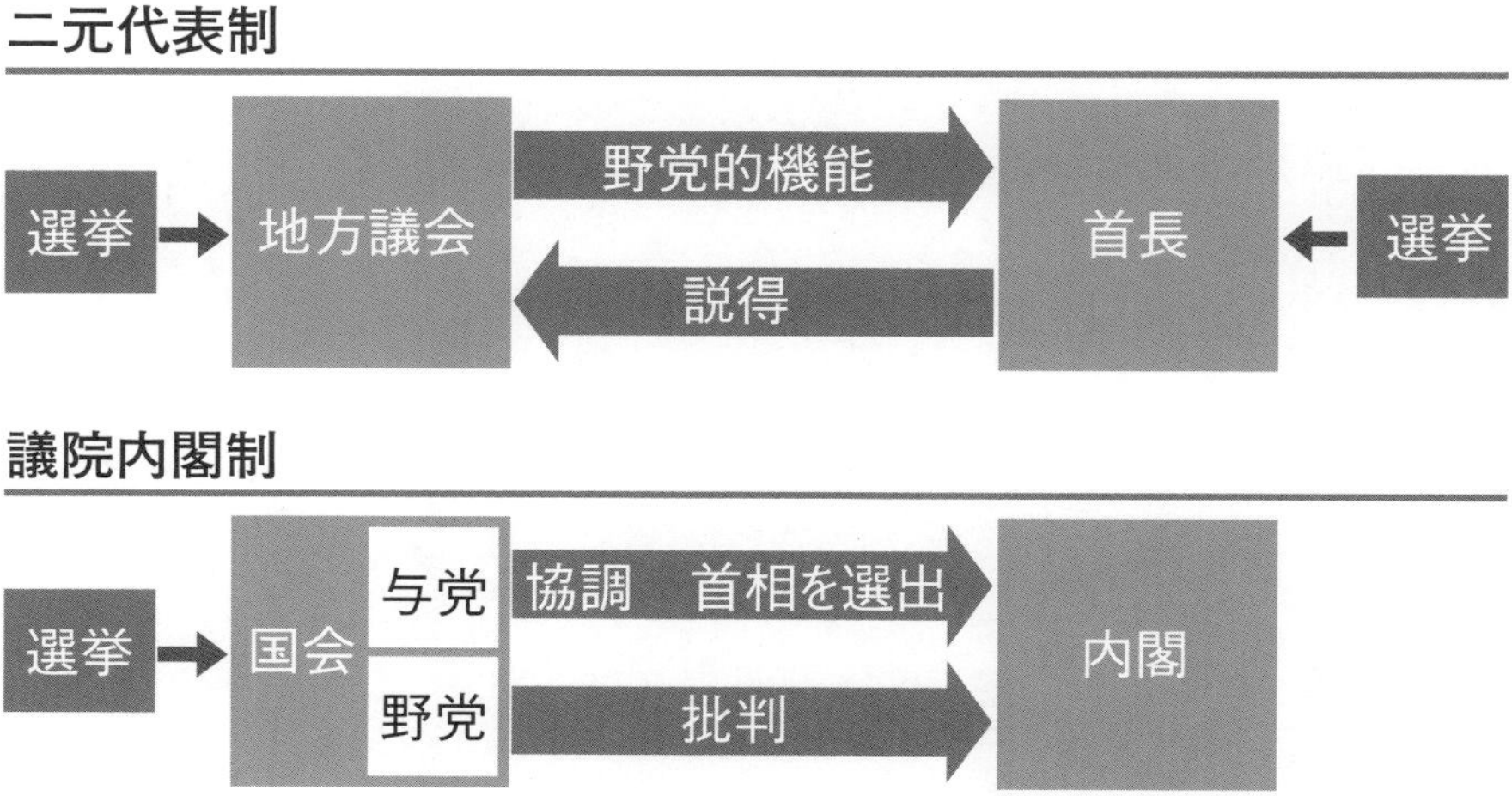

※大森彌著『現代日本の地方自治』を基に作成

2――基本条例（2）

栗山町が全国初制定

日本初の議会基本条例は、宴席での皮肉がきっかけの一つだった。

「議員の皆さんは選挙でいろいろ語るけど、当選すると、それっきりだからね」

北海道札幌市の東約35キロに位置する栗山町。町議と町幹部の懇親会で、選挙管理委員長が辛辣《しんらつ》に言った。議長の橋場利勝（72）は耳が痛かった。「全くその通り。これじゃいかんな」。そして2006年、条例制定に至る。

―

基幹産業が農業の栗山町。近年ではプロ野球日本ハム監督の栗山英樹（56）が、姓が同じことから自宅や野球場を建てて話題になった。減少が続く人口は現在1万2千人で、富山では朝日町に近い。ちなみに両町は、有識者でつくる日本創成会議の「消滅可能性都市」でもある。

改革の嚆矢《こうし》は議会のライブ中継だった。町内でのインターネット通信網整備を機に02年から始めると、「話題によっては回線がパンクするほど反響があった」と橋場。議会への注目度が高まる中、選管委員長の皮肉もあり、議員らは「町民と交わる機会をつくろう」と05年3月、報告会を開いた。

報告会継続の声受け

主催は議員や会派ではなく、議会だ。橋場は「個人や政党の支援者は、議員を甘くみてくれる。緊張感もない。議会が開くと支持者じゃない人も来るし、本当の声を聞ける」。3月に町内12会場で行うと、370人が集まった。

町民から「議員の顔触れが変わっても報告会は続けて」と求められ、5月に条例化に着手。その際、議会事務局職員が、札幌市職員がまとめた基本条例の試案をネットでみつけた。二元代表制を発揮させるのが目的の私案で、「これは使える」と事務局長だった中尾修（68）は協力を求めた。

報告会の義務化だけでなく、各種団体との「一般会議」、議員相互の「自由討議」、「請願・陳情は町民の提案」という位置付け、町長や町職員への「反問権」の付与、町の総合計画の議決事項への追加などを盛り込んで条例案を作成。06年5月に議員提案し、全会一致で可決した。

栗山町の半年後、三重県議会も同条例を可決。早稲田大学マニフェスト研究所（東京）の15年度の調査では、全国の46％に当たる651議会が制定済みだ。「こんなに広がるとは予想していなかった」と中尾。いまでは中学の公民の教科書でも紹介される存在だ。

―

改革の要因に、橋場は「平成の大合併」を挙げる。当時、3町での合併協議が進んでいた。加えて、小泉内閣が02年に着手した「三位一体の改革」で町財政が悪化。「首長の提案を承認しているだけでいいのか。危機感があった」。00年に地方分権一括法が施行されたことも背景にあった。

では、なぜ、栗山町が先陣を切ったのか。中尾は「北海道の議論する風土」を挙げ、「いろんな地域の人が入植しており、ルールのすり合わせが必要だった」。さらに「栗山は農業者、商工会、勤労者のバランスが拮抗しており、何事もよく議論していた」と説明する。

条例は、議会運営の独自ルールを定めたものだ。「作ったからといって、ころっと変わるもんじゃない」と橋場。ただ、町議としての自覚を新たにすることで「もの言う議会」として存在感を発揮していく。

北海道栗山町議会の議会報告会。継続して開くことが基本条例制定の契機になった＝2017年3月、同町内

3——基本条例（3）

11年目「熱意低下」も

２００６年に議会基本条例を日本で初めて制定した北海道栗山町議会。町長と協力しながらも競い合うと前文で宣誓し、存在感を発揮していく。

「町が出す議案は１００パーセント正しいわけではない。常に疑ってみないと。『もっといいものはないか』と議論するのが本当の議会だと思う」。議長だった橋場利勝（72）は言う。

議長に在職した00年からの11年間で否決は2件、修正が5件ある。例えば07年には町の総合計画の議会案を作成し、08年に町提出の計画案を修正。09年には町営の給食センターの業務を民間委託する議案を否決した。

元町職員の町長、椿原紀昭（71）は「以前から町と議会は活発にやりあっていた。基本条例も『どうぞ』という感じ。ただ、議会に出す資料の用意など仕事が増え、職員は大変だった」と語る。

議会による否決・修正の是非を尋ねると「内容による。おかしいと思う判断もあった」。単純に評価しない言葉は、首長と議会の緊張感の裏返しともいえる。

——

基本条例から11年。町議全12人のうち制定時を知るのは４人で、８人はできた後にバッジを着けた。11年から議長を務める鵜川和彦（61）もその一人だ。

議会報告会は17年は3月に12カ所で開き、16年より55人多い２７９人が集まった。鵜川は、知らない住民も顔を出す報告会の意義を十分に認めつつ「嫌だと思う時がある。どんな質問が飛んでくるか分からないし…」。

栗山の条例の特徴は「義務」の多さだ。報告会は「少なくとも年1回開催」、請願・陳情の提案者の意見を聞く場も「設けなければならない」と明記している。

鵜川は、それらを「負担になっている」と正直に明かす。議長になってから議案を否決・修正したこともない。言葉の端々に橋場との温度差がうかがえる。

——

町議会には町民から要望や提言を聞くための「議会モニター」がいる。その一人、会社員の松下早苗（57）は「質問や会合での態度をみると、以前に比べて議員に熱意がない」と指摘する。

09年の制度開始時からモニターを務めているNPO法人理事の高橋慎《まこと》（67）も同じ印象を持つ。「かつては町長の独走を止め、提案もした。いまは追認機関に戻りつつあり、議会と民意が離れてきている」と厳しい見方を示す。

議長席から見た北海道栗山町議会の議場。右が議長の鵜川、左が副議長の大西

鵜川も課題を感じている。「住民から聞いた意見を施策に反映できていない。われわれの力量不足」と言う。副議長の大西勝博（63）は「機が熟した時に政策提言するわけで、実績を残すために焦るのは本末転倒」と冷静に語る。

問題あれば本領発揮

早稲田大学マニフェスト研究所の議会改革度ランキングで栗山町は10年度は15位だったが、最新の15年度は29位。元議会事務局長の中尾修は定年退職後、同研究所と東京財団の研究員を務めており、順位が下がったことを「正直なところ、つらい」と語る。

ただ、議員構成が変わっても、基本条例が、住民投票の実施や町民が望めば議会で発言できることを担保しており、「合併や増税といった町を二分する問題があった時に生きるようになっている」と強調する。

右肩上がりの時代が終わり、施設の閉鎖や行政サービスの低下など不利益を分配する社会が到来している。「住民が納得できる結論を出せるのが議会。そういう時こそ本領が発揮できる」

4——基本条例（4）

議論通じて意識共有

2017年4月16日の富山市議選。政務活動費の不正が相次いだ自民は38議席のうち22議席を獲得し、改選前に引き続き過半数を維持した。再発防止策や議会改革が大きな争点となり、不正が見つかった候補9人のうち3人が落選した。

28日の臨時議会では、新議長に自民の村上和久（56）＝通算7期、神通本町＝が選ばれた。その日の記者会見で村上は「議会の力を回復させたい」と強調したものの、議会基本条例は当面は不要との考えを示した。

理由はこうだ。「条例があっても〝中身〟が伴わない議会があると聞く。まずは議員の資質を高め、中身のある改革を進める」。公明や社民、日本維新の会などが制定を強く求める一方、自民幹部に積極性はみられない。既に動き出した県議会とも対照的だ。

ただ、村上の主張も一理ある。早稲田大学マニフェスト研究所の15年度の調査では、条例の成果を検証している議会は21%。残りは「作りっぱなし」の状況で、機能しているかどうか分からない。

新潟県上越市議会は10年、基本条例を制定した。16年9月には議員11人で検証委員会を設け、条例にある取り組みが実行できているか、その結果、どのような成果が出たのかを話し合っている。

17年4月24日午後1時半、上越市役所内の委員会室で11回目の会合が始まった。「開かれた議会」を目指すことなど「議会の活動原則」を定めた第2条がテーマだった。

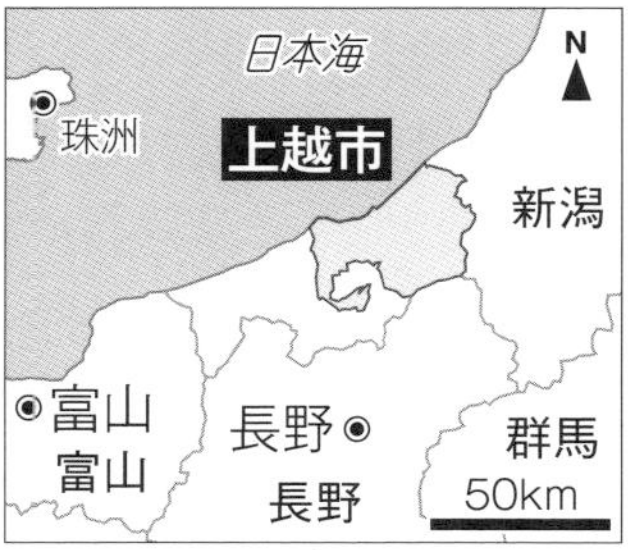

「必死に改革を進めてきたが、市民に伝わっていない」「議会だよりはあまり読まれていないし、議会報告会の出席者も増えていない」「関心を持ってもらうため休日・夜間議会を開くべき

では」「その際は市民の関心が高いテーマを選んだらどうか」

議論は白熱し、予定していた議員間討議や政策提言についてては十分に話し合えないまま、終了時刻の午後3時に。委員長の栗田英明（62）は「いい議論になったので、あえて言いたい放題やってもらった」と語る。

06年の北海道栗山町議会の基本条例制定を「衝撃だった」と語る栗田は、当時の議長に「うちも作りましょう」と進言した経験を持つ。検証委の議論を「自分たちが目指す議会はこれでいいのかと確認する作業」と言い「夏までに終えたいが、この調子なので、めどは立っていない」と苦笑いする。

市議32人のうち、13人は制定後にバッジを着けた。栗田は「先輩が作った条例に従うのではなく、自分たちの思いが書かれたものでなければならない。新しい条例を作るくらいの気持ちで検証しようと、作業している」と話す。

成果を検証 改定も

検証委は、活動原則のほか市民参加や市長との関係などを定めた30の条文を、有権者の声や社会情勢を踏まえてチェックし、必要があれば改定する。検証は12年に続き2度目。前回は、重要政策を決める際に市民の意見を聞くことなどを新たに盛り込んだ。

多くの議会が、見直し規定を条文に明記する。基本条例自体が改革を前進させる「エンジン」になる仕組みだ。

新潟県上越市議会の基本条例検証委員会で意見を出し合う議員ら＝2017年4月24日、上越市役所

上越は4年をめどに検証することを決めており、栗山は毎年、チェックするよう義務付けている。条例がある新潟県内5議会も見直し規定を持つ。

不断の検証こそが議員を磨き、民意と議会を近づける。

5――議会報告会（1）

住民と議員、討論熱く

「滑川のメインイベントであるほたるいか海上観光がもめている」「せっかくの市の船が遊んでいるんじゃないか」「空き家対策について何か提案しないのか。近所でも困っている」

滑川市議会が２０１７年４月21日、初の議会報告会を市役所で開いた。金曜日の午後７時半。約70席を用意したが、訪れたのは25人。空席が目立つものの、意見交換では熱い言葉が飛び交った。

反対運動がある魚津市の養鶏場建設計画の話題になると緊張が走る。居並ぶ全市議15人に賛否を表明するよう、出席者が要求。議長の中島勲（69）＝自民、田中町＝は「きょうは議会による報告会。個々の議員がどうだということは勘弁してほしい」と述べ、その場を収めた。

議会運営や報告会自体にも注文がつく。前半にあった17年度予算の説明に「市の広報で見られる。それより議会でのやりとりを教えて」。別の出席者は「改革は一生懸命やっている。ただ、結果を検証し、生かしていかないと水泡に帰す」と指摘した。

結局、50分間の意見交換で10人が質問した。中島は「やってよかった」と目を細め「市民と対話するのが一番大事。今までなかったから」と語る。副議長の古沢利之（63）＝共産、浜四ツ屋＝は少なくとも年1回は開きたいと言い「もっと勉強してほしいとの言葉もあった。われわれもレベルアップしないと」と表情を引き締めた。

少ない参加数 悩み

議員が住民に政策提言や活動状況を説明する議会報告会。住民の意見をくみ取る場でもある。主催は、個人や会派ではなく議会。立場の違う議員も同席するため、都合の良い実績ＰＲはしにくい。早稲田大マニフェスト研究所の15年度の調査によると、全国の議会の47％が実施している。

富山県内では議会基本条例がある小矢部、高岡、南砺、黒部、滑川の5市議会が議会の主催として開く。ただ、熱意に差がある。南砺はほぼ年4回の定例会ごとに行うが、小矢部と高岡は開かない年もある。特に高岡は15年10月の1回しか開いておらず、政務活動費の不正を受けてようやく2回目を5月25日に実施した。

滑川市議会初の議会報告会。参加者10人が質問した＝2017年4月21日、滑川市役所

多くの議会が、参加者の少なさに頭を悩ます。合併前の旧8町村ごとに開き、議員が積極的に地域に入っていく南砺の出席者の平均は27人。16年8月の井口地域での報告会には議員10人が出席したが、集まったのは4人だけだった。

滑川では初開催に向けてチラシとポスターを作成し、周知を図ったが、中島は「30、40人は来るかと思ったけど、ちょっと少なかった」。古沢は、愛知県江南市議会で議員自らが街頭でチラシで配った例があると言い、「開催を広く知らせる点には課題があった」と振り返る。

―

出席者が男性もしくは高齢者に偏りがちなことにも各議会は苦心する。南砺は5月13日、これまで平日夜に開いていた報告会を初めて土曜の昼間に実施した。場所は井波地域のショッピングセンター。女性の参加者を増やしたいという狙いがあった。

集まった70人のうち女性は10人。普段は2、3人のため、議長の才川昌一（59）＝自民、沖（井波）＝は「確実に増えた」。ただ、企業誘致などの話題が多く「もっと女性が身近に感じるテーマを取り上げた方がよかったかもしれない」と反省もする。

県内で模索が続く中、運営を工夫し、全国的に注目を集める議会が神奈川県にあるという。

6——議会報告会（２）

カフェ風でリラックス

壁には電飾、テーブルの上には厚紙でできたツリー。２０１６年11月23日、神奈川県藤沢市のビルの一室で開かれていたのはクリスマスパーティーではない。藤沢市議会の議会報告会だ。

お茶と菓子を置いたテーブルを囲んで市民と議員、司会役の大学生の計7人が座る。テーマは投票率向上策。「投票に行ったかどうかが分かるようにしたらどうか」「議会の審議をもっと面白くすればいい」。市民の発言を議員がカラフルな用紙に書き留める。

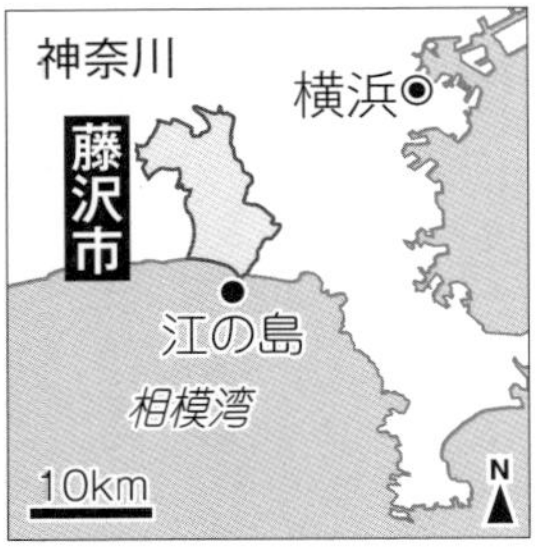

その時、コーディネーターの声が響いた。「20分たちました」。市民や議員は立ち上がり、それぞれ別のテーブルに移り、話し合いを始めた。議員の一方的な説明の後に質疑応答を行う、いわゆる「普通の報告会」と大きく異なる。

藤沢のスタイルは「ワールドカフェ」と呼ばれる。１９９５年に米国で誕生した討論形式で、テーブルごとに議論し、多くの人と話せるよう席替えを繰り返す。カフェのようなリラックスした雰囲気で行い、机を国、参加者を旅人に見立てることからこう呼ばれる。

テーマを選んだ理由は、２０１５年の市議選の投票率が38・7％と県内の市町村議選で最低だったからだ。この日の様子を当時の広報広聴委員長、柳田秀憲（48）は「始めると、あっという間に盛り上がった」と振り返る。議論が熱を帯び、席を立たない人もいたという。

声まとめ市に提言

藤沢市議会は定数36で、市の人口は43万人。定数38、人口42万人の富山市に近い。ワールドカフェを議会報告会に採り入れたのは16年度から。導入に至るには訳があった。

13年4月に議会基本条例を制定し、報告会も始めた。ただ、議員たちは行き詰まりを感じ始めた。市民数人が議会や行政への苦情を畳み掛け、その対応に終始する状況が続いたからだ。「めちゃくちゃになっちゃって。こりゃだめだと思った」と柳田は言う。

議会に相談されたのが地方議会に詳しい関東学院大准教授、牧瀬稔（43）だ。議員と市民が対座するため視線がぶつかっていた点に着目し、「ワールドカフェなら視線がテーブル中央に集まり、建設的な話し合いになる。テーマを決め、席替えすることで摩擦も減らせるはず」と提案した。

牧瀬のサポートを受け、議会は16年、スタイルを変えた報告会を5月と11月に開催。議会事務局議事課長の田口英太郎（46）は「これまでの対立構造ではなく、一つの方向に向かう雰囲気になった」と説明する。

2回で10～70代の68人が出席し、全員が発言した。声は「中学校で出張授業を行う」「利便性の高い場所に投票所を増やす」など11項目の提言にまとめ、議会として17年4月26日、市長、選管委員長、教育長に提出した。

ワールドカフェにしたことで議員が報告する機能は薄れたが、「説明なら議会報でできる。市民の意見を政策立案につなげたいなら、この形」と牧瀬。広報広聴委員長の有賀正義（60）は「民意を集めて行政に提案するのが議会の基本形」と強調した。

――

「ワールドカフェ」形式で行った神奈川県藤沢市議会の報告会＝2016年11月、同市内

カフェでは最後に記念写真を撮る。見せてもらうと、ほとんどが笑顔を浮かべていた。牧瀬は言う。「いかにいい思い出をつくるかがポイントかな、と。そうすれば『議会っていいことやってんじゃん』て、なりますから」

7——女性議員（1）

男女半々 生活目線に

安倍政権が掲げる「女性の活躍推進」。しかし、国会議員や地方議員に限ってみれば、女性は約1割と少ない。民意を鏡のように映し出すのが議会とすれば、男女半々が望ましい。実際、そういう議会が神奈川県葉山町にある。

横浜市からは電車とバスで50分の距離にある葉山町。人口3万2千人は滑川市に近い。議員定数は14。2015年4月の町議選後に男性1人が失職し、現在は女性7人、男性6人で構成する。

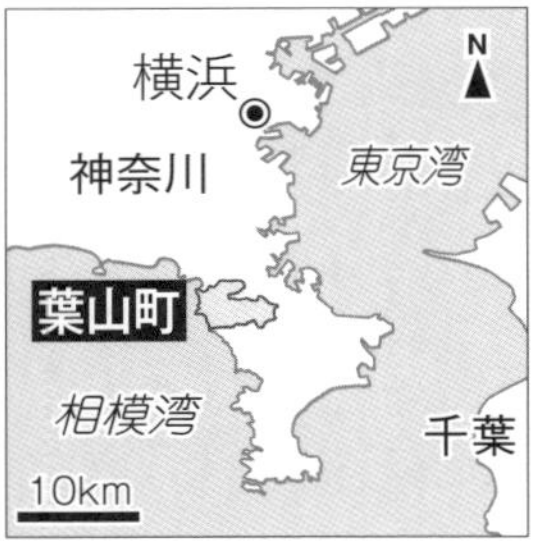

「視察に来た人たちからは、女性が多くてびっくりされる。普通のことだと考えていたんだけど」。プロのウインドサーファーで町議の土佐洋子（50）＝3期＝が日焼けした顔で笑った。

自然豊かな葉山は、東京や横浜のベッドタウンとして1960年代から宅地造成が進んだ。若いサラリーマン家庭の流入が増え、夫が町外で働き、妻は専業主婦というのが典型的な家族の姿だった。

女性議員の誕生は、主婦たちの市民運動がきっかけだった。合成洗剤追放運動が全国的に盛んになり、神奈川県では女性らが地域政党をつくって議会に議員を送り出した。葉山でも85年の町議補選で初めて女性が当選した。

その第1号が横山純子《すみこ》（75）＝8期＝だ。「引っ越して来ただけでは何も起こらない。地域で活動を始め、いろいろと気付き、決定の場で発言した方がいいとなる。そこまで10年、20年かかった」。当時は月額24万2千円だった議員報酬も影響したという。「所帯を賄うには中途半端。家庭を持つ若い男性だと厳しい」

町議は地域代表という色合いも強く、横山は「自然と地区ごとに議員が配置されている形だった」。ただ、市民運動の盛り上がりや横山の当選を機に女性議員が増加。95年には5人で割合は25%に上がり、2011年は7人で50%に達した。正副議長が共に女性だったこともこれまで3度ある。

専業主婦が扉開く

議場の雰囲気も変わった。積極的に質問に立つ女性に男性も背中を押されたようで、定例会ではほぼ毎回、全議員が質問。また、子育てや福祉、環境もよく取り上げられるようになった。

横山は「男性は大局を見るけど、通学路やごみの問題とか細かいところに目がいかない」。金崎壽《ひさ》(69)=5期=は「女性は生活実態に即した質問をする。重箱の隅をつついているという男性もいるけど、男女で視点が違うんです」と強調した。

議会自体の存在感も増している。町提案議案の否決・修正も多く、12年には町の総合計画を修正した。元町議で、34歳で町長となった山梨崇仁(40)に女性町議の意義を尋ねると「例えば災害時の女性用トイレについて要望されたりとか。子育てやごみの分別といった日常生活については女性ならではの意見が出る」と語る。

畑中由喜子(71)=7期=は「どんな政策も両性の視点から見るべき。富山でも女性議員がもっと増えればいい」と訴える。横山や畑中が所属していた「神奈川ネットワーク運動」代表で前県議の若林智子(55)は近年、女性の候補者を探すのが難しくなったという。「多くの人が問題を抱えているはず。それが政治の課題だと気付くメッセージを発していきたい」

女性7人、男性6人で構成する葉山町議会(前列右から4人目は町長、同6人目は職員)=2017年3月中旬、同町議会議場

一方の富山市。17年4月の市議選では、女性に厳しい現実が待っていた。

8——女性議員（2）

男の3倍頑張ったのに

2017年4月の富山市議選では定数38に対し58人が出馬、女性は8人立候補したものの議席を得たのは現職の4人だけだった。トップ当選は初めて女性が手にしたが、新人の願いはかなわなかった。

——

さまざまな経歴を持つ女性が手を挙げた。若林真由美（54）＝婦中町笹倉＝は介護・福祉事業の会社を経営している。「介護は市町村レベルで運営を考えることが必要。人材不足で悲鳴を上げている現場もある。議会で対策を協議したかった」

思いは届かなかった。落選した女性4人のうち最多の1695票を得たが、当選ラインには約800票足りなかった。「女性は男性の3倍頑張らないと認められないと思っていたけど…」。政党色がない方がいいと助言され無所属で立ったが、「こちらは選挙を知らない素人軍団。組織の力がないと難しかった」と振り返る。

デイサービスの運営などを手掛けるNPO法人理事長の野入美津恵（66）＝小見（大山）＝も無所属で立った。旧大山町初の女性町議の経歴があり、男女共同参画推進条例の策定にも携わった。政務活動費不正に憤りを感じて出馬を決意。告示10日前の表明だったが、女性では若林に次ぐ票を得た。

揺るぎない信念がある。「政治は生活そのもの。水道料や保育料が高い、道路が悪い…。みんな政治だと」。だからこそ、女性は議員になるべきだと思うが、「出る人もいないし、組織も出させない。住民自身も女は政治に関わらなくてもいいって意識がある」。

県内政界への女性参入の鍵を握るのは、圧倒的な力を持つ自民党だ。党県連総務会長の宮本光明（58）＝富山市八尾町平沢＝は「女性の社会進出は進んでいると思うが、政治に関わろうという意識は、まだ十分ではないのかもしれない」と指摘する。

富山の風土も挙げる。「『誰か選挙に出る人いないの』

という時に、女性は駄目と言っている訳ではないのに、名前が挙がるのは男ばかり」。女性の政治参加に向け、まずは子育てなどと議員活動を両立できる環境づくりが必要と考える。「制度の充実を国全体で議論しないと、なかなか進まないのではないか」と話す。

候補数均等法に期待

国会も動いている。男女の候補者数をできる限り「均等」にするよう政党に求める法案の提出が検討中だ。先頭に立つのが自民党衆院議員の野田聖子(56)。法制化を目指す超党派議員連盟の幹事長を務める。

6月時点で全党が合意し、衆院内閣委員長名で提案する運びだ。今国会中の成立を目指しているが、ここに来て与野党の攻防が激しくなり、内閣委が開かれていない。「すぐに成立する状態なのに、半ば無視されている。女性のことはこの程度の扱いなのかなぁと、ちょっと寂しい」と野田はこぼす。

法案は罰則のない理念法。成立しても努力義務のため何も変わらないとの見方もあるが、「70年間変化がなかった中で、こうやって法律にしないと有権者も気付かないし、政党も努力をしない。目標ができることで大きく動くのではないか」と期待する。

岐阜県議の経験を踏まえ、暮らしに密着した問題を扱う地方議会は女性が力を発揮しやすいと強調する。「生活で主体的な役割を果たしている女性の方が現実的な対応を考えられる」と言い、皮肉っぽく付け加えた。

「それに気付かせないようにしている人がいるんでしょうね」

2017年4月にあった富山市議選のポスター掲示板。女性8人が出馬し、4人が当選した＝富山市内

9――傍聴

委員会 許可まで半年

2016年の立山町議会9月定例会開会中のこと。同町高原の元高校教員、橋本憲夫(70)は議会事務局に足を運んだ。翌日にある総務教育委員会の傍聴を申し込むためだ。本会議を「用意した原稿を読み上げているようで面白くない」と感じ、「委員会は論戦が活発なはず」と思い立った。

しかし、許可されなかった。町議会委員会条例は「委員会は委員長の許可を得たものが傍聴できる」と定める。予想外の結果に驚き、理由を尋ねるため事務局に行くと、委員長に「前例がなく、すぐには対応できない」と告げられた。

それではと、11月に次の12月定例会を傍聴できるよう申し入れた。定例会の初日、事務局から電話があった。「認められません」。その日のうちに議会を訪ね、議長と総務教育、産業厚生の両委員長と話し合った。

3人に「傍聴のルール作りに時間がかかる。3月定例会まで待ってほしい」と求められた。「憤りも感じたが、議会が納得した形で傍聴できた方がいい」と思って受け入れた。「条例に書いてあるのに、こんなにハードルが高いとは思いもしなかった」と振り返る。

地方自治法は「議会の会議は、これを公開する」と定める。ただ、「会議」を本会議に限る所もある。早稲田大学マニフェスト研究所の15年度の全国調査では、53%が自由に常任委員会を傍聴でき、「長の許可が必要」なのは42%。非公開も3%ある。

富山県内でも対応に差がある。県と15市町村の計16議会のうち、委員会を原則、無条件で傍聴できるのは高岡、氷見だけで、残りは立山のように「委員長の許可が必要」だ。委員長の判断次第で対応がぶれる可能性は否定できない。

――

その時、立山町議会はどう対応したのか―。総務教育委員長の石田孝夫(58)=福田=は「議会内で意見がまとまらなかった」と明かす。自身は傍聴を認めていいと思ったが、議員に諮って判断した方がすっきりすると考えた。しかし、一部議員から「まだ早い」などと言われ、橋本に「3月まで待ってほしい」と告げた。

3月定例会が迫る中、17年2月21日と3月2日の2度にわたって全議員13人が議員懇談会を非公開で開き、対応を協議した。本紙が情報公開請求によって入手したやりとりは、こうだ。

傍聴が許可された立山町議会の総務教育委員会。住民たち（手前）が審議を見守った　＝2017年3月13日、立山町役場

「傍聴人数などルールを6月までに作り、それまで待ってほしいという話。だめと言っているわけではない」と、ある議員は公開先送りを主張。議会による傍聴の拒否がその都度、報じられたことを踏まえ、「マスコミの圧力に屈したような形でやるのはどうか」との意見も出た。「公開は時代の流れ」との主張と平行線をたどり、最後は採決を行うことに。結果は賛成多数。一部は最後まで反対した。

無条件2議会だけ

橋本の希望は3月定例会でようやくかない、本人を含め計4人が委員会室で審議に耳を傾けた。傍聴を終えた橋本は「緊張感のある議論が展開されていて良かった」と評価しつつ、「すぐに公開しても問題なかったと思うが…」と首をかしげた。

議長の伊東幸一（68）＝四谷尾＝は「議員と行政側がやり合っているのが分かって良かったのでは。議員の励みにもなる」と語る。3月には議会改革特別委員会を設置した。「開かれた議会」に向け、「改革が遅れていたという思いはある。変わらなければならない」と語気を強めた。

10——代表者会議

重要な話は密室で

冒頭、緊張が走った。2016年7月28日にあった富山県議会の各会派代表者会議だ。

「非公開が慣例だが、ぜひ公開してほしい。公開することで県民の信頼も得られる。結論も大事だが、過程も大事だ」

議会は揺れていた。政務活動費の詐取によって副議長だった自民の矢後肇（57）が9日前に議員辞職。再発防止に向けた初会合だった。

社民の提案に、共産も同調する。「県議会始まって以来の不祥事といっていい。県議一人一人の見解が問われている」。一方、自民は難色を示す。「従来通りの非公開でよろしい」「問われているのは『開かれた議会』ではなく再発防止を図ることだ」

県議会の規程は、各会派代表者会議はマスコミを含め「傍聴を認めない」と明記。だが、「議長において必要と認める時はこの限りではない」としている。

視線は議長（当時）で自民の大野久芳（68）に集まった。結論は非公開。大野は報道陣に「ご退席願いたい」と通告し、終了後に協議内容を説明するとした。大野は当時の心境を「オープンでやると議員が自由に発言できるかどうか…。葛藤した」と明かす。

以降の代表者会議は冒頭撮影のみ許可し、協議は非公開。再発防止策のための条例改正も月額30万円の据え置きも〝密室〟で決まった。大野は「公開してもいい話し合いもあった。前例がなく『石橋をたたいて渡った』と思う」。

防止策が決まった12月以降は再び撮影も許されない状況だ。

——

富山県と県内15市町村の計16議会のうち、小矢部、南砺を除く8市と県の計9議会が「各（会）派代表者会議」を設けている。議会によって異なるが、議会運営やポスト調整、政活費、報酬などの協議に充てている。「本会議が株主総会なら、代表者会議は取締役会」。ある富山市議は例える。

それだけの重みがあっても、住民は自由に傍聴できない。県と高岡は議長の許可が必要で、残る7議会は扉を完全に閉ざしている。富山市議会が16年4月、月額60万円の議員報酬の10万円アップを求めようと決めたのも、市民の目が届かない代表者会議だった。

県外「原則公開」も

政活費不正が相次いで発覚したことによって富山市議会では変化が出てきた。これまでは全て非公開だったが、再発防止策を話し合う部分については報道陣に公開するようにした。

きっかけは、議長（当時）の高見隆夫（70）への共産市議団による16年11月11日の申し入れだった。代表の赤星ゆかりは「議会の閉鎖性が不正につながった。会議を非公開にする理由はない」と説明。市議補選後の新体制発足を機に要請したという。

3日後の14日の代表者会議で、高見は議論の一部公開を認めた。「『開かれた議会』の視点でみると富山市は下から数えた方が早い。全て公開というわけにはいかないが、できる部分から取り組むべきだと考えた」と語る。

先進的な取り組みで知られる福島県会津若松市議会は、例外事項を設けつつも「代表者会議は公開する」と規程に記す。赤星は「議長によって対応が違っては困る。富山市も明文化が必要」と訴える。

議長の村上和久（56）は「カメラの前では話せないことを調整する場は必要」と言いつつ、明文化を「検討したい」。県議会議長の稗苗清吉（73）は明文化も含めた公開を「検討しなければならないと思う」と話した。

冒頭のみ公開された県議会の代表者会議。この後、報道陣は退出させられた＝2016年7月28日、県庁

11――請願・陳情（1）

かなわぬ住民の発言

またか…。高岡市議会事務局から電話を受けた同市博労本町の税理士、彼谷《かや》肇（77）は落胆した。2016年12月8日のことだ。

11月に全日本年金者組合高岡支部として、政務活動費不正の真相解明を求める請願を市議会に提出した。彼谷は、その趣旨を議会で説明することを望んだ。しかし、回答は「却下」だった。

16年3月にも、支部として年金制度充実を求める請願を出し、趣旨説明を希望したが、退けられた。「市民の声を聞きたくないのだろうな」。政活費は市民の関心が高く、許可されるのでは、と期待していただけに怒りがこみ上げた。

――

住民が自治体や議会に要望を伝える手段が請願・陳情だ。憲法で権利が認められている請願は議員の紹介が必要で、なければ陳情として扱われる。請願は本会議と委員会で、陳情は委員会だけで審査し、採択か不採択を決める。

高岡、南砺、黒部、滑川の市議会は議会基本条例で「必要に応じて、提出者の意見聴取を行う機会を設けることができる」などとしている。高岡には「10分以内」という具体的なルールもある。

ただ、条文は機会を「設けなくてもよい」とも解釈できる。議会を「討論の広場」と位置付け、請願・陳情を「町民の政策提案」と受け止める北海道栗山町議会が「設けなければならない」とはっきり義務化しているのとは対照的だ。

制度作るも「形骸化」

不正の真相解明を求める請願は、共産市議を通して出された。審査した議会運営委員会の構成は自民同志会8人、公明1人、社民1人。彼谷による委員会での説明を認めてもいいとしたのは社民だけ。請願自体も結局、不採択となった。

認めなかった理由を、自民同志会や公明の市議たちは「同じような内容の要望書が議長に出ている」「請願書を読めば分かるのに、来て説明してもらう必要はない。説明の時間の問題ではない」「委員会で共産議員が同じような内容を何度も発言している」と言う。

一方、彼谷は「市議会の体質が変わらないから、何度も文書を出しているんだし、文面で表せないこともたくさんある」と主張。基本条例の条文を踏まえ「大いに活用すべきなのに、せっかくの規定が死んでしまっている」。

市議会は13年4月の基本条例施行後、請願12件と陳情3件を審査した。趣旨説明の希望は10件あり、認めたのは同年6月の1件だけ。消費増税の中止を求める意見書を、議会として国に出すよう要請する内容だった。

提案者を代表して委員会で意見を述べた富山市の弁護士、水谷敏彦（61）は、説明機会が自身を最後に設けられてないことを「少なすぎる」と批判。「顔を見て、目を見ながらじかに訴えたいこともある。基本条例を形骸化させてほしくない」と語気を強めた。

――

議会での住民の発言機会の少なさは高岡だけではない。富山県と県内市町村の計16議会が13～16年度に審査した請願・陳情440件のうち、提出者が意見を述べることができたのは6件だけ。内訳は滑川4件、富山と高岡各1件。滑川の3件と富山の1件は議会が参考人として招いて話を聞いたという。

北海道栗山町議会の元事務局長、中尾修（68）は、発言機会を義務化せず、「設けることができる」としている基本条例を「ニセ条例」と切り捨てる。「議会に逃げ道を残しており、住民にとって使い勝手がいいようになってない」と指摘。条例が「『議会が変わった』とアピールするための道具に使われかねない」と警鐘を鳴らす。

2013～16年度の懇願・陳情の件数

	請願	陳情	採択	意見陳述
富山県	57	59	26	0
富山市	41	11	2	1
高岡市	12	3	0	1
射水市	5	85	7	0
魚津市	0	3	3	0
氷見市	0	0	0	0
滑川市	4	3	3	4
黒部市	7	5	5	0
砺波市	2	9	2	0
小矢部市	19	13	8	0
南砺市	4	4	5	0
上市町	7	10	10	0
立山町	4	14	8	0
入善町	5	9	2	0
朝日町	13	14	10	0
舟橋村	1	17	5	0
計	181	259	96	6

※意見陳述は参考人での説明も含む

12――請願・陳情（2）

採択　多数派が壁に

２０１３～16年度の４年間に、富山県内の15市町村の議会には合わせて１２４件の「請願」が寄せられた。うち採択されたのは19件にとどまる。割合でいえば15％にすぎない。

請願は、議員の紹介があれば、誰もが議会に意見や要望を述べることができる制度だ。ただ県内では、ほとんどの場合、主張に理解を示す「紹介議員」が少数派であるため、多数派が退ける構図となっている。会派間の対立が根深く、結果として採択率は低い。

中でも政務活動費の不正に揺れた富山市議会は、採択へのハードルが高い。４年間で41件出され、2件だけ。採択率は５％だ。

――

その2件のうちの1件が、17年の3月定例会に出された「開かれた議会」への取り組みを求めるものだ。市内に住む主婦ら有志10人が提出した。

内容は(1)各議員の議案に対する賛否のインターネット公開（2）子どもと一緒に傍聴できる親子室の設置（3）傍聴者に審議を分かりやすく示すため、資料などを映すプロジェクターの議場への導入―の3点。紹介議員は、2人でつくる少数会派「光」が務めた。

きっかけは、政活費の不正を受けて、「議会はいったいどうなっているのか」と、主婦らが傍聴に来たことだった。本会議では、議員が多様な項目を1度にまとめてただし、市の幹部が次々に登壇して早口で答えていった。主婦らは目の前で何が話し合われているのか、理解できなかったという。

「意味の分からないやりとりを見ているだけではつまらない」。自分たちの思いを議会に投げ掛けてみようと、傍聴で気付いた三つの要望を請願として出した。

結果は（1）の「賛否の公表」だけが「採択」。(2)の親子室と（3)のプロジェクターは却下され、「一部採択」となった。

請願提出者の1人である富山市婦中町の主婦（44）は「残る2件も簡単なこと。納得いかない」と不満顔。「請願は何かを変える手段だと分かった。普通の市民がもっと勉強し、請願も活用して、議会に対して意思を示すべき」と力を込めた。

対立超え一部合意も

一部採択という形は、富山市議会では異例のことだった。

それまで多数派、つまり自民系会派は、請願の中に賛成できる意見があっても、受け入れられない部分があれば「不採択」にしてきた。今回は各会派が協議を重ね、一致できる部分を採択した。

この一部採択は、県内では県議会が早くから取り入れている。会派の垣根を越え、折れるところは折れ、着地点を見いだしてきた。その姿勢は数字でも分かる。16年度までの4年間の請願は57件で、うち採択は26件。採択率は46％と際立つ。

今回の「開かれた議会」を求める請願を審査した市議会運営委員会で、一部採択を提案したのは副委員長、佐藤則寿（55）だった。「市民の希望に、もっと前向きに対応しようということになった。議会が変わる兆しだと思う」

——

政活費の不正発覚を受け、富山市議会を傍聴し始めた同市下番（大山）の自営業、中川岳志（50）も、3月定例会に請願を提出し、政活費の「完全後払い制」の導入などを求めた。不採択になったが、「落胆はしていない」。

富山市議会6月定例会に提出された請願・陳情の取り扱いを話し合う議会運営委員会＝2017年6月5日、市役所議会棟

委員会での審査を傍聴し、議員が真剣に話し合ってくれたと感じたからだ。

「請願として市民の声が届くたび、採択すべきかどうか、うんと悩んでほしい。それが議会の活性化につながる」

13――個人の賛否

公開で増す緊張・責任

市議が席上のボタンを押すと、議場の壁のモニター画面に各自の賛否が示される。色は国会の表決に準じ、賛成が白、反対は青。射水市議会が２０１６年11月から始めた電子採決システムだ。起立採決より、賛否が分かりやすい。

新議場完成に合わせて導入し、富山県内で唯一、稼働するシステムだ。議長の竹内美津子（64）は「賛否を見逃すことが絶対にない。ガラス張りの状態で、見て、聞いてもらうのが一番」と語る。

――

議会には、議決権が与えられている。行政側が予算や条例などの議案を提出しても、議会が首を縦に振らない限り仕事はできない。議会の力の源泉といえ、だからこそ各議員の賛否は重い。投票に際しての判断材料にもなる。

富山県と15市町村の計16議会で各議員の賛否公開状況を調べると、高岡、射水、黒部、滑川、入善の５議会が議会報とホームページ（ＨＰ）の両方で実施。４議会は議会報かＨＰのどちらか。情報公開請求が必要なところを含めて７議会が非公開だった。

３月定例会分から公開を始めた高岡は、これまでは議会報に「賛成多数」「全会一致」などと記すだけだった。議長の曽田康司（53）は、取り組みによって議員が緊張を持って採決に臨み、責任感が増す効果があると説明する。

「オブラートに包むのではなく、名前を出して伝えると『何でそうしたの』と聞く市民への説明責任が生じる。『会派が決めたから』という理由では駄目。しっかり自分の考えを持つようになる」

政務活動費の不正が相次いだ富山は、３月定例会で「開かれた議会」を求める請願を受け、重い腰を上げた。議会報には紙面に限りがあるため、近くＨＰに全員分を載せる見込みという。朝日も今後、議会報とＨＰで公開する。

――

賛否を知るには情報公開請求をしなければならないの

は砺波、南砺、舟橋だ。砺波は現状では議会報に「全会一致」などと記しているだけで、議長の今藤久之（60）は「興味があれば傍聴でき、ケーブルテレビでも採決の様子を流している」。

上市と立山は個々の賛否を記録しておらず、請求しても分からない。上市の議長、松谷英真（59）は公開を求める町民がいないことを根拠に、議会報への賛否掲載を「ページの無駄」と言い、「要望があれば考える」と話す。

―――

各議員の賛否に関する早稲田大マニフェスト研究所の全国調査（2015年度）によると、54％の議会が議会報などの紙媒体、44％がインターネットで公開している。一方、非公開も24％ある。

15年度の研究所の議会改革度ランキングで2位になった滋賀県大津市議会。賛否公表にも積極的で、議会報とHP、議場のモニター、テレビのデータ放送と四つの手段で知らせている。

前広報広聴委員長の竹内照夫（60）は「賛成、反対を言うのが議員の仕事。公開は当たり前。しない方がおかしい」と指摘。「自分が入れた人がどのような態度をとったか、市民にも知る権利があるはずだ」と強調した。

大津は先駆的な姿勢で知られ、その取り組みを支えているのが議会事務局だった。

議員個人の賛否

富山県	**公　開**	HP
富山市	**非公開**	
高岡市	**公　開**	議会報、HP
射水市	**公　開**	議会報、HP、M
魚津市	**公　開**	議会報
氷見市	**公　開**	HP
滑川市	**公　開**	議会報、HP
黒部市	**公　開**	議会報、HP
砺波市	**非公開**	
小矢部市	**公　開**	議会報
南砺市	**非公開**	
上市町	**非公開**	
立山町	**非公開**	
入善町	**公　開**	議会報、HP
朝日町	**非公開**	
舟橋村	**非公開**	

※HPはホームページ、Mは議場のモニター、非公開は情報公開請求が必要な場合も含む（2017年6月時点）

議員名と賛否が一目で分かるモニター＝射水市議場

14——事務局

政策立案 議員と協働

「議会事務局」から「議会局」への変更、条例の立案をサポートする政策法制係の新設、政務活動費の適正使用のための条例改正、電子採決…。

先進的な改革で知られる滋賀県大津市議会。原動力は議会局次長の清水克士（54）の存在だ。

——

眼鏡のためか一見スマートに映るが、常に冗談を絶やさない関西人。前任の産業政策課で企業誘致を手掛けたことも「言葉悪いけど税金でばくちしてるみたいで、すごく刺激的だった」と笑う。

２００９年に議会事務局に異動した。元の職場の仲間に「議員の言う通りにしてればいいだけやろ」、事務局の同僚には「ここはええとこやでえ。しっかり休めるし」と言われた。「つまらんとこに来た」というのが本音だった。

変わるきっかけは、政活費だった。空気清浄機を買った議員がおり「『きれいな空気で話さなあかん』て言うから、それちゃいますよ、と」。11年に条例を改正。購入前に会派で審査し、議長も是非を判断し、是正できるようにした。

改革は続く。「議会の政策立案をサポートする体制をつくらなあかん」と、法規に詳しい人材を置くよう提案。13年に政策法制係ができ、職員２人が就いた。結果、議員提案条例が毎年成立し、行政側の予算案や条例案への修正が増えた。前議長の鷲見《すみ》達夫（69）は「議員は法律の業務の経験がほとんどない。支援のおかげ」と感謝する。

清水が意識するのは「議員との協働」だ。「決めるのは議員だから補助でいいと思うのではなく、並んで一緒にやりましょうよ、と」。政活費の条例改正では、議会運営委員会で、反対する議員と徹底的にやり合った経験もある。

電子採決の結果を議場のモニター画面で示すことを提案し、14年に実現。「『見える化』になるし、起立採決と違って公式記録を簡単に残せる」。15年には「議会局」に名前を変えた。「『議会事務局』だと、受け身のルーティンワークをこなす『議員のお世話係的組織』とのイメージを発信してしまうから」という。

補助役脱し「軍師」に

これまで議会事務局の主な仕事は議会運営と庶務だといわれていた。実際、地方自治法にも06年まで「議会の庶務に従事する」とあったが、自治体の権限が広がり、地方制度調査会は09年、事務局の体制強化や職員の育成を求めた。

ただ、行政組織のスリム化が進む中、事務局に配置できる人数は限られる。大津は16人。富山県内をみると県に28人、富山は24人、高岡は11人いるが、残る13市町村は1桁だ。朝日と上市は2人で、舟橋は1人しかいない。

そこで、議会の連携を提案するのが中央大教授、佐々木信夫（69）だ。条例作成や予算の点検で議員を支える「法制局」を近隣の議会で共同設置すべきだと言う。原資には政活費を充てる。「首長と対抗できる能力を持つ議会に変えていくべきだ」と訴える。

清水も動いている。自ら中心となって16年5月に滋賀の13市の事務局で「軍師ネットワーク」をつくった。武将に物申す軍師のように、職員も議員に提案する参謀であれ、との思いを名称に込めた。年3回集まり、意見交換を重ねる。「ノウハウを近畿、全国に広め、うちのやり方で天下統一じゃあ、と飲んだら言うてます」

職員にアドバイスする清水（左）＝大津市議会局

15——議員定数

地域で根拠考える時

2017年5月25日にウイング・ウイング高岡であった高岡市議会の議会報告会。議会改革検討委員長の荒木泰行（74）が、政務活動費の不正を受けて策定した取り組みを説明した。その一つに、同年10月の改選から議員定数を30から27に減らすことがあった。

話の後、参加者に意見を募ると、男性2人がマイクを握った。

「金沢などと同じように人口1万人当たり議員が1人とすれば、高岡は17人でいい」

「なぜ減らすのか。一人でも多くの議員を出して、民意を反映させるのが重要だ」

2人の考えは正反対だ。議論を引き取った荒木は「それぞれの捉え方があると思う。議員自ら襟を正そうということで削減した」と理解を求めた。

地方議員の数は人口に応じた形になるよう地方自治法が定めていたが、1999年から議会自ら条例で決められるようになった。だが、行財政改革で歳出カットを求められると、多くの議会は同規模の自治体と比べて定数を削減している。そこに明確な根拠はない。

——

同じように政活費不正が相次いだ富山市議会も、17年4月の市議選から定数を40から38にした。

15年度に行った議員定数問題懇談会では、人口が似ている10市の平均が38・8という「横並び意識」を基に最大会派の自民党が2減を提案。賛成多数で決まった。

社民、共産両党は反対した。社民代表の村石篤（63）は「市町村議は身近な存在であるべき。多いほど市民の声を受け止めやすい」と強調。人口減少に伴い、市は公共施設の統廃合など新たな課題に直面すると言い「議員の仕事はむしろ増える。そんな時に削減するのはおかしい」と主張する。

対照的なのが1人会派「フォーラム38」の大島満（59）だ。初当選した16年11月の市議補選から定数削減を訴えている。掲げる定数は28。浮いたコストを報酬増に充て、当局と対峙できる精鋭をそろえるべきだと考える。議会報告会で住民との対話を重ねれば、民意はくみ取れるという。

維持・削減正解なく

「維持」「削減」と対極の意見が出るのは、正解がないことの裏返しともいえる。では、地方自治の専門家はどう見るのだろう。

中央大教授、佐々木信夫(69)は「定数の根拠はどこにもない」と言う。人口約400人の高知県大川村が、村議の定数確保が難しいため議会の廃止を検討していることを受け「社会が変わったのに、戦後に決めた制度を抜本的に変えなかった結果だ。ようやく『定数とは』という〝そもそも論〟が始まった」と語る。

佐々木が提案する一例が、議員同士の討論を重視する方法だ。審議の中心は常任委員会であり、活発な議論には7人は必要。よって定数は「委員会×7」にする。そうなれば県は35、富山、高岡両市は28となる。

何人がいいのか—。定数を自由に決められるようになってからも、突っ込んだ議論は聞こえてこない。議会の存在意義が問われたいまこそ、議員と有権者が共に考える時だ。

	定数	人口	議員1人当たり人口	常任委員会の数
富山県	40	105万7570	2万6439	5
富山市	38	41万7760	1万0994	4
高岡市	30	17万0658	5689	4
射水市	22	9万1610	4164	3
南砺市	20	5万0187	2509	3
砺波市	18	4万8672	2704	3
黒部市	18	4万0817	2268	3
氷見市	17	4万6835	2755	3
魚津市	17	4万2279	2487	3
小矢部市	16	2万9871	1867	3
滑川市	15	3万2622	2175	3
立山町	14	2万5999	1857	2
入善町	14	2万4943	1782	2
上市町	12	2万0538	1712	2
朝日町	10	1万1788	1179	2
舟橋村	8	2991	374	2

※自治体は定数の順。人口は2017年5月1日時点

議員定数について両極の意見が出た高岡市議会の報告会＝2017年5月25日、ウイング・ウイング高岡

16——18歳選挙権

生徒の声 議会に反映

「育児の不安を減らすため小児科を充実させたらどうか」「産婦人科を新設した方がいい」「小児科の安易な『コンビニ受診』は抑制すべきだ」

岐阜県可児《かに》市議会が2月上旬に開いた「高校生議会」だ。提言するのは県立可児高校の1、2年生35人。生徒に政治や行政に関心を高めてもらう狙いがある。

2016年6月に選挙権年齢を18歳以上に引き下げる改正公選法が施行。主権者教育の重要性が指摘されるが、可児の高校生議会は14年から始まっていた。

——

きっかけは議会基本条例策定だった。市議らが12年、条文での「市民」の定義を考えていた際に川上文浩（56）が投げ掛けた。「若者も市民だけど意見を聞いてないよね」

名古屋市にほど近い人口10万人の可児市にとって、若者の都市部流出は大きな課題だった。可児高も地元の問題を考えることを通じて自らの将来像を描くキャリア教育を進めようとしており、両者の思いが合致した。

高校生議会は「議員体験」ではない。全ての意見は市議会運営委員会に報告され、内容に応じて各委員会に振り分ける。「きらりと光る意見がある」と川上。本会議で市に提言する時もある。

自覚増し投票率90%

2017年は医師不足がテーマの一つ。小児科と産婦人科のどちらを充実すべきか、と具体的に投げ掛けた。生徒たちは事前学習を踏まえ、冒頭のようにグループごとに意見を発表した。

参加した可児大耀《たいよう》（2年）は「それまで議会なんてイメージも湧かなかった」と明かし「事前学習で議員さん

と話し合い、熱心な人がいると分かった」。議会活動を経て「『たかが一票』とは考えなくなった」と話した。

16年7月にあった参院選では同校の生徒の投票率が90・1%と、全国平均の51・28%を大きく上回った。議長の澤野伸（43）は「社会の一員であるという意識が生徒に芽生えた結果ではないか」。

2年後には市議選が控える。川上は「若者の投票率が高いと我々もいい意味で緊張感が増す。議会として若者向きの政策も提案しないと」と意欲的だ。

高校生議会で意見を述べる生徒ら＝2017年2月上旬、岐阜県可児市の議場

―

先の参院選で富山県内の18歳投票率は47・32%と全国平均を下回り、4月の富山市議選も30・88%（抽出調査）と低かった。一方、主権者教育は県と市町村の計16議会のうち県など6議会が取り組むものの、10議会は「なし」と答えた。

県議会は大学生と意見交換会を行い、高校生議会も開いている。主権者教育のさらなる充実を検討する小委員会委員長の藤井裕久（55）は受験や政治的中立性など制約はあるとしつつ、「一票の重みを若いうちに感じてもらうことはいいことだ」と前向きに語った。

県内議会の主権者教育

	内容
富山県	学生との意見交換会、模擬議会、県教委や県選管との連携など
高岡市	市選管と連携
滑川市	議場見学会
南砺市	市の子ども議会に協力
上市町	高校生との意見交換の内容を議会報に掲載
入善町	町選管と連携

第5部　傍聴に行こう

「開かれた議会」の主役は、住民でもある。政治参加のはじめの一歩は議論を聞くところから。

締めくくりとなる第5部は、傍聴について考える。

1——良い質問

主張は事実・分析 基に

議員報酬引き上げや政務活動費の不正発覚を機に県内の議会は２０１６年度、かつてないほど注目を集めた。結果、議場に足を運んだ県民が増えた。例えば富山市議会。15年度の本会議の傍聴者数は２８５人で、１日当たり13人。一方、16年度は７４０人となり、１日当たりでも30人に増えた。

しかし、議場で戸惑う人は少なくない。議事の進行や用語は独特。傍聴者に配られる資料も、質問者の名前とテーマが書かれた簡単なものがほとんどだ。

一連の問題を機に傍聴を始めた富山市布瀬町の小原悦子（69）は17年6月8日、市議会の一般質問に耳を傾けた。ただ、「もう少し詳しい資料を作り、ホームページに載せればいいのに」と注文する。

小原が抱くような質問を巡る不満は幾つも聞こえる。「意図が分からない」「市民に分かってもらう気がないのでは」「数字を確認しているだけ」

では、良い質問とは何なのか。11年から地方議員に「質問力研修」を行う研究者が龍谷大（京都市）にいる。

―

「自分の活動や知見を集約し、問いただすことを通じて自治体の政策や制度の在り方を監視したり、提言したりする機会なんです」。研修を担当する政策学部教授、土山希美枝（45）は一般質問の意義を説明する。

質問を構成

富山市議会の本会議で一般質問をする議員（手前）＝2017年6月9日、同市議場

する要素を（1）事実（2）分析（3）主張―に大別。主張に重きを置く議員は多いが、「三つをうまく組み合わせ、聞いている人がすとんと納得できるようにするのが『論を磨く』ということ」と語る。

「行政側は事実を否定できない。だから事実は説得力を持つ」とも。例えば「市民が怒っている」ではなく「子育て中のお母さん100人に聞いたら、こうでした」と具体的に提示すべきと助言する。

では、悪い例は―。土山は「もったいない質問」と「残念な質問」を挙げる。前者は、意欲は認められるものの、下調べ不足で事実があいまいだったり、思いが強いあまり論点を整理できず散漫になったりする質問だ。

「残念な質問」は、既に公表されている数字を尋ねるだけで終わったり、市政の何が問題なのかという考えを述べなかったりするケースだ。つまり、主張が欠落しているということ。議員の資質も問われかねない。

中には「いや、この数字を尋ねさえすれば、首長はビビッとくる」と反論する議員もいる。だが、土山は「暗黙の了解で何かが発動するのかもしれないが、それでは市民に見えない」と否定する。

「市民の前で公式見解として答弁を引っ張り出すことに意味がある」と強調。さらに、主張への共感を広げるため、聞く人に分かりやすい言葉を使う努力も求められると言う。

「ぜひ傍聴を」と、土山は呼び掛ける。「がっかりすることもあるかもしれない。でも、議員がどんな課題に気付き、問題提起し、主張をしているのか確かめてほしい。そして、そこに共感できたら褒めてあげてほしい」

「残念」「もったいない」質問

- 数字を確認するだけ
- 問題意識がない
- 下調べが足りない
- 論点が散漫
- 分かりにくい　など

（土山教授による）

2——通信簿

議員の活動〝星〟で採点

ミニコミ紙「ザ・ギャラリー」には、市議一人一人の欄に「★」が並ぶ。数は一つから五つまで。神奈川県の住民グループ「相模原市議会をよくする会」が、2015年1月に発行した〝通信簿〟だ。本会議と委員会を手分けして傍聴するメンバー7人が、星の数を判定する。

採点基準は9項目。地方自治の知識の有無や政策の立案状況を見る「基礎的能力」のほか、行政チェック度、公約達成度、議会報告、議会内態度・姿勢、政務調査活動、人間性、特性、好感度だ。

コメント欄では、五つ星の議員を「市政チェックの筆頭格」と褒めつつ、星一つのベテランは「無定見（定まった意見がない）」とばっさり。評価に憤る議員もいるが、メンバーは「根拠はいくらでも示せる」と意に介さない。

17年6月15日にあった相模原市議会建設委員会。傍聴席には「よくする会」代表の赤倉昭男（80）らメンバー3人が陣取り、議員と行政側のやり取りに聞き入っていた。赤倉は大学卒業後、広告大手の博報堂に就職。30代半ばで電子部品大手のTDKに移り、米国、オーストラリアなどに駐在した。

約72万人が暮らす相模原市は隣接する東京のベッドタウンだ。赤倉も都心に通勤し、市政や地元のことには目を向けてこなかった。しかし、定年退職を前に自治会長に就くと、地域の課題がなかなか解決しない状況に直面し、市への不満が膨らんだ。

議会は行政をただしているのか――。1999年春、そんな思いで議場に足を運び、心底驚いた。審議中にもかかわらず、議員たちは議場の入退室を繰り返したり、居眠りをしたり。通信簿を作ろうと思い立ち、同年5月、仲間と共に会を発足させた。

有権者を啓発する意図もあった。「市民の評価」は「選挙結果」だが、「多くが議場の姿ではなく、地域活動ばかり見ている」。その偏りをなくそうとミニコミ紙を年４回発行し、通信簿は市議選の直前に載せる。

議論に緊張感増す

「緊張感を持たせてくれる存在。議会に一石を投じたことは確か」。現議長の沼倉孝太（70）＝自民＝は言う。

赤倉（左）らが傍聴する相模原市議会の委員会と議員の通信簿のコラージュ

ただ、自身が星二つだったことも踏まえ「インフラ整備など地域で汗をかいているのに、そういう仕事を反映していない」と反発。総じて保守系議員の評価が低いとし「市政に貢献しているのに、われわれの点数が高くないのは価値観が異なるから。偏っている」。

赤倉たちの反論はこうだ。

議員の本分は議会で議論すること。政治的には不偏不党で、採点に政治信条や主義・主張、政策の善しあしは入っていない。首長と議会が競い合う「二元代表制」を重視しており、市長の〝与党〟として行動した保守系会派は行政チェック度の点は低くなる。

――

赤倉は戦時中、父の古里である富山県氷見市に2年間疎開していた。それだけに富山での議会の不祥事を「恥ずかしかった。市民の監視が不十分だったのでは」。相模原で20年近く傍聴を続けた結果、「議論の質が上がってきた。見られているという緊張感が伝わってくる」と語る。その上で、富山の有権者にメッセージを送る。まず、市民が「傍聴すれば議員の実力はすぐに分かる。議場に行かなければ」

3——休日議会

満席に張り切る議員

2017年3月11日の滑川市役所は、いつもの静かな週末とは違った。高校生からお年寄りまで大勢の市民が詰め掛けてくる。目的は「土曜議会」。駐車場はいっぱい。50ある傍聴席も全て埋まり、1階ロビーでは入りきれなかった人たちがテレビ中継に見入っていた。

この日の本会議では7人が一般質問した。「海上観光船の運航中止による各業種の損失額は」「試算はしていないが、宿泊業や飲食店など波及は多岐にわたる」。市政課題を巡るやりとりが続いた。

質問者も、答える行政側も力が入ったようだ。議長の中島勲(69)=3期、田中町=は「みんな『よしっ』ていう感じ。やっぱり、後ろにたくさん人がいると頑張る。市職員も答弁書の棒読みじゃまずいしね」と振り返る。

初めて傍聴に来た滑川市荒俣、会社員、手嶋邦弘(47)は「議員それぞれの個性が出ていて、意外と面白い」と語る。「平日は来られないので、こういう機会はありがたい」

——

本会議は通常、平日の日中に開かれる。サラリーマンらが議場に足を運ぶのは極めて難しく、土・日曜や夜間に「休日議会」「夜間議会」を開く自治体がある。近頃は、議員のなり手不足を受け、勤め先を辞めなくても活動できる方策としても注目される。

滑川市議会は16年9月、議会基本条例を制定。条文でうたう「開かれた議会」の具体策として、初めて土曜議会を開いた。結果、92人が来場。過去5年にわたる一般質問の傍聴者の平均は4・4人。その21倍に当たる。

「マンネリ」克服が鍵

全国市議会議長会などによると、15年に休日議会を開いたのは全国51カ所、夜間議会は21カ所にとどまる。行政職員の負担増も課題となるが、最大の壁は継続の難しさだ。最初は珍しがって大勢来るものの次第に減少していく。

早稲田大マニフェスト研究所の15年度の調査によると「過去に実施したが、今はしていない」と答えたのは137議会に上った。県内でも旧大門、大沢野両町議会が行っていたが、合併後の射水、富山両市議会は開いていない。

ピンチを乗り越えた議会がある。山形県上山市議会だ。年1回、秋季の日曜に一般質問を行う「サンデー議会」を20年近く続けている。最初の1998年こそ168人が来たが、徐々にマンネリ化して少なくなり、2007年には39人にまで落ち込んだ。

危機感を持った議員15人はPRに力を入れ、議会報告会でも来場を呼び掛けた。手作りのポスターも若者の目に入るよう掲示場所を工夫。行事が多い秋ではなく冬に開くと、15年には111人、16年は117人と100人を超えた。

議長の高橋義明（66）は、議場に足を運んでもらう意義を「その場にいるからこそ『議会は自分たちのことを話しているんだ』という実感がいっそう湧く。議員も張り合いが出る」と強調する。

滑川は今後も年1回、土曜議会を開いていく予定で、高岡も検討する。傍聴はインターネットやケーブルテレビでもできるが、滑川ではこんな声が聞こえた。

「厳粛なイメージがあったけど、笑いも起こっていた」「ナマで見る方が感情が伝わる」

カメラは質問者以外の議員の姿をまず捉えない。マイクが拾えないやじもある。ネットでは分からない議員の態度や真剣さも、議場ではあらわになる。

――

滑川市議会が初めて行った土曜議会。後方の傍聴席は全て埋まった＝2017年3月11日、同市議場

4――改革

道半ばでも一歩ずつ

2017年6月20日の富山市議会本会議で、市民が出した一つの請願が議論になった。

本会議の一般質問の持ち時間に関する内容だ。市議会は5月17日、それまでの「1人当たり年90分」の持ち時間を120分に拡大することを決めたが、それでは不十分だと指摘した。少数会派「光」が紹介議員を引き受けた。

本会議で最大会派の自民党は「議会で一つの答えを出した。請願は決定を軽視している」と不採択を主張。一方、共産党は「請願は誰にとっても当たり前の政治参加だ」、光も「市民の意見を真摯《しんし》に受け止めるべき」と訴えた。採決の結果、不採択となった。

請願を出したのは、富山市下番(大山)の自営業、中川岳志(50)。政務活動費の不正に憤りを抱き、2016年秋以降、傍聴を重ねる。17年4月の市議選前には投票率アップに向け、各議員の議案への賛否を載せたパンフレットを作り、有権者に配った。

請願は「質問は議員の大事な仕事。定例会ごとに十分に行えるようになれば」との気持ちからだった。傍聴した20日の本会議で思いを切り捨てられ「市民の方を向いた議論じゃなかった。私だけじゃなく、みんなが関心を持たないと議会は変わらない」。

――

議会に関心がない―。こうした意識は若者たちにより顕著だ。政活費不正の後で全国的に注目を集めた市議選の投票率は、05年の新市発足以降で最低となる47・83%。中でも20代は23・71%と低さが際立つ。

県選管は16年の5月と8月、若者の投票率アップをテーマに学生同士の意見交換会を開いた。富山大人間発達科学部の女子学生(21)は2回とも参加したが、「投票に行ったことがない」と正直に明かす。「議会は大事と分かってはいるけど、遠い存在。自分には関係ないからかな」

――

富山市議会が議員報酬を月10万円アップして70万円にすると決めたのは、ちょうど1年前の6月だ。その後、政活費不正で県議と富山、高岡両市議の18人がバッジを外した。「市民の無関心」を逆手にとり、閉鎖的で独善的な議会をつくったことが背景だった。

不祥事をきっかけに、県内各地で改革に向けた取り組みが進む。県議会は27日、議会の憲法と呼ばれる「基本条例」制定に向け、正式な協議を始める。しかし、その会議を県民は傍聴できない。「開かれた議会」をどう実現するのかを〝密室〟で話し合う。

さらに富山市議会。早稲田大マニフェスト研究所による2016年度の改革度ランキング（中核市）は、順位を二つ下げてワースト2位に。同様の不正が14年7月に発覚した兵庫県議会が、14位だったランキング（都道府県）を14年度に7位に上げ、15年度にはトップに輝いたのと対照的だ。

市議会改革検討調査会の17年度の実質的な協議は5月17日の1度だけで、次回日程は未定。基本条例への道筋も見えない。

県議会の一般質問を傍聴する県民ら＝2017年6月19日、県議事堂

元総務相の片山善博（65）は「地方自治は〝自業自得〟の仕組み」と言い、「住民が立ち上がらなければ、落ちるところまで落ちる。どこの議会も市民参画が欠けている。市民が議場にいれば緊張感は保たれる」と説く。

議会再生は道半ばだ。「議員任せ」では歩みはおぼつかない。原動力となる住民の姿勢が、いま改めて問われている。

連載後記

２０１６年は夏から晩秋にかけて新たな不正の発覚など日々の事案を報ずることに忙殺された。怪しい領収書を探し、議員の前に突き付け、不正を認めさせて首をとる―。言い方は悪いが、そのような報道がほとんどだった。

それだけに、地方議会取材班のメンバーの間ではある共通する思いが芽生えていた。

「捕物帳で終わらせたくない」

ずっと議会と向き合ってきた自負と、蓄積がある。政務活動費や議員報酬をはじめ議会のあり方について腰を落ち着けて背景や深層をえぐり出し、問題を掘り下げた記事を掲載したいと思い始めていた。それこそが、新聞、中でも地方紙の使命だと思った。

数回では終われない。連載の形で、少なくとも50回以上は必要と考えた。11月に入ってから構想を練り、企画書を作り始めた。日々の取材は社会部の浜浦徹部長デスクや遊軍記者に担ってもらい、連載の準備を開始。17年の元日からスタートし、６月22日付朝刊に57回目を掲載し、とりあえずキャンペーンは一段落した。

これまでに不正や不適切に返還された議員・会派と金額（税込み、17年11月1日現在）は、県議会が11人で１７３０万５２３５円、富山市議会が20人２会派で４９７６万９９３５円、高岡市議会が５

人1会派で358万8864円。総計は7066万4034円に上る。

全国に汚名を広めた相次ぐ不正と、それをただす一連の記事によって、信頼が地に落ちた富山の議会は再生できたといえるのだろうか。

例えば、県議会。「議会の憲法」と言われる基本条例を制定するため、6月に検討会議を設けた。自らの意志で積極的に改革を進めようという県議らの気持ちも伝わってきたし、実際にそんな話も聞いた。

しかし、その検討会議は、市民が傍聴したり、メディアが取材したりすることができない。後日、議事録を公開するものの、外部の視線がない〝密室〟で協議している。「静かな環境で議論したい」「議会のルールを決める条例。議員だけで話し合えばよい」。議員たちは、そう弁明した。

『開かれた議会』への方策を秘密裏で話し合う」という冗談のような状況に、北日本新聞をはじめ各社は批判的に報道したが、議員らはどこ吹く風だ。ようやく会議を公開したのは11月30日の6回目の会合からだった。

14人がバッジを外した富山市議会。補選、本選と2回の洗礼を受け、議員たちの顔触れは変わった。第三者機関や「実質後払い制」を導入するなど政活費の不正対策は確実に進んだ。

「辞職ドミノ」以降はさすがに襟を正したようだが、以前のものについては新たな不正も判明している。9月5日には市民や団体による監査請求によって、新たに約196万円を市議や自民党会派が返還することになった。さらに、富山地裁では計2100万円弱を返還するよう求める住民訴訟が2件係争中だ。

「開かれた議会」に向けた取り組みはどうか。17年度になっても改革を求める請願を不採択にするなど、市民に歩み寄る姿勢があるとはいい難い。議会基本条例への取り組みも「長期的課題」と位置付けており、積極的には見えない。

改めて17年8月に政務活動費についての調査を実施した。支給していない舟橋村を除く県内15議会のうち、9議会が領収書などの関連資料のインターネットによる公開を始め、11議会が運用指針を制定・改定していた。

全国的な平均から見れば、県内は厳しい仕組みを導入している。ただ、第三者機関の設置は3議会、後払い制の導入は2議会にとどまる。①領収書のネット公開②第三者機関のチェック③後払い制―という「不正の三大対策」を全てを導入しているところはまだない。

政活費の不正防止策と制度見直しの状況

	ネット公開	第三者機関	後払い制	指針の制定・改定
富山県	○	○	×	○
富山市	×	○	×	○
高岡市	×	○	×	○
射水市	○	×	○	×
魚津市	○	×	×	○
氷見市	○	×	×	○
滑川市	○	×	×	×
黒部市	○	×	×	○
砺波市	×	×	×	○
小矢部市	×	×	×	×
南砺市	×	×	×	○
上市町	○	×	×	○
立山町	×	×	×	×
入善町	○	×	○	○
朝日町	○	×	×	○

※政活費を支給していない舟橋村は除く
ネット公開:領収書のインターネット公開
見直し:2016年9月以降に政活費に関する制度を変更した

議会基本条例も、導入を検討しているのは未制定の11議会中4議会だけ。その4議会も、どれだけ実効性や中身が伴った条例になるのか分からない。他議会の条例をコピーしたような条文で、「改革しましたよ」という免罪符にしてもらっては困る。

さらに、どんなに素晴らしい条例であっても、それを運用する側の意識が高くないと形骸化する。高岡市議会が基本条例で市民の請願・陳情の意見陳述を「機会を設けることができる」としながらも、そうした場をほとんど開かないのはその典型といえる。

連載の最終回でも書いたが、「議会再生」はまだ道半ばだ。取材をすればするほど、新たな課題が見えてくる。新聞がやらなければならない仕事は、まだまだある。

ギカイのはてな?　とやま議会考

【中継】

富山市議会が審議を中継しないのはどうしてでしょうか？知る権利が損なわれています。

2016年6月26日　富山市星井町・自営業　**堀博一**さん（69）

富山県内の15市町村議会のうち、富山市と舟橋村だけが、本会議をケーブルテレビ（CATV）やインターネットで中継していない。共に費用などを理由に挙げている。富山市議会は議員報酬引き上げを巡り、市民から「議員の活動が見えない」と批判を受けており、増額を答申した有識者による審議会も中継の早期実現を求めた。市議会は来春以降の導入を念頭に議論をしているが、実現のめどは立っていない。

富山・舟橋　費用がネック

15市町村の議会事務局にアンケートし、本会議と委員会の中継方法を聞いた。富山と舟橋を除く13市町のうち、CATVで本会議の中継と録画放映を行っているのは7市町。ネットでは8市町が本会議を中継もしくは録画配信していると回答した。

富山市議会は、自民、公明、民政クラブの3会派の市議12人でつくる議会改革検討調査会（非公開）で中継を検討している。議論を本格的に始めたのは2011年。当初はCATVを検討したが、設備投資が高額になることや、婦中・山田両地域はケーブルテレビ局が異なるため、実現が困難であることが分かったという。

一方、ネット中継は14年2月の調査会で検討することで一致。15年11月の調査会で自民党が「17年春の市議選後の導入を目指せばどうか」と提案し、16年度に協議するとした。調査会は6月29日に16年度の初会合を開くが、中継については「いつ議論するか分からない」（議会事務局）。導入した場合の初年度の経費は約400万円という。

市議の報酬引き上げを5月に答申した市特別職報酬等審議会。増額に合わせ「議員活動の内容を市民に分かりやすく丁寧に示し、その成果について市民の納得が得られるよう努められたい」との意見を付け、ネット中継やCATV活用の早期実現を求めた。

市によると、全国の中核市47市のうちCATVかネットで議会を中継していないのは富山市だけ。市議会の市田龍一議長は「中継は審議会の付帯意見にもあるように議会改革の重要なテーマ。調査会の議論を見守りたい」と話す。

舟橋村は中継に数百万円かかることや、議会が開かれている日中は働いている村民が多いため中継へのニーズがないとし「導入は予定していない」（議会事務局）と言う。

県内市町村議会の中継

	ＣＡＴＶ		インターネット	
	本会議	委員会	本会議	委員会
富山市	×	×	×	×
高岡市	□	×	×	×
射水市	○	○※	△	△※
魚津市	○	×	□	×
氷見市	○	×	△	×
滑川市	○	×	×	×
黒部市	□	×	□	×
砺波市	△	×	△	×
小矢部市	○	○※	△	×
南砺市	△	×	□	□
上市町	○	×	×	×
立山町	○	×	×	×
入善町	□	×	□	×
朝日町	□	×	×	×
舟橋村	×	×	×	×

○…中継・録画　□…中継のみ　△…録画のみ　×…なし
※予算特別委のみ

南砺は全委員会も配信

積極的に情報公開する議会もある。南砺市は本会議に加えて常任委員会も中継。射水市は、議員の提案で今春からケーブルテレビ中継だけでなく、インターネットで過去の審議も見られるようにした。

南砺市は２０１４年６月から、総務文教と産業建設、民生病院の各委員会をネット中継している。同年４月施行の議会基本条例に基づいて始めた。アクセスした人は本会議のみの頃の約１００人から、２５０人ほどに増えた。

射水市は本会議と予算特別委員会のＣＡＴＶによる中継・録画に加え、３月からネットでの録画配信を加えた。現在は３月定例会が見られる。５月末までのアクセス件数は１日平均６件と少なく、市は「広く周知していきたい」（議会事務局）と話す。

取材班から

中継の有無の一覧表を見て、改めて富山市議会の閉鎖性を感じた人も多いのではないでしょうか。県内で最も広い富山市で中継しないのでは、「見たいなら議場に来い」という姿勢に映りかねません。個々に聞くと中継を望む市議もおり、まずは調査会の議論に注目したいと思います。

【議長の職】

議長が短い期間で交代するのはいかがなものでしょうか?・
腰を据え、率先して行政のチェック機能を果たすべきです。

2016年7月1日　射水市大門・元大門町議　**江尻鉄雄**さん(88)ほか

富山県内15市町村議会の議長＝🔍＝の任期を調べたところ、富山市をはじめ6市が原則として1年ごとに交代し、6市町が2年で交代していた。法的には4年となっているが、多くの議員が就けるように期間を細切れにしているのが実態だ。市民には「たらい回し」にも見える慣例に、専門家は行政に対抗できる権威と識見が必要だとして「4年が望ましい」と指摘する。

6市、1年で暗黙の交代

地方自治法は「議長および副議長の任期は、議員の任期（4年）による」としており、4年と規定している。

北日本新聞は議会事務局や議員らにアンケートや取材を行い、過去10年の実態を調べた。例外はあるものの原則1年交代は富山、高岡、射水、魚津、砺波、南砺の6市。2年交代は氷見、上市、立山、入善、朝日、舟橋の6市町村。定数が多い議会の方が1年で代わる傾向が強い。

県外でも同様だ。全国市議会議長会によると、全国813市議会で最も多いのは2年交代の51％で、次いで1年が27％。一方、全国町村議会議長会によると、928町村議会で最も多いのは4年交代で55％に上る。2年は37％、1年は6％しかなかった。

背景は何か。県内のある議長が解説する。「どこの議会でも、多くの仲間に議長を経験させたいのが実情」とした上で、「議員が多い議会は1年交代でポストを回さなければ大勢が就けないし、定数が少なければ2年以上でも回る」。

議長ポストはそれほど魅力的なのか。例えば富山市。名誉はもちろん、議長の報酬は月71万5千円と他の議員より11万5千円高い。専用の部屋と黒塗りの公用車が与えられ、議会事務局の職員が秘書の役割を務める。他の市町村も報酬やボーナス（期末手当）などで一般の議員より厚遇されている。

短期交代が目立つ中、ここ10年で4年務めた議長が小矢部、滑川両市に2人いる。小矢部は前議長の中村重樹氏(65)。当時の状況を「1年交代では1期目の市議が議長に就くことになった。それを避けるため1年で辞めなかった」と説明する。その後、会派の対立も絡み、2010年9月から14年9月まで務めた。

中村氏は、市の政策は2～4年単位で進むことが多いと言い、4年間務めたことを「目先にとらわれず、政策を長い視点で見られた」と振り返る。その上で「就任を望む市議もおり、正直、しんどい面もあったが、最低でも2年はやったほうが良い」。

現議長の石田義弘氏（58）は2年目を迎えており「県や国に人脈をつくるのは1年では無理」。実際、1年交代の県西部のある議長は「やっと仕事が分かったというところで任期が終わる」とこぼす。

滑川市議会は砂原孝氏（76）の4年（05～09年）から1年までとまちまちだ。会派間の調整がつかず議長選になることもあるが、現議長の中島勲氏（68）は「議会内の話し合いではなく、市民に見える形で投票して選んだ方が良い」。黒部市議会は12年以降は1年交代ではない。議長の木島信秋氏（63）は任期は定まっていないとしつつ、「議長としての仕事や行事の内容は2年目から理解できる。最低2年はすべき」と言う。

全国町村議会議長会は識者による第2次地方（町村）議会活性化研究会（委員長・佐藤竺成蹊大名誉教授）をつくり、06年に最終報告をまとめた。短期交代のデメリットとして▽議長職の形骸化▽代表性と指導性を弱める▽地位の低下と権威の失墜―を指摘。「（行政と）対等同格以上に対応できる権威と見識とが不可欠」とし、4年が望ましいとしている。

議長の任期（2006年～16年）

富山市（40）	慣例で**1年交代**。ただし3年3カ月務めた議長も
高岡市（30）	慣例で**1年交代**
射水市（22）	慣例で**1年交代**
魚津市（17）	慣例で**1年交代**
氷見市（17）	結果として**2年交代**
滑川市（15）	**4年～1年**とまちまち
黒部市（18）	12年まで1年交代。ただし前議長は2年、現議長は2年目
砺波市（20）	慣例で**1年交代**。ただし再選した議長も
小矢部市（16）	10年まで1年交代。ただし前議長は4年、現議長は2年目
南砺市（24）	慣例で**1年交代**
上市町（12）	慣例で**2年交代**
立山町（14）	慣例で**2年交代**
入善町（14）	慣例で**2年交代**
朝日町（10）	慣例で**2年交代**
舟橋村（8）	慣例で**2年交代**

（）内は定数

🔍議長 議会の代表者であり、議場の秩序を保持し、議事を整理し、議会事務を統括する権限を持つ。議員の中で選挙して決めるが、議員に異議がないときは「指名推選」も認められる。指名推選は指名された議員を当選人とするかを会議に諮り、議員全員の同意があれば当選人となり、議長に就ける。

取材班から

議会内の安定、会派の対立、副議長経験など有資格者の数、本人の希望、地元の期待…。「暗黙の交代」の背景にはさまざまな要因がありますが、「名誉職」からの脱皮には、まずは任期から見直すべきともいえそうです。有権者の皆さんも議長に何を求めるか考えてみてはどうでしょうか。

【女性議員の思い】

地方議会は〝男社会〟だと聞きます。女性議員が多いほど生活に密着した議論になると思うのですが。

２０１６年７月８日　富山市清水町・自営業　**松原和仁**さん（69）

富山県内すべての女性市町村議23人に「議会は〝男社会〟？」と尋ねると、過半数の12人が「そう思う」と答えた。大半が圧倒的な男性議員の多さを理由に挙げ「人事が〝男の論理〟で決まる」「女性の意見が通りにくい」との声もあった。県内の女性議員（県議含む）の割合は8・2％と全国平均を下回り、トップの東京都の25・5％との開きも大きい。

過半数が「男社会」

北日本新聞は、女性議員23人に男社会と思うかどうかを選択式で尋ねた。「すごく思う」が3人、「思う」は9人で計12人。一方、「あまり思わない」は11人で、「全く思わない」は0人だった。「すごく思う」とした大楠匡子氏（砺波市、自民会）は「議会人事が〝男の論理〟で決まる。女は政治ができないと決めてかかり、意見を聞かない」と明かす。長崎智子氏（朝日町、無会派）は「男性の考えが優先され、意見が通りにくい」。「すごく思う」「思う」の12人のうち7人が男性議員の多さが理由とした。実際、県内の女性市町村議の割合は8・3％で、県議を含むと8・2％になる。「市川房枝記念会女性と政治センター」（東京）によると全国平均は12・1％（２０１５年６月）で、富山は47都道府県中35位だった。

氷見市、入善町、舟橋村は現在、女性議員がいない。中でも氷見は市制が施行された１９５２年から1人（02～06年）だけ。嶋田茂議長は議員の能力と性別は関係ないとしつつ「山間部を中心に地域の代表は、男性が担うという考えが根強い」と説明する。

女性が少ない理由をおおむね3人に1人が周囲の協力が十分でなく、家事や子育てとの両立が難しいと回答。小島啓子氏（射水市、無会派）は「周囲の理解・協力などが不十分」、澤井峰子氏（立山町、公明の会）は「子育てや介護を担うため、周囲の理解がないと難しい」とした。

赤星ゆかり氏（富山市、共産）は社会の男女格差に加え「組織力、経済力を持たない普通の女性が立候補しにくく、選挙でも勝ちにくい」という。中川加津代氏（高岡市、自民同志会）は「積極的に政治に関わろうとする女性が少ない」と指摘する。

女性と政治センターの久保公子事務局長は政党が女性を積極的に登用し、女性も「男性任せ」の意識を変えなければならないと指摘。「女性議員が福祉や子育てなどの体験を政策に反映させることで、より良い社会になる」と話した。

県内全女性議員アンケート

どうして女性議員が少ない？

（敬称略）

市町	議員	回答	コメント
富山市	赤星ゆかり	A	差別や賃金の男女格差などで社会進出できない
	堀江かず代	C	地域の代表に男性が選ばれることが多い
高岡市	樋詰　和子	C	社会の男女共同参画への理解が不十分
	中川加津代	B	積極的に政治と関わろうとする女性が少ない
射水市	小島　啓子	B	家族や周囲の理解・協力などが不十分
	竹内美津子	B	支持母体を確保することが非常に難しい
魚津市	中瀬　淑美	C	家庭や職場、地域で女性参画を進める意識が低い
	金川　敏子	B	女性を地区の代表として認めない雰囲気がある
	水田万輝子	C	女性議員を増やす取り組みがない。費用もかかる
滑川市	開田　晃江	B	子育てや家庭のため、立候補のタイミングが難しい
	高木　悦子	C	企業や町内会などで女性役員が少ないのと同じ
黒部市	村井　洋子	C	女性自身の関心が低い。あなた任せ
	高野　早苗	B	女性は前に出るべきでないという意識が根強い
砺波市	大楠　匡子	A	自分では務まらないと決めてしまっている女性多い
	山田　順子	C	子育てや家事、仕事などで時間的余裕がない
小矢部市	嶋田　幸恵	C	出産や子育ての時期があり、政治との関わり希薄
	中野留美子	B	志を持つ女性が政治家の仕事に魅力感じない
南砺市	長井久美子	C	家庭との両立が難しいのではないか
	高橋佳寿江	B	男性任せの雰囲気。家事や育児の担い手である
上市町	平井　妙子	C	子育てや家事もあり、家族の理解がないと難しい
	宝嶋　洋子	C	家族の協力がないと地域で応援してもらいにくい
立山町	澤井　峰子	B	子育てや介護などがあり、周囲の理解ないと難しい
朝日町	長﨑　智子	A	政治に関心のある女性がまだまだ少ない

議会は男社会？　すごく思う…A　思う…B　あまり思わない…C

全国で割合最多

15年夏発売された経済誌のランキングによると、全国８１３市区で女性議員の割合が最も高いのは東京都清瀬市で、45％（20人中9人）に上る。

市によると、１９９５年は15％（26人中4人）だったが、99年の市議選で27％（26人中7人）に増加。その後、定数は削減されたが女性は一定数を保ってきた。市内では保護司会や民生児童委員会などでも女性が代表を務める。

ランキングでは10位までのうち、都内が六つを占めた。清瀬市は「地方と比べて核家族化が進み、人間関係が希薄な分、しがらみがなく、女性も社会進出しやすいのでは」（秘書広報課）と言う。

取材班から

「性別は関係ない。やる気があるかどうかだ」。複数の議員がそう言います。とはいえ、教育やごみ問題、子育て支援、介護などの大半は自治体が担っており、女性が関わることが多い分野です。議場に多くの女性がおり、当局と対峙《たいじ》すれば政策も充実すると思います。

【議会改革度ランキング】

富山県内では議会改革は遅れています。早稲田大学マニフェスト研究所の調査を見ても明らかです。

２０１６年７月18日　滑川市田中新町・市議（無所属）　**水野達夫**さん（53）

早稲田大マニフェスト研究所（東京）が、全国の地方議会をランキングした最新の「議会改革度調査２０１５」で、富山県と県内市町村の計16議会は上位３００議会に入ることができなかった。一つも入らなかったのは２年連続で、15年は富山県だけ。公表されるのは上位20％に当たる３００位までのため、県内の議会の順位は分からない。研究所は「一つもランクインしないのは珍しい」と言う。

県内　３００位に入れず

調査は、16年３月に全国の都道府県、市区町村の議会に対してアンケート形式で行った。81・7％に当たる１４６０議会から回答を得て、６月に結果を発表。県内からは魚津、黒部両市と朝日町、舟橋村を除く12議会が答えた。

アンケートは「情報共有」「住民参加」「議会機能強化」の三つのテーマを掲げ、77項目の問いを設定。具体的には政務活動費の使い道の公開の仕方、議会の動画や議事録、議会資料の公開の度合いのほか、住民と直接意見を交わす議会報告会の開催状況、議員提案した議案数などを尋ねた。その答えに対して点数を付け、順位を決めた。

全国の１位は芽室町（北海道）。大津市（滋賀県）、四日市市（三重県）、上越市（新潟県）、鳥羽市（三重県）が続いた。研究所は「他議会と比較することで〝改革〟への動機付けとする」などとして上位３００位のみ公開している。

47ある都道府県議会だけのランキングでは、富山県議会は30位だった。１位は兵庫県で、２位は鳥取県、３位は大阪府だった。石川県は28位、福井県は22位だった。

中核市47市の順位では、富山市が45位と低迷した。トップは大津市で、大分市、呉市（広島県）が続いた。金沢市は14位だった。

調査は、地方分権の進展に伴って議決機関である地方議会にも改革が迫られていることから、10年から実施。10〜12年は

100位まで、13~15年は300位までを公開しているが、県内でランクインしたのは13年に県議会が263位に入ったのみ。

研究所の中村健事務局長（早稲田大政治経済学術院非常勤講師）は「富山の議会には、地域の役に立とうという意識が希薄だと言わざるを得ない」と厳しく指摘する。

富山県議会の大野久芳議長（自民）は「地方創生の時代に、議会の重要性が高まっていることはよく分かっている。議会の体質改善に取り組んでいかなければならない」と話した。

◇

調査の結果は研究所のホームページで公開している。

「議会改革度調査2015」の主な質問

情報共有	政務活動費の公開状況
	視察報告の公開の有無
	SNSの活用状況
	議会だよりの工夫
住民参加	傍聴しやすくするための工夫
	休日議会、夜間議会の実施
	請願、陳情者の発言機会の有無
	議会報告会の開催の義務化
機能強化	議員提案条例の数
	首長提案の議案を否決、修正した数
	一問一答の導入など討議の状況
	議会改革のための組織の設置状況

300位以内にランクインした議会数が多い都道府県

順位	
1	愛　知（20）
2	兵　庫（18）
3	神奈川（16）
4	北海道（15）
5	長　野（14）
・・・	
42	愛　媛（1）
	香　川（1）
	和歌山（1）
	山　梨（1）
	青　森（1）
47	**富　山**（0）

（ ）内はランクインした議会数

取材班から

かつては〝国の下請け〟といわれた地方自治体も、今では独自の取り組みを数多く手掛けられるようになりました。首長の提案を議決する議会の責任も、ぐっと重くなっています。くしくも県議の政務活動費を巡る不正が発覚し、議会改革が一層、求められる状況です。ランキングは一つの見方にすぎませんが、来年こそ県内議会が上位に入ることを期待します。

【不正の教訓】

富山県議会の政務活動費の不正は情けなく思います。兵庫県議会などの取り組みを参考に、チェック機能を高められないものでしょうか。

2016年7月26日　富山市　**中川　均**さん（53）

前富山県議会副議長の矢後肇氏の架空請求によって厳しい目が注がれる政務活動費。「号泣県議」がいた兵庫県議会は、領収書のインターネット公開やチェックのための第三者委員会設置など再発防止に向けてルールを厳格化した。会合での飲食代に使うことを禁止した議会もあり、不祥事を教訓として生かした先例はいくつもある。

公開やチェック徹底へ

全国市民オンブズマン連絡会議（名古屋市）は都道府県や政令市、中核市の計112議会の政活費を調査。交付額のうち、返さずに使った割合を示す「使い切り率」は2014年度、57議会で下がった。

背景にあるのが、記者会見で号泣した野々村竜太郎元兵庫県議の不正だ。発覚は14年7月。どこもルールの厳格化が図られたようで、矢後氏も野々村氏を見て「こういうことはしてたら駄目だよなと実感した」と会見で明かした。

兵庫県議会では野々村氏以外にも、24人1会派の計490万円の不適切な支出が判明。弁護士を含む第三者委を立ち上げ、視察報告書や領収書もネットで公開した。15年度の「使い切り率」は66・2％に下がった。

「新たなルールをしっかり運用していくことが大切」と議長の藤田孝夫氏（自民）。合わせて情報公開も進め、早稲田大マニフェスト研究所の「議会改革度調査2015」では都道府県ランキングでトップになった。

14年10月には徳島県議の領収書偽造が判明。県議会は即座に領収書の原本提出を義務化し、今秋からネット公開を始める。議会事務局の職員4人が領収書をスキャナーで読み取り、ホームページに掲載。事務局は、人員の追加や新たな経費は発生しないという。

連絡会議の調査で、14年度に全国で「使い切り率」が最も下がった東大阪市議会。ここも14年9月から、参加していない会合での食事代計上や視察費用の水増しなどが次々と発覚。市議41人のうち32人が計5794万円返還し、率は97・4％から55・

1％になった。

有識者を交えた会合では3千円までの飲食費に政活費を充てることを認めていたが、15年度からはお茶や菓子以外は禁止に。精査のため弁護士や市民代表らでつくる組織もつくった。議長の川光英士氏（公明）は「使いにくくなったが、市民に説明できる支出でないといけない」と語る。

県外の議会や富山県議会の政務活動費

	年間の総額 ( )内はカットした時期	使い切り率(%)		
		2013年度	14年度	15年度
兵庫県議会	600万円→540万円 (14年10月)	87.8	76.8	66.2
徳島県議会	240万円	87.2	67.6	61.8
東大阪市議会	240万円→180万円 (14年11月)	97.4	55.1	59.9
富山県議会	360万円	96.7	97.6	89.2

「常に見られる」が抑止力

全国市民オンブズマン連絡会議によると、領収書をネット公開している都道府県議会は大阪、高知、兵庫だけ。連絡会議事務局長の新海聡弁護士（55）は「ネットで『常に見られている』と議員が感じ、不正できないようにしないといけない」と指摘する。

富山県議会では、富山市の県庁構内にある議会事務局で領収書が見られる。だが、南砺市の書店の領収書を偽装した矢後氏に、新海氏は「誰も閲覧しないだろうと思っていたのではないか」。誰がどこにいてもじっくり精査できるネットなら不正の抑止だけでなく、早くに見つけられた可能性も否定できない。

取材班から

家庭に例えてみます。与えた参考書代で漫画を買うのは論外ですが、「節約したよ」と大半を返す子どもうかと思います。要は厳正かつ有意義に使ってほしいのです。厳正さはネット公開がベストですが、有意義だったかどうかは議員にテストするわけにいきません。メディアはもちろん、市民も政活費に見合う活動をしているかどうか検証する目を持つべきです。

【なり手不足】

議員のなり手が少ないと聞きます。報酬だけが問題とは思えません。どのような状況なのでしょうか。

2016年7月31日　富山市平吹町　**山田幸男**さん（68）

地方議員の「なり手不足」は、全国的に悩みの種だ。2015年の統一地方選で行われた41道府県議選では、総定数に占める無投票当選の割合は過去最高の21・9％となり、富山は9人で22・5％に上った。県内の市町村議選に出る人も減り「誰も引き受けてくれない」との声が各地で聞こえる。就業人口の8割以上を占めるサラリーマンは議員との兼業が難しく、会社を辞めてまで立候補する人はごく少数だ。

会社員の兼業難しく

15年の県議選では13選挙区のうち魚津、砺波、南砺、中新川、小矢部の5選挙区が無投票だった。住民が1票を投じる機会を失うことを意味し、議会制民主主義の在り方が問われる事態といえる。

背景にあるのが議員のなり手不足だ。議会が平日の日中に開かれるため、サラリーマンが辞めずに議員になるのは難しいことが大きな理由だ。辞めても当選する保証はない。

富山県と県内市町村の16議会の議員（合計定数317）の職業を調べると、トップは会社役員の88人、次いで議員専業55人、自営業51人となり、上位三つで全体の61％を占めた。年齢は60代以上が全体の64％。比較的自由に時間を使える職業か定年後でないと議員になりにくいようだ。

選挙に出る人も減った。直近の15市町村議選には計315人が立候補したが、「平成の大合併」直後は計414人。定数削減も絡むが、24％のマイナスだ。直近では14年7月の小矢部市、15年4月の舟橋村が無投票となった。

小矢部市議選では3人が引退する一方、新人の擁立が難航。元職の出馬や政治団体・幸福実現党が候補を立てたことで定数16が埋まった。無投票は1962年の市制施行後初めて。幸福実現党にとっては地方議員第1号が誕生した（現在は全国で7人）。

小矢部のあるベテラン市議は、一部で導入されている休日議会、夜間議会を挙げ「サラリーマンも議員になれる仕組みを考える時期に来ているのかもしれない」と言う。

定数8の舟橋村議選は3人が引退し、自民党がその枠を埋めることを目指したが、告示までに立てられたのは税理士と建築大工の2人だけ。共産党が党職員を擁立して定数を満たし、同党は村政初の議席を獲得した。

議長の明和善一郎氏（68）＝自民推薦無所属＝は「報酬は月15万円。待遇を理由に断られることがあった」と明かす。ただ、報酬アップでなり手不足が解決できるとは考えず、委員会審議の導入など議会改革に力を入れる。「議会の大切さを村民に伝え、理解してもらうことで、議員になりたい人を増やしたい」

市町村議会選の立候補者数

	直近		「平成の大合併」直後	
富山市	13年	44人（40）	05年	69人（48）
高岡市	13年	36人（30）	05年	38人（31）
射水市	13年	26人（22）	05年	49人（35）
魚津市	16年	20人（17）	08年	20人（18）
氷見市	14年	21人（17）	06年	21人（18）
滑川市	13年	17人（15）	05年	19人（16）
黒部市	14年	21人（18）	06年	24人（22）
砺波市	13年	22人（20）	05年	25人（22）
小矢部市	14年	16人（16）	06年	18人（17）
南砺市	12年	25人（24）	04年	51人（34）
上市町	13年	15人（12）	05年	19人（16）
立山町	14年	16人（14）	06年	17人（14）
入善町	13年	16人（14）	05年	20人（14）
朝日町	14年	12人（10）	06年	15人（10）
舟橋村	15年	8人（8）	07年	9人（8）
計		315人		414人

※( )内は定数。▒▒は無投票当選

「議会の機能強化を」 青木富山大教授

富山大経済学部の青木一益教授（政治学）は、議員のなり手不足の対策として「予算編成権を持つなど議会の機能の強化」を挙げ、「議員の仕事がやりがいのある魅力的なものになれば、手を挙げる人は増える」と強調した。

現状を「首長に対する力が小さいため、追認機関にしか見えなくなる」と指摘し、無関心を招く要因になっていると言う。地域の実情に合わせた対策も検討すべきとし、社員が議員を務められる勤務形態を会社が導入することなどを例に挙げ「議会だけでなく、市民や企業も巻き込んで考えなければならない」と語った。

取材班から

なり手不足は、報酬アップで解決できるものではありません。議員は地方自治を担う首長と並ぶ存在。収入をモチベーションにする人が当選する議会はいかがなものでしょうか。遠回りのようでも議員の仕事の「見える化」を図って、自ら価値を高めていくのが良いと思います。

【弔電・香典】

面識のない議員からの弔電に戸惑う人もいます。なくせば経費削減にもつながると思います。

2016年8月26日　黒部市山田・主婦　**沢田みどり**さん（73）

富山県議会と県内15市町村議会のうち、射水、砺波、小矢部、立山、入善の5市町議会が弔電や香典の自粛・禁止を申し合わせている。売名行為や経費の抑制が主な目的だ。議員報酬引き上げが議論になる中、冗費をカットする取り決めに有権者の視線が集まるが、住民の心情を損ないかねないと心配する議員もいる。

5市町で自粛・禁止

公選法は政治家の選挙区内の香典は「寄付」だとして禁じるが、本人が参列して出すのは罰則の対象にはならない。弔電は「明確な規定がない」（総務省）。政務活動費の充当は全議会が禁じていた。本紙は議会事務局を通じて県内の実態を調査。

入善町は2004年ごろまでに、弔電は売名につながるなどとして禁止。代わりに、町長や議員連名の弔意を示すメッセージカードを、死亡届を出した遺族に渡している。

カードは1枚88円で、町が支出する。ベテラン町議の谷口一男氏（66）＝5期＝は「当時は合併協議のさなか。議会も変わろうとなった。経費節減を求める声もあった」。

砺波市と射水市は弔電、香典とも「親類・知人を除き自粛」。砺波は04年、射水は05年、それぞれ合併を機に決めた。ただ、知人の範囲はあいまいだ。砺波の自民会の山森文夫会長（67）＝通算9期＝は「日頃の付き合いなどを考え、ルールを逸脱しないよう各自で運用している」と話す。

14年に弔電自粛を決めた小矢部市は「議会だより」で市民に理解を求めた。事務局は「議員の弔電を『もらって当然』と思う市民に配慮する必要があった」と説明する。

16年6月に市議報酬を月10万円アップして70万円にすると決めた富山。生活の苦しさを理由に挙げる市議もいただけに、知らない政治家からの弔電を疑問視する声が本社にはいくつも届いた。

旧町村部のある市議は年間の香典が約100件、弔電は約500件に上る。「地縁血縁が深く、付き合いを軽視できないが、虚礼廃止は考えるべき」。一方、旧市の市議は「街で『弔電ありがとうございました』と言われることがある。ありがたく思う人がいる以上、やめにくい」と明かす。

写真右は入善町と町議会の弔慰のメッセージカード。左は小矢部市の「議会だより」と弔電の自粛を知らせる文章

	弔電	香典
射 水 市	親類・知人除き**自粛**	親類・知人除き**自粛**
砺 波 市	親類・知人除き**自粛**	親類・知人除き**自粛**
小矢部市	すべて**自粛**	取り決めなし
立 山 町	すべて**自粛**	取り決めなし
入 善 町	すべて**禁止**	取り決めなし

奈良・三重県議会　市民の苦情なし

奈良県議会は16年1月から、自らの選挙区内で香典を出すことを自粛している。参列して渡すことも対象。始める際には住民が疑問を抱かぬよう「議会だより」で告知した。

奈良市議会も4月、県議会と同様の申し合わせを行い、「議会だより」とホームページで告知した。ただ、奈良は県議会、市議会とも弔電の取り決めはない。

三重県議会では08年、桑名市・桑名郡選出の県議4人が選挙区内で親族・知人以外には弔電や香典を出さないようにした。「葬儀が重なることも多く、弔問専用の秘書を雇っていたほど」と三谷哲央県議。多い年は年間千件近くの香典を出し、金銭的、時間的に負担だったと言い「政治活動に集中できるようになった。市民の苦情も聞かない」。

取材班から

「虚礼」を辞書で繰ると「実質が伴わない礼儀・礼式」とあります。常識の範囲で弔電や香典を出すのは分かりますが、虚礼も多いようです。選挙があるだけにライバル議員の動向も気になるでしょうから、議会ぐるみで廃止を考えてはどうでしょう。有権者の意識改革も取り組みを後押しするはずです。

【辞職願提出後の議員報酬は】

政務活動費の不正で辞職した議員に退職金などのお金が渡されることはあるのでしょうか。

2016年9月25日　富山市・男性会社員

政務活動費の不正を理由に辞職願を出した後も、報酬をもらっている県議や富山市議がいることが分かった。本会議で辞職を許可されるまで議員であるとみなされるためで、1日当たりの支給額は県議が3万5454円、富山市議は2万円に上る。不正で辞めた議員12人のうち9人が受け取っており、公金からの支出総額は約66万円に上る見通し。中には14万円もらう市議もいた。

辞職まで日割り支給

不正発覚後、議会取材班には連日、メールや手紙が届いており、退職金の有無を尋ねる内容は少なくない。結論から言えば、議員に退職金はない。

なぜ、多くの市民が疑問を抱くのか。議員と同じように、投票で選ばれる首長には退職金（退職手当）が支給されるからだ。富山市職員課によると、退職金の有無の差は常勤と非常勤の違いからくる。地方自治法は、常勤の職員や特別職には退職金を出すとしており、首長は常勤特別職に含まれる。

常勤者には生活を支える「給料」が与えられるが、非常勤の特別職である議員は兼業が可能で、受け取るお金は給料ではなく単純に仕事への「報酬」だ。報酬という位置付けを踏まえれば、退職金はなじまない。これは市議や県議だけでなく、国会議員にも当てはまる。

退職金がなくても、議員を辞めるまで報酬は支払われる。ただ、辞職の許可には二つのパターンがある。一つは議会閉会中で、議長の判断で可能となり、辞職願が出されてすぐに辞職に至る。一方、開会中は本会議での許可が必要。しかし、本会議は限られた日しか開かれず、辞職願を出しても、直近の開催日まで議員であり続ける。

辞めた月の報酬は、日割り計算となる。9月の場合、報酬が月額60万円の富山市議会は1日当たり2万円となる。月額78万円の県議会は土、日曜を除いて算出しており、1日当たり

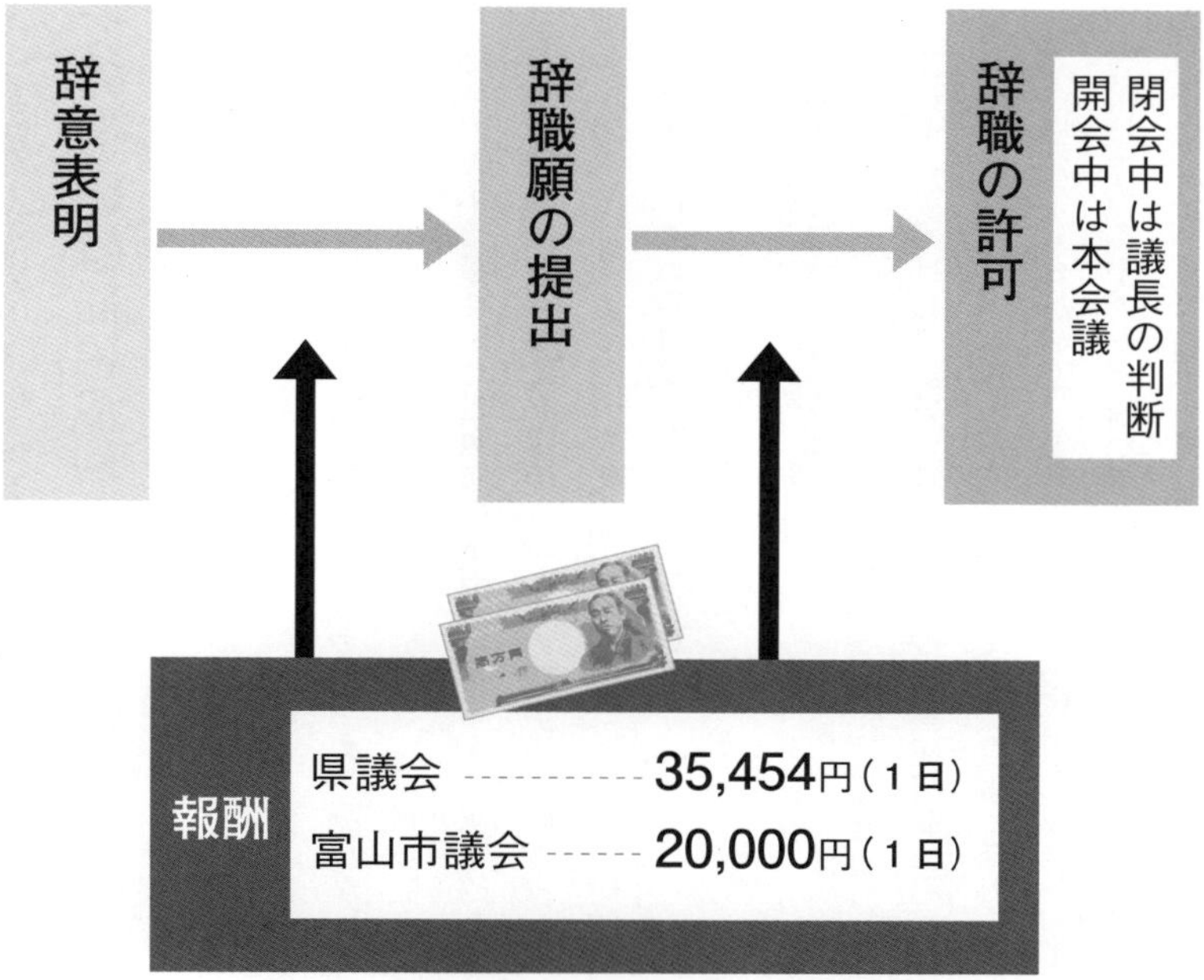

３万５４５４円とかなりの額に上る。

一連の不正で辞めた12人のうち、市議７人、県議２人が辞職願提出と実際の辞職の間に１～７日の差が生じる。受給額が最も多いのは９月14日に市議会に辞職願を出し、21日の本会議で許可された民政クラブの２人で、金額はそれぞれ14万円になる。

県議会の伊豆一美事務局次長は「辞める日まで報酬があるのはどうかと思う人もいるかもしれないが、条例で決まっている。その日までは議員の仕事を全うしてもらうことになっている」と話す。

辞職願提出後に報酬が出る議員

（辞職願提出順、敬称略）

【県議】山上正隆（７万９０９０円）▽坂野裕一（10万６３６３円、９月26日に許可された場合）【市議】村山栄一（２万円）▽高田一郎（14万円）▽針山常喜（同）▽浅名長在ェ門（12万円）▽谷口寿一（２万円）▽藤井清則（同）▽市田龍一（同）

取材班から

ルールにのっとれば、辞職が許可されるまでは議員です。辞職願を出した後も残務があり、仕事をしている人もいるかもしれません。ただ、今回は事案が事案。公金を不正受領した議員に、さらに公金を渡す事に納得できない人は多いのではないでしょうか。

【辞職の基準】

不正が分かった議員でも、辞める人と辞めない人がいます。その違いは何なのでしょうか。

2016年10月26日　富山市・無職男性

政務活動費の不正が発覚した際、少額でも辞める議員がいる一方、返金だけしてバッジを外さない人がいる。領収書を偽造したり、数字を書き足して金額を水増ししたりする意図的な不正の場合は辞職し、使途を定めたルールの認識不足のケースは返金で済んでいるようだ。ただ、明確な基準はなく、最終的な判断は本人に委ねられている。

意図的と認識不足の差

2016年10月25日までに政活費の不正や不適切な使用が発覚したのは県議5人、富山市議20人、高岡市議3人。それぞれ3人、12人、1人がバッジを外している。

判明している中で不正額が最も少ないのは、浅名長在ェ門元富山市議（65）だ。白紙の領収書に金額を書き込み、市政報告会で配る茶菓子代を請求したとして9月21日に辞職。不正額は4万6360円で「金額の問題ではなく、良くないことをしたので辞める」と報道陣に語った。

浅名氏の去就は他にも影響を与えた。不正額が20万8千円の藤井清則元富山市議（54）は浅名氏と自身の金額を見比べて辞職を決意したと明かし、辞める理由を問われ「自分が議員を続けることに、市民は納得しない」と述べた。

一方、吉崎清則富山市議（53）は9月中旬、懇親会費を会場費と偽って請求したり、懇親会費を報告会の茶菓子代名目で受領したりして約30万円の不正が判明。会派が21日に公表し、いったん謝罪したものの10月7日に新たな不正が発覚。「認識不足、勉強不足」と釈明し、「今後も議員として頑張りたい」。

判断が対照的だったのは高岡市議会の2人会派「市政高岡」の事案だ。政活費を不正に得るよう頼まれ、カラ出張したことにした中山欣一氏（47）が辞める一方、頼んだ四十九清治氏（61）は「（カラ出張に）代わる出張はしている」と主張し「反

政務活動費の不正の種類と人数
（県議、富山市議、高岡市議の合計）

	不正が発覚した議員	うち辞職した議員
領収書偽造による水増し・架空請求	14人	13人
懇親会費を報告会費で請求	10人	2人
カラ出張	2人	1人
公的施設での報告会開催	1人	0人
虚偽名目でのガソリン代請求	1人	0人
計	28人	16人

※本人や会派の公表を基に作成。懇親会費請求とカラ出張には、領収書偽造の議員は含まない

省点を踏まえ、残りの任期を全うしたい」。

10人が議場を去った富山市議会の自民会派。政調会長の村上和久氏は辞職の分岐点は「はっきりしない」と言う。水増し・架空請求といった意図的な不正は辞職し、懇親会と報告会とを混同して経費を請求するといったルールの認識不足が要因の場合は多くは辞めていないと説明。「最終的には本人が判断するしかない」と話している。

取材班から

辞職の分岐点は件数や金額ではなく、どれだけ意図的であるかのようです。しかし、これも自己申告次第であり、明確ではありません。ただ、地方議員は4年に1度、選挙で審判を受けます。バッジを着ける資格があるかどうかは、有権者が鍵を握っているともいえます。

【選挙の公費負担】

自治体によっては選挙費用の一部を公費が負担してくれます。制度が周知され、多彩な人材が集まることで議会が活性化すればいいと思います。

2016年10月29日　射水市南太閤山(小杉)・元市議　**呉松福一**さん(78)

政務活動費の不正で議員が大量辞職した富山市議会の補欠選挙が16年10月30日、告示される。多くの議員は「選挙には金がかかる」とこぼすが、地方選も国政選も選挙カーのレンタル料やガソリン代、ポスター製作費を自治体が公費で負担する制度がある。お金のある候補者が有利になることを避け、公正な選挙を実現するのが狙い。県内では、今回の補選を含め、県と市の選挙が対象となる。

車やポスター対象

公職選挙法は、候補者が選挙に使える費用の上限を定めている。有権者数などから選挙ごとに算出し、13年の富山市議選の上限は1人648万8100円。今回の補選もほぼ同額になる見通しで、選挙カーやポスターの経費は公費で賄ってくれる。

公費負担の制度は1975年に国政選で始まり、92年から地方選に拡大。都道府県と市の選挙で導入されている。町村の選挙はエリアが狭く、期間も短いとして対象外だ。得票数が供託金の没収点に達しなかった場合は公費を受けることはできない。

富山県内の直近の地方議員の選挙で、それぞれ自治体が負担した選挙カーとポスター代の合計額は2015年県議選の約4240万円が最も多く、13年富山市議選が約3240万円と続く。候補者1人当たりの平均でも県議選が86万円と最多で、次いで富山市議選の73万円だった。

富山市をはじめ多くの自治体の選挙カーの公費負担（1日）は、車のレンタル料が1万5800円以内、ガソリン代7560円以内、ドライバーの人件費1万2500円以内。運転手や車両などをまとめて契約する「ハイヤー方式」は、6万4500円以内になっている。

ポスター製作の公費負担は、規定の数式によって1枚当たりの単価を選挙ごとに算出する。候補者はこの単価で、選挙区内のポスター掲示場数までの枚数を印刷できる。県内の直近の市議選で候補者1人当たりに支払われたポスター代の上限額は、魚津市が最も低い33万2520円、最も高かったのは富山市の55万9584円だった。

ただ、公費負担を巡っては、全国でポスター代の水増し請求などの不正が何度も指摘されてきた。07年県議選では、立候補者のうち12人が公費負担を受けたガソリン代について、「適正なものか確認できない」などとして計51万5712円を返還した。

前回議員選挙の公費負担合計額

	ポスター製作費	選挙カー費用	1人当たりの平均
富山県	2921万5878円	1318万6245円	86万円
富山市	2066万8069円	1171万2843円	73万円
高岡市	1438万8016円	1037万9281円	68万円
射水市	1016万9200円	680万6238円	65万円
魚津市	541万3800円	607万 332円	57万円
氷見市	785万 136円	480万9830円	60万円
滑川市	519万4112円	266万3577円	46万円
黒部市	728万3207円	437万4232円	55万円
砺波市	707万 153円	433万1973円	51万円
小矢部市	579万1971円	339万6226円	54万円
南砺市	922万8628円	409万5864円	53万円

※1人当たりの平均は、自治体が負担した総額を立候補した人数で割った金額

「500~600万円はかかる」

選挙運動の公費負担があっても、現役市議からは「自己負担が大きく、捻出するのが大変だ」という声が聞かれる。今回の補選は特異な日程だが、通常は告示前から後援会活動として実質的な〝選挙戦〟が始まるためだ。

ある富山市議は「選挙の半年くらい前になると、みんな目の色が変わる」と明かす。後援会事務所を開設し、リーフレットを作って郵送したり、ミニ集会を開いたりするため、まとまった資金が必要となるという。

別の市議は「選挙までの1年間で、500~600万円はかかる」。ただ、日ごろから議会活動の内容を市民に伝えておくことで抑えられる部分もあると強調し「議員自らが、少しでも〝カネのかからない選挙〟になるよう努力すべきだ」と語る。

取材班から

選挙運動ではインターネットも使えるようになり、お金をかけずに戦える環境が少しずつ整ってきています。公費負担も活用して、意欲ある人には積極的に立候補してほしいと思います。一方、この制度が不正の温床になっていると繰り返し指摘されてきたことも事実。透明性の確保が必要です。

【酒代支出の禁止】

県民や市民のために使われる政務活動費が私利私欲のお酒などに使われていたことを見過ごすわけにはいきません。大改革をしてください。

２０１６年12月5日　富山市・主婦

政務活動費の使い方に厳しい目が向けられる中、２０１６年11月下旬、高岡市議会の旧自民党議員会のメンバーが研修会費と称し飲酒代に充てていたケースが発覚した。富山県内では、政活費の「運用指針」や「手引」などで飲酒代の支出を明確に禁じている議会は少数派。多くの議会は、社会通念上、当然とも言える酒代への支出禁止については明文化していない。高岡のように酒代は「支出できない」と明記していても〝抜け道〟があるケースもあるなど、判断は議員の良識に委ねる部分が大きいのが現状だ。

運用ルールの記述曖昧

「研修会の宿泊費に関わる実費を支払っただけ。規定の範囲内の支出で問題はない」。２０１２年に旧自民党議員会の10人が、市内の温泉宿泊施設で開いた1泊2日の研修会で飲酒代を政活費から出した問題で、当時の幹部は会見で強調した。

議会事務局によると、政活費の運用指針は当時も今も基本は同じ。「食糧費」の項目を見ると、研修会に伴う飲酒代は「支出できない」とはっきり書かれている。

ところが、「研修費」の項目では「会派が研修会を開催するために必要な経費」として、宿泊費を認める記載がある。事務局は「宿泊費に朝食、夕食代を含めても差し支えない。夕食代に酒を含めてよいかはグレーゾーン」と説明。指針の解釈の仕方によって、ルール違反にもセーフにもなる実態が浮かび上がった。

富山県内では、高岡のほか、射水、砺波、小矢部、魚津、黒部の計6市議会が、研修に伴う飲酒代を「支出できない」「不適切」と運用指針などに明記している。ただ、高岡のように曖昧な部分のあるケースはある。

手引に「支出できない」と明記している小矢部も、高岡と同様に、夕食代を含む宿泊費を上限を設けて認めている。事務局は「手引の中でグレーと思われる部分は、より厳格に運用しようという動きが議員に広まっている」と言う。

その他の議会では明文化されていない。県の手引は、会派の懇談会は「政活費を充当しない」、会派の研修会の飲食費は「社会通念上必要かつ相当な範囲に限る」などの記述はあるが、酒代への言及はない。事務局は理由として「いろんなケースがあり、竹を割ったようにはいかないことが多い」と説明。活動の実態を見極めて対応するとした。

明記していない議会も、認めているわけではない。事務局に聞くと、上市は「公務では飲酒しないことが前提」、氷見も「飲酒代は駄目という認識の下で運用している」と言う。不正が相次ぎ、政活費の使い方の新たなルール作りを進める富山は「社会通念上、充当しないことは常識」と断言する。

会見で研修会の酒代に政活費を充てていたことを認めた高岡市議会旧自民党議員会の4氏
=2016年11月25日、高岡市議会棟

上限を設けて視察での食事代を認めている議会もあるが「酒代が請求された例はない」（朝日）、「酒代を含めば上限を超えるはず」（入善）。南砺、立山は運用指針を作成していないが、これまで酒代の支出実績はないという。滑川は、飲酒代を認めない取り決めはあるものの文書化しておらず、年度内にも手引を作成する方針だ。

飲食が絡む項目にかかわらず、多くの議会の指針では「常識の範囲内」「社会通念上相当と認められる場合」など、議員の良識に任せるような表現がしばしば使われる。ただ、これでは「常識外」の不正をうんざりするほど見せられてきた県民の不信感は拭えない。

高岡法科大の樋口雄人教授（政治学）は「一般論としてアルコールは嗜好《しこう》品であり、自腹で飲むものだ。政活費の指針が、人によって解釈が異なるようではルールの体をなしていない。解釈上の疑義が起きないよう、可能な限り基準を明確化していくべきだ」と指摘している。

取材班から

高岡市議らの飲酒のケースは、研修会の名目で内輪の宴会に政活費を充てられるよう、運用指針を都合良く解釈したと思われても仕方がありません。高岡を含め、県内の複数の議会では、運用ルールの見直しや作成を目指す動きがあります。性悪説に基づき、隙のない厳正なルールを作り上げてほしいと思います。

とやま議会考　２０１６年８月６日 北日本新聞

県議会副議長選
投票先 見えぬ選考過程
県外では候補演説会も

矢後肇氏の辞職に伴って行われた8月5日の県議会副議長選挙。不正防止策に注目が集まるものの、票を得た五十嵐務、菅沢裕明の2氏が投票前に議場で意見を述べることは一切なかった。立候補制ではないため主張する機会がなく、ほとんどの議員は事前の調整で投票先を決めている。ただ、全国的には23%が議長選に立候補制を導入。県外には名乗りを上げた候補が所信やマニフェストを表明し、それを踏まえて投票する議会が多々ある。

「議場を閉鎖します」「用紙の配布漏れはありませんか」「順次投票願います」。県庁内に移設された本会議場に大野久芳議長の声だけが響く。県議たちは黙々と記入し、投票箱に向かった。

用紙には誰の名前を書いてもいいが、あったのは二人だけ。各会派が当選回数や役職などを考慮して事前に内部で調整し、他会派との折衝も踏まえ投票先を決めている。そのため、議長や副議長の選考過程は極めて見えにくい。

この日、五十嵐氏は議場で「信頼回復に努力する」と述べたが、当選が決まった後のあいさつの中での話だ。

地方自治法は「議会は、議員の中から議長及び副議長一人を選挙しなければならない」としか定めておらず、実態は議会ごとに差がある。

早稲田大学マニフェスト研究所の２０１５年度の調査では、回答した都道府県と市町村の１３８１議会のうち、３１５議会が議長選を立候補制にしている。一方、県内には導入している議会が無い。

立候補制には「会派の人数によって結果が見えている」「予算の執行権がないので、所信表明に意味がない」との批判がある。しかし「議場で話も聞かずに投票する」という不自然さの解消や、議会が抱える課題を議員や住民と共有するきっかけになる。

―――

北信越の5県議会では長野が03年から、議長・副議長選を立候補制にした。本会議前に「所信表明会」を開き、候補が主張を述べ、他の県議は自由に質問できる。傍聴も可能だ。

副議長の選挙で投票する県議ら＝県庁の議場

先進地として知られる三重県四日市市議会は00年、新人議員でつくる会派の要望を受け、議長・副議長選とも立候補制が実現。「所信表明演説会」はインターネットで生中継と録画配信を行い、有権者もチェックしやすい。

議長の川村幸康氏（無所属）は「どのように選ばれたか明確になるし、所信表明で議長の自覚が促される」と説明。「ネット公開しているので市民の間で『なぜあの人に入れたの？』と話題になり、議会内のよしみだけで投票するわけにいかず、議長を選ぶ基準が変わった」と言い、「議会の活性化につながる」と強調した。

取材班から

政活費が問題になっているだけに、2氏の再発防止策を聞き比べたかった人も多いと思います。県議同士は互いの考えが分かるのかもしれませんが、一般県民はそうはいきません。立候補制にして発言の場を設ければ、多くが納得するはずです。「開かれた議会」に向けて話し合う場で検討してはどうでしょうか。費用もかかりません。

とやま議会考　2016年11月12日 北日本新聞

政活費使用アリですか
高級万年筆・絵本・シュレッダー4台…
高岡市議「活動に必要」

5万円の高級万年筆、絵本『風の又三郎』、1年でシュレッダー4台、2年続けてデジタルカメラ…。複数の高岡市議が、適切とは言い難い政務活動費=🔍=の使い方をしていることが分かった。それぞれ「活動に必要」「問題はない」と主張するが、常識的な感覚では首をひねりたくなる。議会事務局は「使途のチェックは会派に任せている」と人ごとのよう。政活費の原資は税金。皆さん、どう考えます？

高岡市議会の政活費は1人月額7万5千円。北日本新聞は、2011～15年度の政活費の収支報告書や領収書を入手し、精査した。

―――

元議長で最大会派・自民同志会の青木紘氏（76）の16年3月の領収書には、地元の事務用品販売店で1本5万円の万年筆を買ったとある。軸を漆で装飾し、金粉で模様を描いた国産の高級品だ。本人に尋ねると「高いと思ったが、その分、長期間、大事に使えばいいのではないか」。

14年度には分かっただけでも児童書を10冊購入しており、金額は計1万4千円余り。「『風の又三郎』の絵本など子ども向けの本だ」と説明し「旧福岡町議時代から児童教育に力を入れている。今後、保育所に貸し出すつもり。幼児教育につながるので、政務活動だと考えている」。

ずさんな請求が発覚し、既に約22万円返還している志政会の大井正樹氏（67）。判明した不正とは別に、13年7月～14年7月、シュレッダーを4台買っていた。価格は1～3万円。自宅と自宅敷地内の事務所に1台ずつ置いており、2台とも1年も経たずに壊れ、また買ったという。

13年7月にはデジタルカメラ（金額不明）を買い、同じ店で14年5月にさらに1台（約13万円）を購入。これも、先に買った分を壊したためだとし「結果的に余計に政活費を使うことになり、本当に申し訳ないが、いずれも必要な物だ」と釈明する。大井氏も元議長だ。

―――

元議長で自民同志会の会長を務める畠起也氏（64）は、

2年続けてデジタル一眼カメラを買っている。「コンパクトなタイプと、違う種類のカメラがあれば便利。政務活動の役に立つ」と説明する。

自民同志会には、5年間にパソコン3台とタブレット端末2台を購入するなど、デジタル製品を毎年のように購入する市議が複数いる。畠氏は「青木氏の分も含めすべて政務活動のため。ルール違反はなく、問題はない」との認識を示した。

ただ、会派は11月4日、総会を開き、パソコンやカメラなどは4年間の任期中、各1台しか買わないことなどを決めた。16日に開く議会改革検討委員会に提案するという。各議員の後ろめたさの表れともいえそうだ。

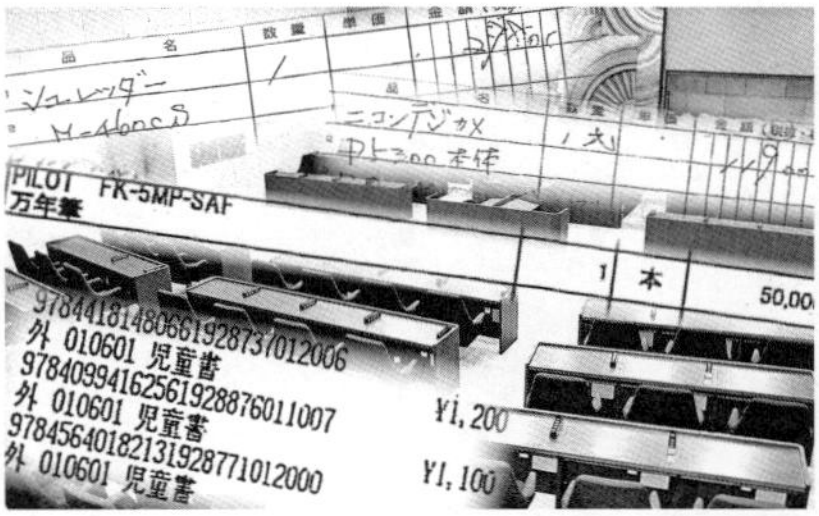

上からシュレッダー、デジタルカメラ、万年筆、児童書の各領収書、背景は高岡市議会本会議場のコラージュ

政活費を交付する議会事務局の安東浩志議事調査課長は、議会の政活費の指針に「会派の責任において政活費の執行管理に努め（る）」とあることを根拠に、「使途のチェックは会派が行う」と言う。事務局では内容には踏み込まず、領収書と支出申請書の金額が合っているかどうかなどを主に点検している。

高岡市議の政活費を調べている坂本義夫弁護士（高岡市駅南）は「市民感覚が反映されていない」と指摘。多くの議員が事務所の存在を市に届け出ていないのに、事務所用の物品を買っていることも疑問視する。領収書のネット公開が必要だと強調し「市民に見られている意識が高まるし、業者も白紙の領収書を渡せなくなる」と話している。

高岡市議の政務活動費　年額90万円で、年2回に分けて前払いされる。2015年度の「使い切り率」は99・9％だった。偽造領収書で政活費を受け取った中山欣一氏（市政高岡）は10月11日に議員辞職。その他、カラ出張が判明zした四十九清治氏（同）、事務用品の購入費に農業資材の費用なども交じっていた大井正樹氏（志政会）の計3人に不正が見つかり、合わせて約56万円が市に返還されている。議員報酬は月額54万5千円。

とやま議会考　２０１６年11月28日 北日本新聞

県内6議会〝密室〟で作成

政活費ルール　市民不在「お手盛り」か

政務活動費の使途を定めた「運用指針」や「手引」のある富山県内13議会のうち、県や富山市など6議会は非公開の会合で協議し、決定していたことが北日本新聞の取材で分かった。具体的なルールが市民不在の〝密室〟で作られ、議員に都合の良い「お手盛り」の基準になっているとの指摘もある。不正発覚を受けてルールの見直しも始まっており、「開かれた議会」に向けて公開の場で話し合う所も出てきた。

政務活動費の前身の政務調査費は、議員の能力向上のため２００１年に交付が始まった。12年の地方自治法改正で名称が変わり、調査研究に限られていた使途は「調査研究その他の活動」に拡大。充てられる範囲は、自治体が条例で定めることになった。

ただ、多くの自治体は条例で充てられる範囲を「調査研究」「研修」「陳情」「事務所費」「資料購入費」といった大まかな文言でしか定めていない。そのため充当の可否が判断できるように、運用指針や手引を作っている。

例えば、富山市では資料購入費に関して不適切事例として「漫画、スポーツ新聞など政務活動に適さない図書など」と挙げている。県も不適当な経費として▽党大会への出席▽後援会の広報紙▽飲食を主目的にする各種会合―などを明記している。

――

北日本新聞は、政活費を支給していない舟橋村を除く14市町と県の計15議会の議会事務局にアンケート調査を実施。南砺と立山を除く13議会が、使い道のルールを定めた運用指針や手引があるとした。

ルールの内容は、それぞれ各会派代表者会議や議員協議会といった会合で話し合い、決めていた。ただ小矢部は協議のための組織はなく各議員が集まって協議し、最後に議会運営委員会で決定した。

協議、決定の両機関共に市民が傍聴できるのは魚津、氷見、滑川、上市、入善の5議会。砺波、小矢部の2議会は、決定する機関のみ公開している。

残る6議会は協議、決定のいずれの会議も非公開。不透明だと言わざるを得ず、不正が発覚した県、富山、高岡の3議会も含まれていた。3議会は不祥事を受け、運用指針の見直しを決定した。

――

県は「政活費のあり方検討会」を公開して手引を見直してきたが、改正を承認する各会派代表者会議は非公開だ。大野久芳議長は、代表者会議は人事案件など公表できない事案を協議するため公開していないとし「重要な部分は記者会見で説明しており、開かれた議会という点には留意している」と話す。

富山市は25日から、改正内容を詰める作業部会の協議を公開で始めた。最終的に承認する各派代表者会議は非公開だが、高見隆夫議長は「改正する部分は全て作業部会で決める。議会内の協議はできるだけ見せるようにしていきたい」と言う。

――

運用指針を持つ13議会のうち、県は手引をインターネットで公開。一方、5議会では指針を見るのに情報公開請求の手続きが必要だ。

指針のない南砺と立山は、条例や過去の例を参考に政活費を充てられるかどうか判断してきたが、不正問題を受け、両議会とも指針の作成を検討している。

市民オンブズ富山代表理事の青島明生弁護士は「運用指針を決める協議が非公開だと、議員に都合の良いように決められる危険性が高い。指針は政活費の実質的な使い方を示すもの。公開し、市民の意見を取り入れて定めるべきだ」と話している。

政務活動費の運用指針と協議の公開状況

	運用指針の公開	協議機関の公開	決定機関の公開
富山県	ネット	×	×
富山市	閲覧可	×	×
高岡市	閲覧可	×	×
射水市	閲覧可	×	×
魚津市	閲覧可	○	○
氷見市	閲覧可	○	○
滑川市	要請求	○	○
黒部市	要請求	×	×
砺波市	要請求	×	○
小矢部市	要請求	なし	○
南砺市	指針なし	なし	なし
上市町	要請求	○	○
立山町	指針なし	なし	なし
入善町	閲覧可	○	○
朝日町	閲覧可	×	×

ネット…インターネットで公開　○…公開
閲覧可…議会事務局で閲覧できる　×…非公開
要請求…情報公開請求が必要

県内　６市町村「三ない議会」
議案丸のみ／無提案／賛否非公開
行政となれ合いも

北日本新聞は、富山県内の議会を行政監視、政策立案、情報公開の三つの観点からチェックした。対象は県と県内15市町村の計16議会で、２０１６年までの４年間の状況を事務局に聞いた。13議会は首長が提出した議案を１度も否決・修正せずに「丸のみ」していたほか、14議会には議員が提案した政策条例がなく、９議会は議員の議案への賛否を公開していなかった。３項目全てに当てはまる「三ない議会」は６議会あった。

「三ない議会」は高岡、砺波、南砺、上市、立山、舟橋の６議会。調査した３項目の回答からは、執行部（行政側）とのなれ合いや、議員意識の低さや意欲の乏しさ、「開かれた議会」と現状の隔たりもうかがえ、改めて議会の在り方が問われる。

2012年7月～16年6月に執行部提案議案を否決、もしくは修正案を提出したのは3議会。氷見には市庁舎整備に関する予算案の減額修正など10件、滑川は砂利採取規制条例案の否決など6件あった。朝日は展示用のヒスイ原石の購入費などの予算案に修正動議が出たが、賛成少数で否決された事案があるとした。

一般的に、多くの執行部は否決・修正されないよう、議員に事前に説明し、調整を重ねる「根回し」を行っている。水面下で民意を議案に反映させているともいえるが、その度合いや過程は有権者には見えない。

一方、議案の否決・修正は事業の停滞や市政の混乱を生むとの指摘がある。「丸のみ」だった南砺の才川昌一議長は「事前にしっかりと討論・協議ができている」と強調。高岡の曽田康司議長も同様の考えを示し「もし大事な議案を否決すれば、市民に迷惑を掛ける」と言う。

00年の地方分権改革で自治体の条例制定権が拡大。議員が住民の中に入り、議会として案件を掘り下げ、立案することも求められている。議員や議会に関するものを除いた議員提案条例があるのは2議会。県は、がん対策推進など条例を三つ作った。富山は、市旅館業法施行条例に「宿泊を拒める事案」を議員提案で加えたとした。

砺波の今藤久之議長は、議員提案条例がない理由を「執行部の条例案には、議会の意向が取り入れられている。当局との関係が良好で、あえて提案する事項がなかった」と振り返る。その上で議員提案は当然の役割とし「必要なら取り組みたい」と話した。

議員の重要な意思表明である議案への賛否は、議場に行ったり、中継を見たりすれば分かる。ただ、議会だよりなどの紙媒体やインターネットで公開すれば住民が知る機会が増え、選挙での判断材料にもなる。情報公開請求をしないと賛否を知ることができない場合も含め、非公開が9議会あった。

公開していない上市の松谷英真議長は「公開が必要とされているとは思わない。他の面で議会改革に取り組んでいる」と言う。一方、高岡は議会だよりでの掲載を検討しており、曽田議長は「考えの表明は重要。もっと早くから取り組んでもよかった」。立山の伊東幸一議長は「ネットでの公表も必要ということになれば対応したい」と話した。

調査は16年7月に行った。

県内の「三ない議会」の状況

	修正・否決	議員提案	賛否の公開
富山県	0	3	○
富山市	0	1	×
高岡市	0	0	×
射水市	0	0	○
魚津市	0	0	○
氷見市	10	0	×
滑川市	6	0	○
黒部市	0	0	○
砺波市	0	0	×
小矢部市	0	0	○
南砺市	0	0	×
上市町	0	0	×
立山町	0	0	×
入善町	0	0	○
朝日町	1	0	×
舟橋村	0	0	×

※2016年7月現在

（網掛け）…三ない議会

○…公開　×…非公開（情報公開請求が必要な場合も含む）

修正・否決と議員提案は過去4年間（12年7月～16年6月）が対象

とやま議会考　２０１６年12月31日 北日本新聞

元三重県議・同県知事の北川正恭早稲田大名誉教授の話

地方自治の意味考えよ

否決・修正をしない議会があることは不思議としか言いようがない。だから市民が「議会はなくてもいい」と思うようになる。執行部（行政側）が議会に根回しし、貸し借りをつくるなれ合いの関係を築いているからだ。

議員提案条例のない議会の議員は、自らの仕事の変化を理解していない。２０００年の地方分権一括法施行で、執行部の監視だけでなく政策提案という役割が与えられたことを認識すべきだ。政務活動費は、そのためにある。

各議員の賛否は積極的に公開することが必要だ。議員の仕事を住民がチェックするためにも不可欠。非公開は「議会が見えない」という声になり、議員への不信感や議会不要論につながる。

各議員は自らの議会を見つめ直し、地方自治や代議制の意味を考えてほしい。中でも「三ない議会」には猛省を促したい。

特集・インタビュー・シンポジウム・経過表

本社県民世論調査❶
地方議会への満足度

地方議会に不満56%

理由「活動伝わらず」最多

北日本新聞社は2016年8月、県民世論調査で富山県議会や市町村議会の現状に満足しているかどうかを尋ねた。「不満足とした人は56・6%に上り、理由は「活動が住民に伝わらないから」が最多だった。議場での傍聴はもちろん、ケーブルテレビ（CATV）やインターネットでも見たことがない人は57・5%と半数を超えた。有権者の満足を得るには中継を充実したり、積極的に報告会を開いたりして活動の「見える化」を進めることが必要といえる。

「見たことない」57%

満足度は、「大いに満足している」「ある程度満足している」を合わせて20・2%の一方、「あまり満足していない」「全く満足していない」は合わせて56・6%に上った。「分からない」も22・3%あった。

不満足の理由（複数回答可）は、「議会の活動が住民に伝わらないから」が最多の52・1%。次いで「議員のモラルが低い」「議会内での取引を優先して審議が不透明」「行政のチェック機能を果たしていない」が続いた。

議場で傍聴したことがある人は6・5%しかいなかった。10%を超えたのは南砺、入善、砺波の3市町だけ。CATVで見たことがある人は32・7%で、ネットは4・6%にとどまった。CATVが議会に接する重要な手段になっていることが分かる。

傍聴も、見たこともない人は57・5%に上った。30代が最も高く68・8%で、次いで40代の68%だった。自治体別では舟橋村が80％と最も多く、次いで富山市の71・8％。両市村とも議会中継がなく、如実に数字に表れた。最も低いのは21・7％の氷見市で、CATVで見た人が73・9％と県内最高だった。議会の満足度は、本社が加盟する日本世論調査会が２００６年、全国的に調べている。不満足は60・5％で、今回と同じ約6割。理由も「活動が伝わらないから」が最も多く、53・3％だった。

地方議会への市民の視線は富山だけでなく全国的に厳しく、「開かれた議会」に向けた取り組みも十年一日で進歩がないといえそうだ。

調査は16年8月上旬に郵送で行い、１０２８人から有効回答を得た。

地方議会の満足度

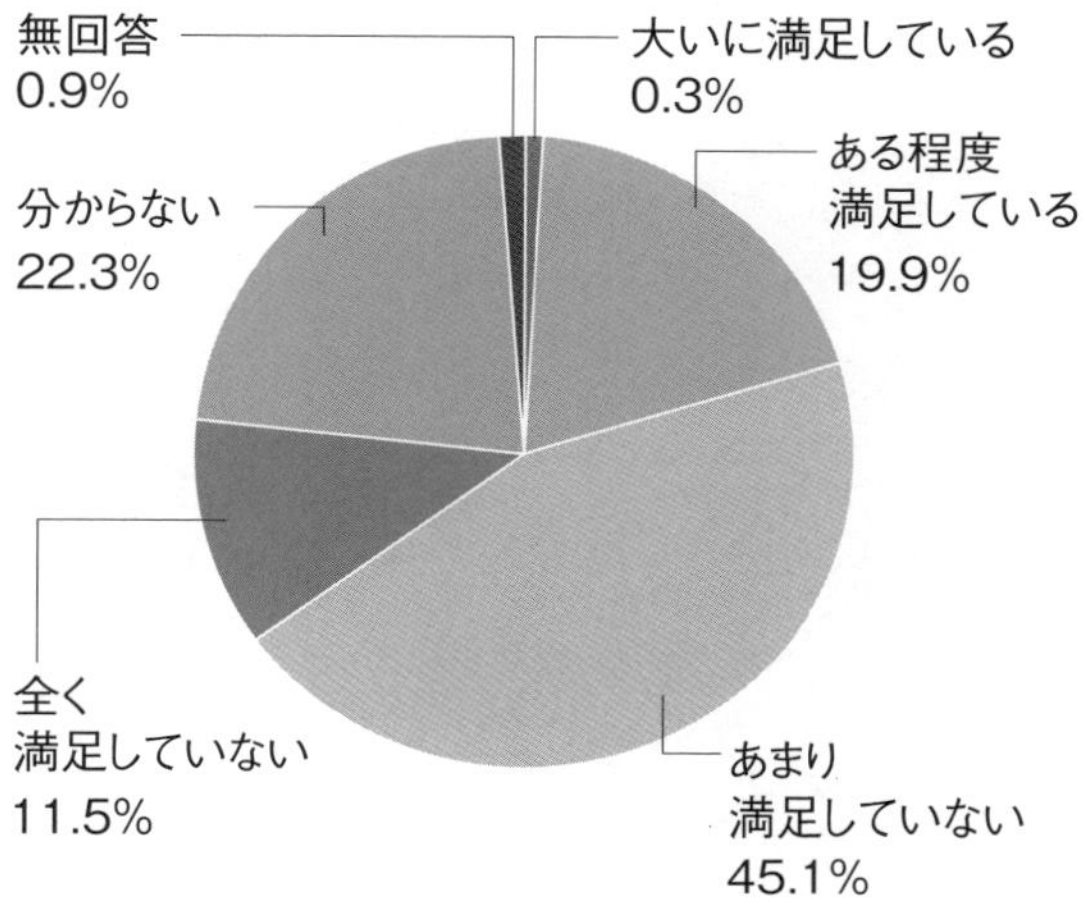

満足していない理由

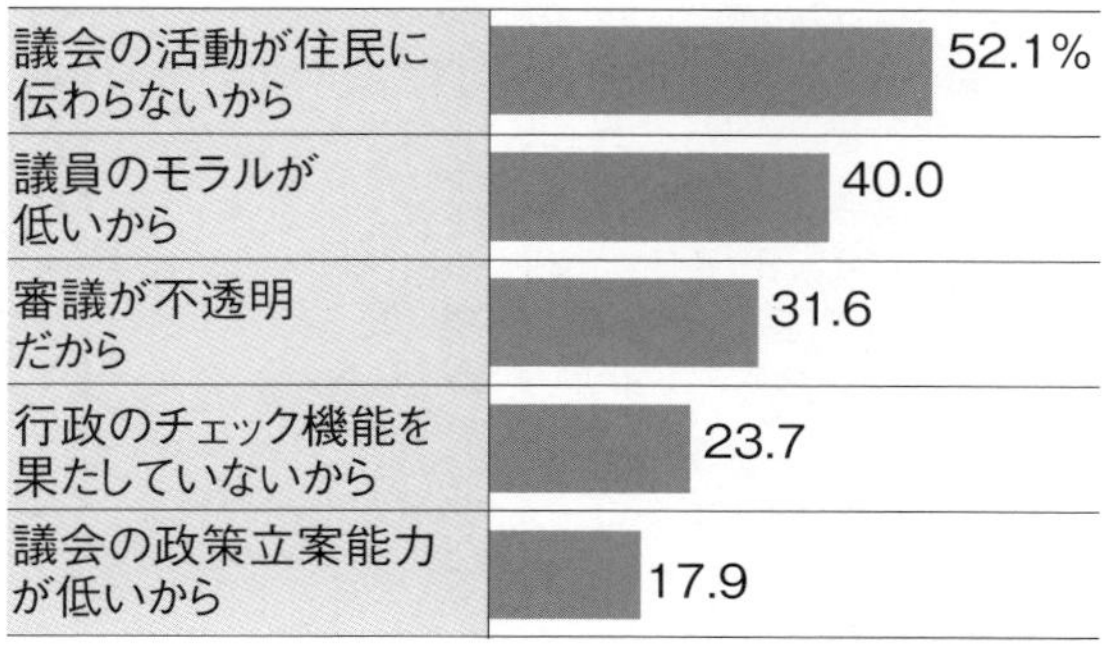

（複数回答可）

地方議会の傍聴

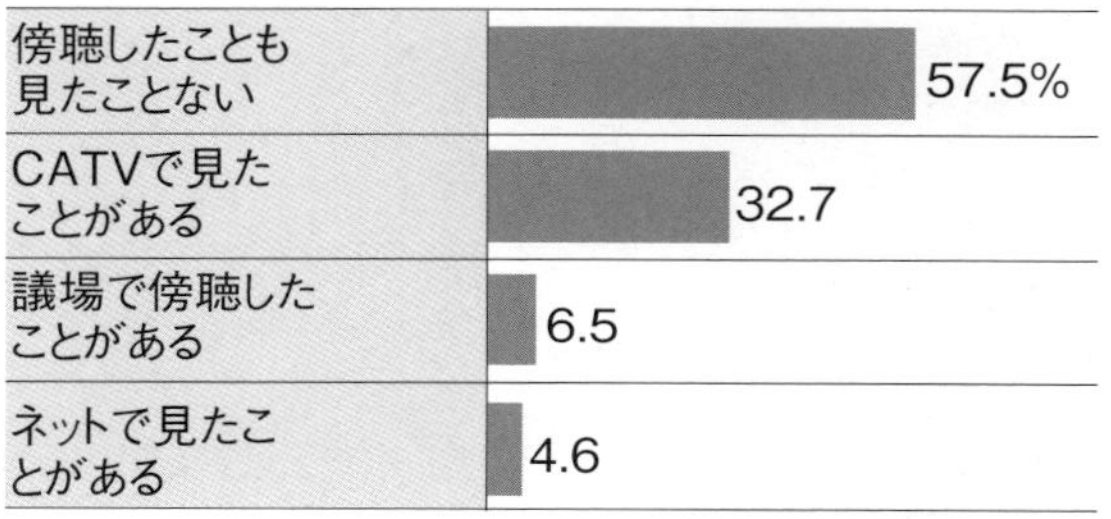

（複数回答可）

本社県民世論調査❷
議員報酬

議員報酬「今のまま」40%
「引き上げるべき」2・3%

「議員報酬は上げなくても結構です」「議会に関心はありません」。16年8月に行った県民世論調査の結果からは、地方議員への冷たい視線が見えてくる。一方、地元の世話ができるかどうか重視して投票先を決め、住民と行政の〝パイプ役〟になることを求める市民の姿も浮き彫りに。富山県内では政務活動費の不正や取材妨害といった議員の不祥事が相次いでおり、議会は、有権者はどうあるべきか改めて考え直す時期に来ている。

市町村議の報酬額を「今のままでいい」とした人は40・9%に上り、引き下げを求める人も37・5%いた。一方、「引き上げるべきだ」と答えた人はわずか2・3%。現在、報酬アップを検討している高岡市でも「引き上げるべきだ」は3・8%、砺波市でも2・6%と1桁にとどまったが、現状維持は共に40%を超えている。

高岡市議の報酬は月54万5000円。市議でつくる議会改革検討委員会で改定を協議しており、最大会派の自民同志会は引き上げを主張する。当初、16年7月の会合で結論を出すとしていたが、「市民の声を聞きたい」として結論を8月30日に持ち越した。

高岡市の調査結果を見ると、最多は「今のままでいい」の44・9%で、「引き下げるべきだ」も35・4%に上った。引き上げ

市議報酬の引き上げを賛成多数で可決する富山市議会本会議＝2016年6月15日、富山市議場

を望むのは3・8%だけで、「分からない」も13・9%いた。

砺波市議の報酬月額は37万4000円だが、45万円へのアップを求めている。16年5月に要請を受けた夏野修市長は、審議会に諮るかどうかを11月の市長選後に判断するとしている。

砺波市の結果も最多は現状維持の46・2%で、「引き下げるべきだ」も20・5%いた。「引き上げるべきだ」は2・6%。「分からない」との回答が30・8%に上り、市民への説明不足がうかがえる。

富山市議会は6月定例会で、市議報酬を17年春から月10万円アップして70万円にすることを決めている。世論調査では「引き下げるべきだ」が47・3%と半数近くを占め、多くの市民が今も疑問視していることが分かる。

市町村議の報酬

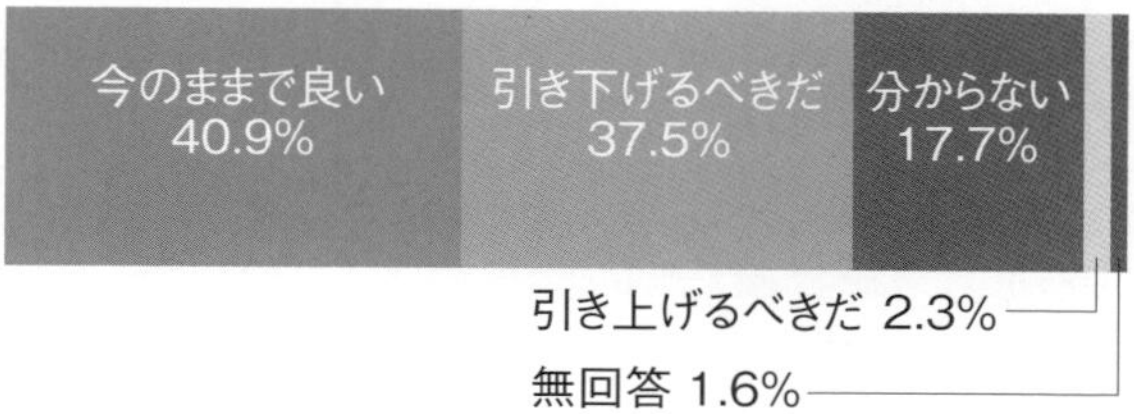

報酬の引き上げを求める申し入れ書を夏野砺波市長（右）に手渡す今藤市議会議長＝16年5月25日、砺波市役所

報酬の改定を話し合う高岡市議会の議会改革検討委員会＝16年7月21日、高岡市役所議会棟

関心　最高は入善64.3%

地方議会に関心を持っている人は「とても関心がある」と「関心がある」を合わせて39.8%いたものの、「あまり関心がない」「関心がない」を合わせた無関心の57.9%より下回った。

関心を持つ人の割合を市町村ごとに見ると最高は入善町の64.3%、最低は上市町の29.6%で大きな開きがあった。

関心を持つ男性は48.3%で、女性の32.4%を上回った。年齢が増すごとに関心が高まる傾向があり、20代以下は25.4%だったが、60代は43%、70代以上では59.9%に上った。

地方議会への関心

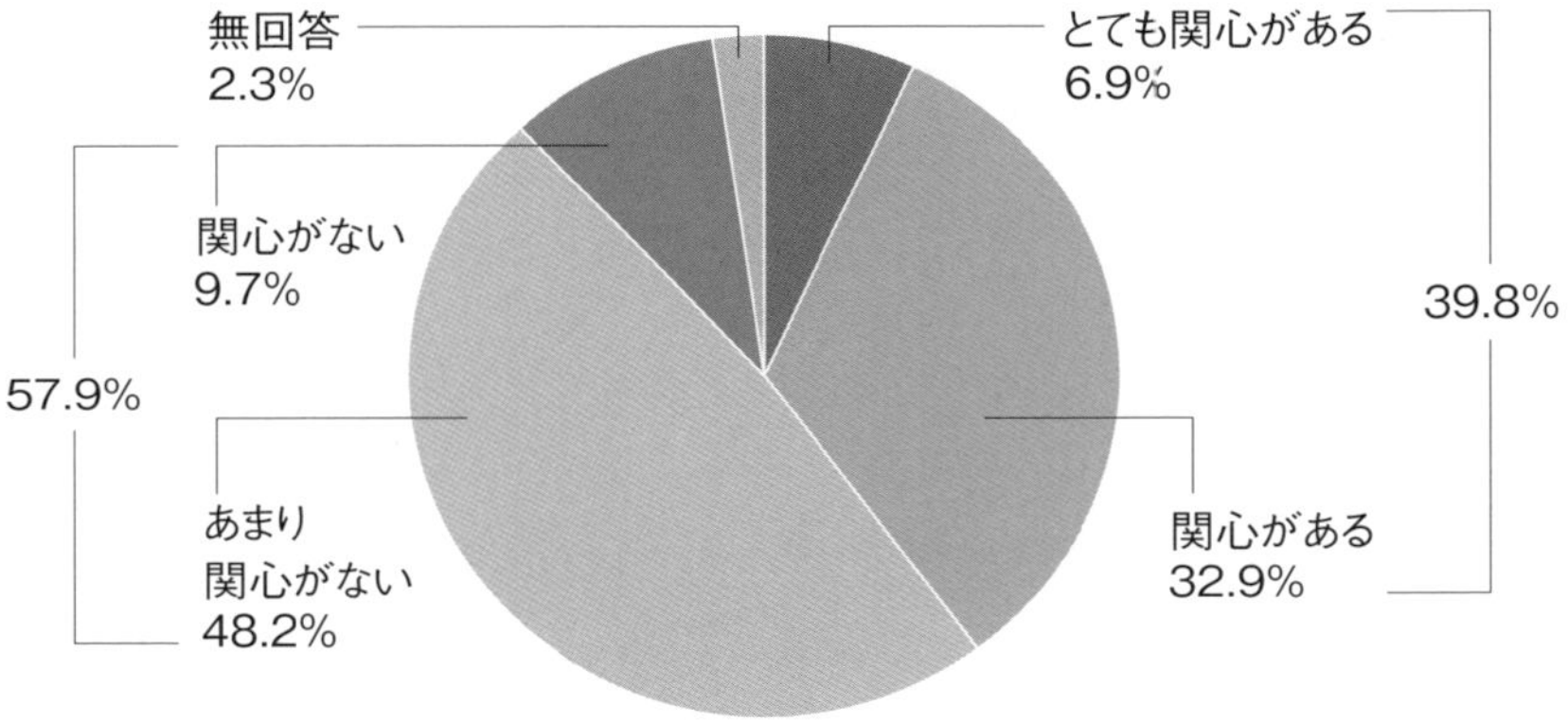

地方議会に関心を持っている人の割合

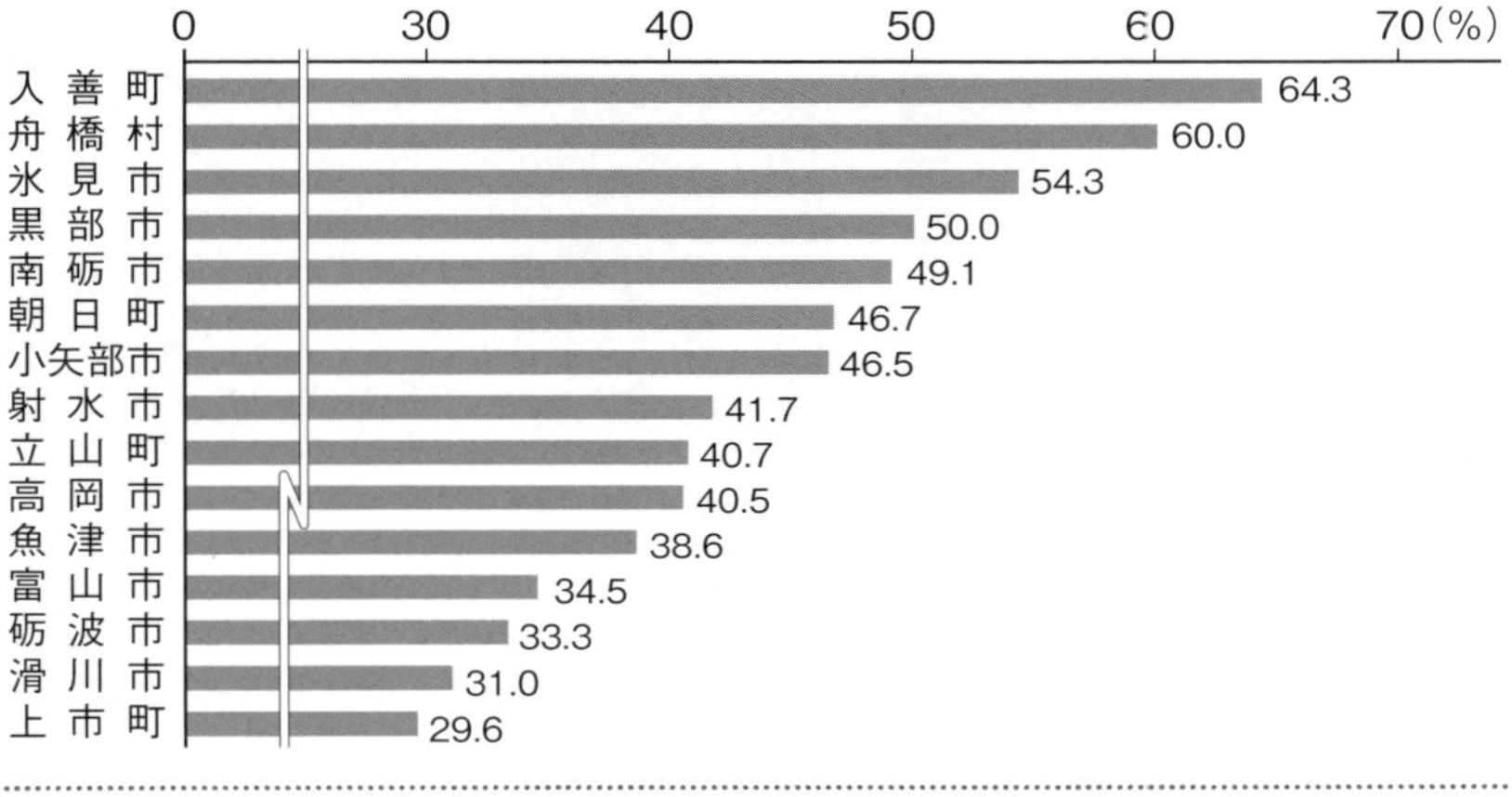

（本社県民世論調査は2016年8月28日付北日本新聞に掲載）

期待すること「行政とのパイプ役に」

市町村議に最も期待することは「住民の要望を行政に伝える」が55.6%に上り、自治体との〝パイプ役〟を望む人が半数を超えた。一方、議会の大きな役割である「首長や行政をチェックする」は12.1%だった。

期待として2番目に挙がったのが「行政の取り組みを住民に説明する」で、22.2%に上った。当局とは別に報告会を開いて議員自らが施策を説明したり、「議員だより」を充実して詳しく報告することが求められるといえる。

市町村議に最も期待すること

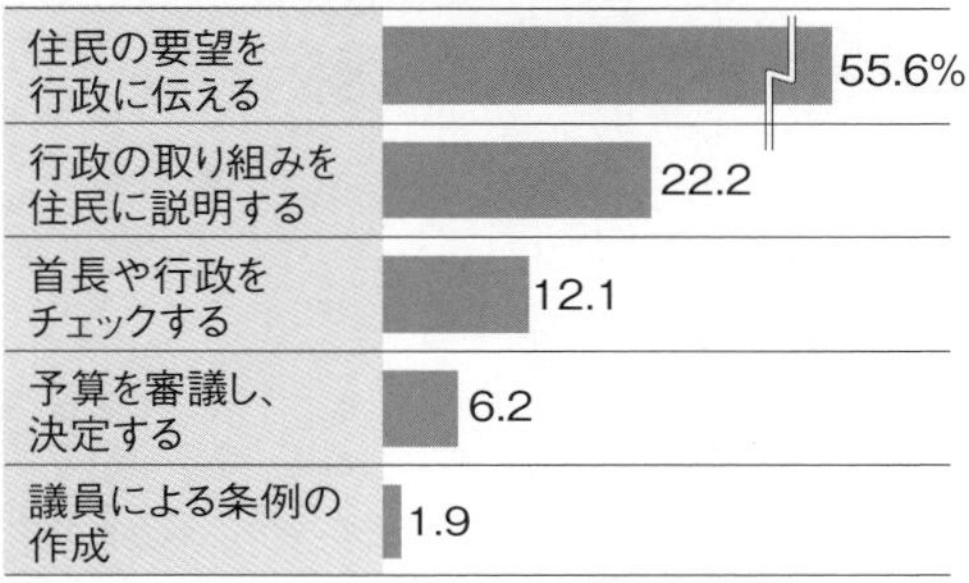

「首長や行政のチェック」は3番目で、次いで「予算を審議し、決定する」が6.2%、「議員による条例の作成」は1.9%だった。

市町村別では「住民の要望を行政に伝える」が最も高かったのは、朝日町の73.3%で、氷見、黒部、立山、舟橋の4市町村は60%を超えた。

選ぶ基準「地元の世話」トップ

選挙で県議や市町村議を選ぶ基準は「地元の世話ができる」が34%でトップだった。次いで人物の31.1%、政策の16.5%、支持する政党の公認・推薦が10.5%、政治手腕が5.4%と続いた。

年代別では、20代以下では政策で選ぶとした人は32.8%いるものの年齢が上がるとともに減少し、70代以上は6.2%だけ。一方、「地元の世話」は70代以上が41.8%、50代が39.9%に上り、年齢が高いほど地域活動を重視する傾向があった。

市町村議を選ぶ基準

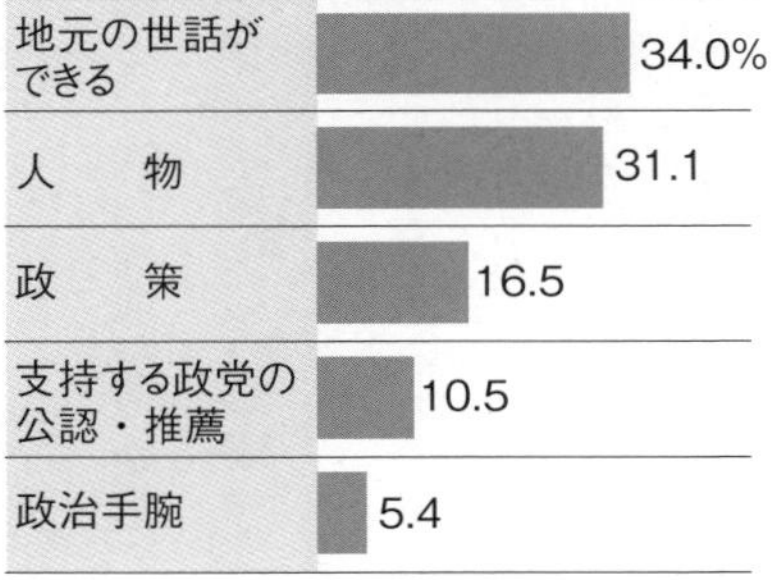

記者の直言
【拙速避け民意に耳を】

県民が議会や議員をどう見ているか、数字ではっきりと表れた。ポイントはいろいろあるが、ここは報酬に絞る。引き上げへの厳しい視線は、われわれが日々の取材で抱く感触と合致する。

「報酬アップに肯定的な人もいる」「反対ばかりではない」と抗弁した富山市議もいたが、それは本当に市民の声なのか。自らの周辺や支援者の意見ではないのか。「分からない」とした人が少なくないことも踏まえ、拙速な議論は避けるべきだ。

まずは民意に耳を澄ませてほしい。（地方議会取材班・片桐秀夫）

県・市町村16議会ランキング

60歳以上65％ 20代ゼロ

最も顔触れが若いのは氷見市、本会議での「質問ゼロ議員」が多いのは高岡市、「平成の大合併」による議員の減り幅が一番大きいのは南砺市—。北日本新聞は２０１６年、富山県と県内15市町村の計16議会にアンケート調査を実施し、結果をランキングした。順番を詳細に見ていくと、さまざまな特徴が浮かび上がる。さて、あなたの地元の議会は第何位？

一番〝若い〟氷見は52・7歳

平均年齢

議員の平均年齢が最も低かったのは氷見の52・7歳で、平均在籍期数も最小の2・1期だった。２０１４年の選挙を境に引退した議員が多く、新人の立候補がいつもより増えたためで、定数17のうち9人が1期の若手だ。

平均年齢は、富山県と4市を除く11市町村で60歳を超えていた。最高は朝日の68・9歳。朝日は高齢化率（人口に占める65歳以上の割合）も42・2％（16年10月）と県内最高で、人口構成を反映しているとも考えられる。ただ、平均在籍期数は2・2期と短い。

在籍期数が最も多いのは富山、上市4・4期で、ベテランの多さがうかがえる。ちなみに上市の平均年齢は、朝日に次いで2番目に高い。

全議員を年代別に見ると、60歳以上が全体の65・4％を占めた。人数は60代、50代、70代の順で多い。20代は1人もいなかった。

議員の平均年齢

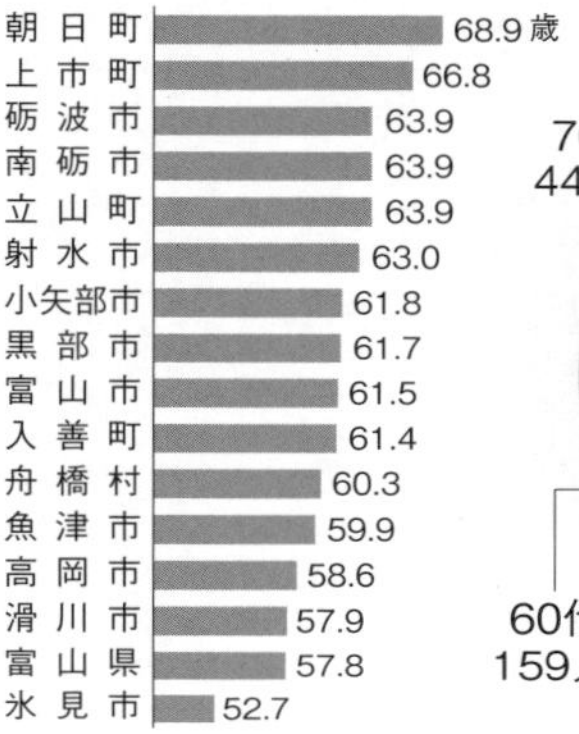

※2016年7月1日現在

議員の年代別人数

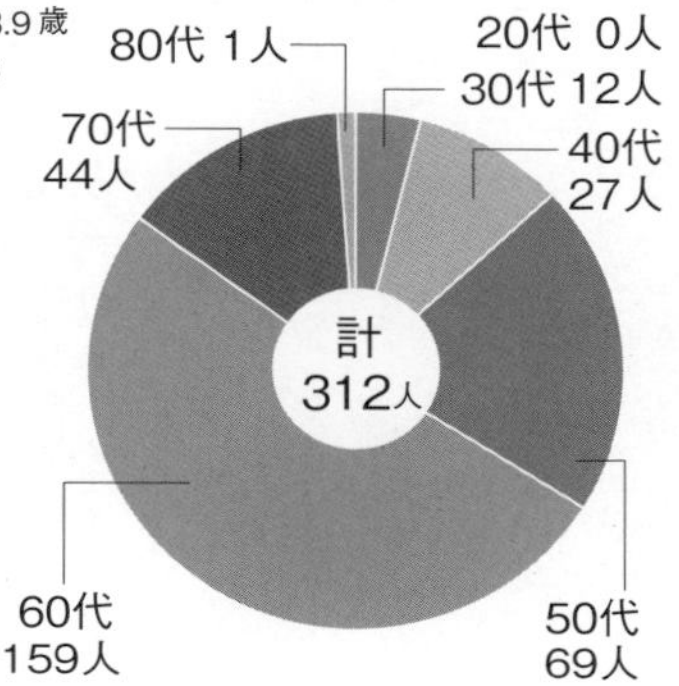

※2016年7月1日現在

議員の平均在籍期数

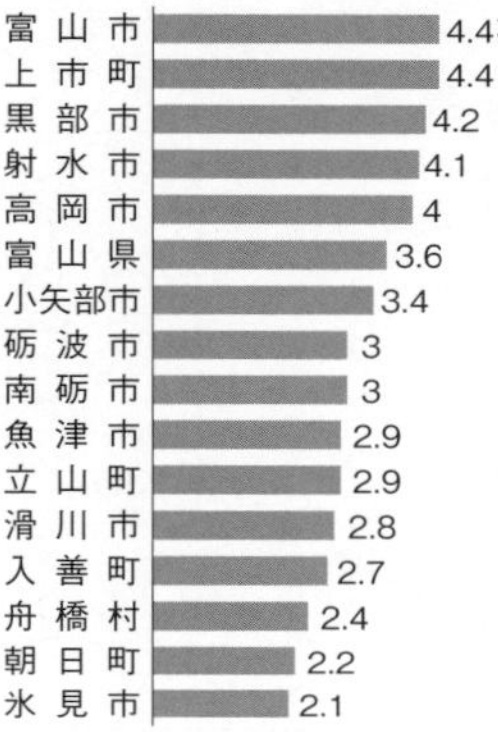

※2016年7月1日現在
市町村合併前の議会も含む

３００人以上いる県内の地方議員の中で、最高齢は82歳の上市の伏黒日出松氏だ。最も若いのは31歳の氷見の稲積佐門氏。ほぼ半世紀、いわば「祖父と孫」ほどの開きがある（年齢は17年1月1日現在）。

伏黒氏は１９９３年に初当選し、6期目。県内唯一の80代だ。議員歴23年で、議会では積極的に質問するよう心掛ける。「多くの本を読んで知識を取り入れ、現場で耳を傾ける。地域を良くするため、勉強し続けることが仕事だ」

続くのは79歳の富山の五本幸正氏。議員歴38年。最大会派・自民の会長で、２０１７年４月の市議選に11選を目指して立候補する意向を表明している。

最も若い稲積氏は14年、「生まれ育った氷見を良くしたい」と29歳で政治の道を志した。知識や経験はベテランに劣るとしながらも「若い人の声をたくさん聞けるし、知識を吸収できる量が多いのが強み」とアピールした。

次いで若いのが32歳。県の平木柳太郎氏と、富山の16年11月の補欠選挙で初当選した上野蛍氏だった。

最年長 82歳

伏黒日出松《ふしくろひでまつ》氏（上市）

勉強し続ける

最年少 31歳

稲積佐門《いなづみさもん》氏（氷見）

若い人の声聞く

高岡 10人でトップ

質問ゼロ議員数

２０１５年度に本会議で質問しなかった議員の数は、高岡が10人でトップだった。定数が多いほど「質問ゼロ議員」が多い傾向があるものの、上位の高岡（定数30）や射水（同22）は、県（同40）を上回った。滑川（同15）は唯一、全員が質問していた。

高岡の曽田康司議長は、会派役員が質問しなかったり、若手を優先したりする慣例があり、それが影響したと説明。「質問は義務ではなく権利。大事な仕事の一つだが、どう捉えるかは議員の個々の問題だ」と話した。

質問ゼロ議員の数（2015年度）

		本会議	予特	本会議・予特
1	高岡市	10人	―	10人
2	射水市	8	○	3
3	富山市	6	―	6
	富山県	6	○	4
	南砺市	6	○	0
6	砺波市	5	―	5
	小矢部市	5	○	3
8	入善町	3	○	3
	黒部市	3	○	2
10	氷見市	1	―	1
	上市町	1	―	1
	立山町	1	―	1
	朝日町	1	―	1
	舟橋村	1	―	1
	魚津市	1	○	0
16	滑川市	0	―	0

○：あり　―：なし

※予特は予算特別委員会、入善町は予算全員協議会

ただ、一問一答形式で予算案を審議する予算特別委員会（予特、入善は予算全員協議会）を重視する議会もある。県のゼロ議員は６人だが、予特を含むと４人に減る。大野久芳議長は「予特は本会議と同等。関心のあるテーマを掘り下げられるので、本会議より予特を望む議員もいる」と言う。

ゼロ議員が８人の射水も予特を含むと３人に減る。竹内美津子議長は、県と同様にベテランは予特を望む傾向があると指摘。「議員の使命は質問だけではなく、他の形でもしっかりと活動している」

一方、全員が質問した滑川の中島勲議長は「積極的に質問するのは当たり前。議会での大事な仕事という認識が伝統的に培われており、今後も大切にする」と述べた。

県が最多４４２人

上市は１人だけ

本会議傍聴人数

３月定例会（県は２月定例会）は、自治体の新年度予算

が審議されるため注目度が高い。そんな「予算議会」と呼ばれる定例会の本会議（２０１６年）の傍聴人数は、最多が県の４４２人、最少は上市の１人だった。

人数は県が突出しており、富山、砺波、氷見、黒部など比較的人口の多い自治体が上位に来た。しかし、人口が２番目に多い高岡は31人で、傍聴人数は8位と低迷した。

県の大野久芳議長は「各議員が後援会や地元自治会を通じて議場に来てもらえるよう努力している」と強調。新聞広告やポスターでも開催を案内しているという。

最少の上市の松谷英真議長は、２００３年からケーブルテレビで本会議を中継していることが大きいとし「議場に足を運ぶ手間が省け、町民からも『よく見ている』との声を聞く。議会は常に開かれた状態にある」と述べた。

本会議の傍聴人数

1	富山県	442人
2	富山市	130
3	砺波市	64
4	氷見市	63
	黒部市	63
6	南砺市	46
7	舟橋村	39
8	高岡市	31
9	朝日町	30
10	魚津市	24
11	滑川市	22
	立山町	22
13	小矢部市	14
14	射水市	4
15	入善町	2
16	上市町	1

※2016年3月定例会、県は2月定例会

南砺・射水70％以上の減

平成合併市で顕著

議員定数減少率

議員定数を「平成の大合併」前の約10年前と比べると、舟橋を除く15議会で86〜4減っていた。最も減少率が高いのは8町村が合併した南砺。次いで5市町村の射水、7市町村の富山が続き、一緒になった自治体が多いほど減少率が高い傾向があった。（次ページ上図参照）

議員定数は人口などによって各自治体が条例で定める。南砺は２００４年の合併前の定数は計91だが、16年7月には24に。同11月の選挙でさらに4減となり、現在は20だ。

旧井波町議も務めた才川昌一議長は定数減により「町内や地域の政策だけではなく、南砺の将来を見据えたより〝マクロ〟な視点が必要になった」と言う。井口、利賀の旧2村は市議不在の状況。「議員が減ったからといって、地域の声が届きにくい状況にしてはいけない」と話した。

議員定数の減少率

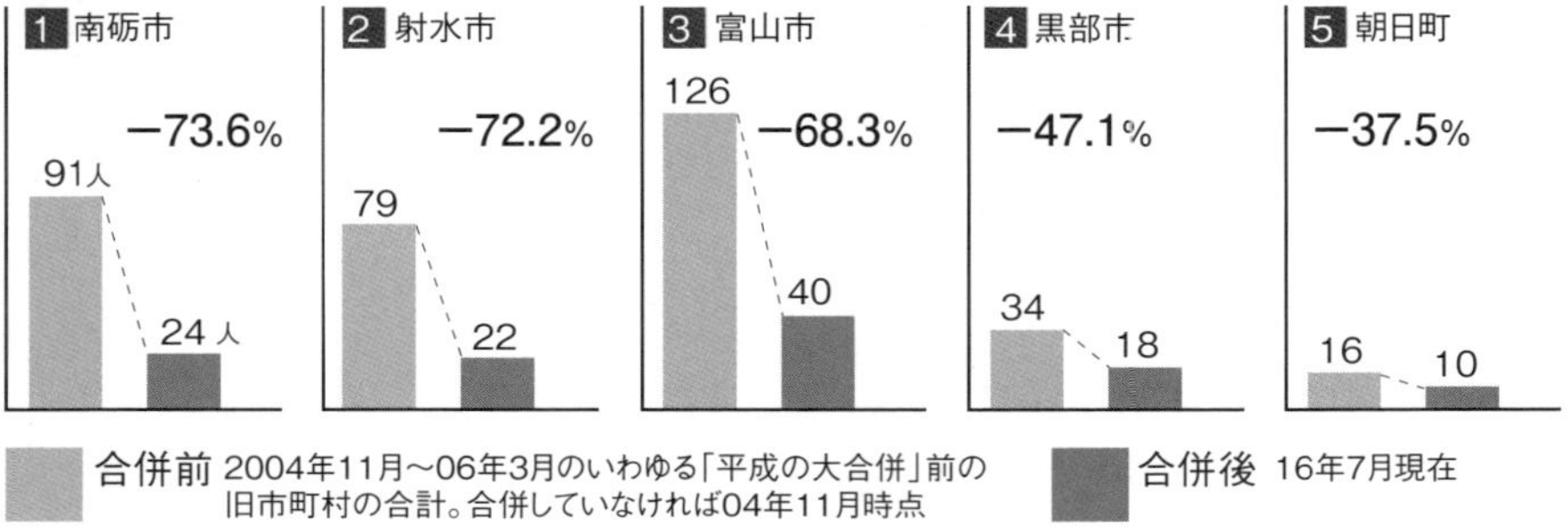

舟橋1位9995円

人口1人当たり議会費

議会費は議会運営にかかるおカネで、議員の報酬や政務活動費もこの中から支給される。人口1人当たりの2016年度の議会費は、舟橋の9995円が断然トップ。おおむね人口の少ない自治体ほど高くなる結果が出た。

4人世帯の場合、舟橋だと一家で議会のために4万円弱支出していることになる。舟橋の金額は、市町村最下位の富山の5・3倍に当たる。

人口1人当たりの議会費

※2016年度当初予算

議員最大28倍差

議員1人当たりの人口

議員1人当たりの人口は、自治体の人口とほぼ比例する。最も多いのが県で2万5千人を超えていた。

最も少なかったのは舟橋で377人。市町村トップの富山と比べると28分の1ほどだった。

議員1人当たりの人口

1	富山県	2万6576.8人
2	富山市	1万 454.5
3	高岡市	5816.4
4	射水市	4279.4
5	氷見市	2917.0
6	魚津市	2528.6
7	砺波市	2463.6
8	黒部市	2322.5
9	滑川市	2230.0
10	南砺市	2206.0
11	小矢部市	1938.8
12	立山町	1904.3
13	入善町	1835.4
14	上市町	1785.9
15	朝日町	1271.2
16	舟橋村	377.6

※議員定数は2016年7月現在

首長16人に尋ねた議会の評価

「行政へのチェック十分」…10人

県と市町村の首長16人に「執行部(行政)をチェックする議論が行われていると思うか」を選択式で尋ねると、11人が「行われている」と肯定した。

「十分に行われている」としたのは県、射水、魚津、滑川、黒部、砺波、小矢部、南砺、上市、立山の10人。石井隆一知事は理由を「さまざまな場面で意見、提言をいただいている」とした。舟橋は「多少は行われている」を選んだ。

本川祐治郎氷見市長は、議場での議論と限定して「多少は行われている」を選び、会派内は「あまり行われていない」と答えた。

富山、高岡、入善、朝日は無回答もしくは提示した回答を選ばなかった。無回答の森雅志富山市長は「二元代表制の一翼を担う議会について、もう片方の首長がコメントするのは適切さに欠ける」などとした。

識者に聞く

若者の課題　くみ取れるか

富山大准教授
池田丈佑氏
(政治学)

調査結果からは、県内議会の抱える幾つかの問題が浮かび上がる。

一つは議員の年齢。60代が約半数を占めるという状況をどう捉えるか。良い方に考えれば、60代は社会の問題に精通した世代で、高い年齢層だけでなく若い世代のアジェンダ(検討課題)にも敏感に対応できると想像できる。

しかし、そうではない場合、若者が政治に期待を持たなくなる可能性がある。年配の議員が若い世代の課題をどのくらいくみ取り、対応しているかが問われる。

質問は議員の大切な仕事であり、回数をいかに重ねるかは重要なポイントだ。順番待ちなど議会運営の理由でできなかった人もいるだろう。議会の活性化を望むなら機会を増やす工夫をしてもいい。

各議員はこれらの問題を念頭に置き、今後どうするかを話し合ってほしい。また、市民もこの観点で議会をしっかり点検すべきだろう。

調査の方法

2016年6、7の両月、県と15市町村の議会事務局、首長、議長に文書を送り、回答を取りまとめた。議員の定数や期数、平均年齢は16年7月1日時点、人口は同年4月1日時点。数字は小数点2位以下(議会費は小数点以下)を四捨五入した。

(県・市町村16議会ランキングは2017年1月1日付北日本新聞に掲載)

インタビュー・2017年1月1日掲載

北川正恭 氏（早稲田大名誉教授）

議員の在り方 市民も議論 本会議「ガチンコで」

問題が相次いで表面化した富山県内の議会。どうすれば有権者の信頼を取り戻し、活性化が図れるのか。三重県で県議や知事を務めた北川正恭早稲田大名誉教授に話を聴いた。

—一連の政務活動費の不正をどう見た。

「大なり小なり全国的にあるとは思っていたが、極端な例が富山で現れた。でも、ちょっとひどすぎる。悪質かつ幼稚な犯罪だ」

—背景は何か。

「2000年の地方分権一括法施行で、地方議会の権限は、執行機関（行政）の監視だけでなく政策提言、調査などにも拡大され、『議会よ、頑張れ』ということで政務調査費（現・政活費）が与えられた。しかし、議員は自らの役割の変化や政活費の目的を全く認識していないため平気で書類を改ざんしたり、領収書を自作したりした」

—政活費不要論も出た。

「議会の役割は民意の反映。市民を代表するのは役所じゃなくて議会。地方分権、地方創生の時代になり、政策提案もできる。例えば提案に際しては市外や海外の事例も調べなければならない。二元代表制は本来、行政と議会が競い合う。しかし、行政だけが圧倒的な人員と予算を持っていることを考えれば、議会に政活費は必要。もちろん無駄は省かなければならないが」

—不正防止策は。

「まずは議員向けの勉強会だ。使途もインターネットでオープンにすべき。いつでも、どこでも、誰からでも見られる緊張感が抑止力になる。公認会計士らを交えた第三者機関のチェックも良い。厳しく対応していく議会事務局の覚悟も必要だ。議員がどのように活動したかを把握し、公僕として市民に説明責任を果たさなければならない」

—富山市議会では議員報酬の引き上げも問題になった。

「議員に存在感はあっても、その総体である議会は何をやっているのかさっぱり見えない。やっていることは執行部の追認のため、『報酬を下げろ』という声や議会不要論が出てくる。まずは議員自らが議会を変えない限り、報酬アップはあり得ない」

―富山市は、増額すべきという報酬等審議会の答申を尊重して議案を提出した。

「市としての判断は正しい。だが、審議会の議論はどうだったのか。自分たちの議会が本当に機能しているのかを真剣に話し合ったのか。審議会はあってもいいが、いつも決まったメンバーで、なあなあになっていないか。そこを考える契機でもある」

―議会改革の一環で、県議会では議会基本条例を策定する動きが出てきた。

「条例案の作成を通じて、議長の権限や、委員会、事務局の在り方といった当たり前のことを改めて話し合うのが非常に重要だ。『気付きのきっかけ』になる。残念だが、基本条例をつくっても何も変わらない議会が圧倒的に多い。しかし、本格的な改革は基本条例策定の過程から生まれると確信している」

―県内はすべての議会で本会議を中継することになったが、事前に作る〝台本〟を読むだけの議会が多い。

「用意した文章を一字一句違わずに読むのは、学芸会。これでは駄目だ。議員は質問を作る際に行政に聞きに行くが、行政は都合の悪いことは隠す。だから、さまざまなツールを使って自ら調べることが大切。議会に緊張感を生むため（事前調整のない）ガチンコであっていい。ただ、質問のテーマや方向性は示すべきだろう」

―富山の有権者にメッセージを。

「政活費の不正は議会の責任が重く、それを許してきた行政も良くない。しかし、議員を選んだ市民にも責任がある。まずは、議員に全てを任せる〝白紙委任〟をやめるべきだ。選挙では政策などを主体的に調べ、選んだ議員が4年間で何をやったかをチェックしてほしい。失礼な言い方だが、市民のレベル以上の民主主義はできない。不祥事をきっかけに、行政と議会の関係、地方議員はどうあるべきか大いに議論してほしい」

北川 正恭
（きたがわ・まさやす）
早稲田大名誉教授。三重県議（3期）、衆院議員（4期）を経て、三重県知事を2期（1995–2003年）務める。03年に同大大学院教授。04年には同大マニフェスト研究所を設立して所長に就任し、現在は顧問。三重県出身、72歳。

インタビュー・2017年4月16日掲載

片山善博 氏（元総務相）

有権者のあなたへ 「議会変える人」選ぼう

2017年4月16日、富山市議選は投票日を迎えた。有権者はどのように行動すべきなのか？。元総務相で地方自治の専門家である片山善博氏に、この選挙の意義や1票を託す相手の選び方などを聞いた。

—今回の富山市議選には58人が立候補している。この中から1人を選ぶのは大変だ。

「投票日を迎えた富山市議選は、富山市にとって大切な選挙だ。多くの政務活動費の不正があったことを踏まえ、より良い議会を模索する議員を選ばなければならない」

「怒りや諦めの気持ちから、投票に行かないという人もいるかもしれないが、投票しないことは、現状に満足しているということを意味する。『こんな議会嫌だから白紙で投票する』というのも、ただの現状の肯定としかならない」

「地方自治というのは〝自業自得の仕組み〟。富山市民が『これ以上、評判を落とすのは嫌だ』と思うなら投票すべき。投票に行かず、現状のままでいいという民意を示すなら、はたからは何も言えない」

「富山市議会に限らず、多くの地方議会には「市民参加」が足りません。市民を参考人として議場に招いて意見を聴けば、それだけで透明性が増す。ほとんどの議会は、市の執行部から根回しを受け、シナリオ通りの〝学芸会〟を開いており、市民が入り込む余地がない。私なら『市民にオープンな議会に変えていきます』という人を選びたい」

—市民の声に耳を傾ける議員が必要ということか。

「選挙によって議員に負託されるのは、市政の《決定権》です。市民の代表と言っても、決して〝白紙委任〟されるわけではない。《開かれた議会》で、最終決定に至るまで市民の意見をよく聴く。最後には公正な決断をする。これが議員に求められることだ」

「とはいえ、理想の候補者はなかなかいない。自分なりに情報を集めた上で、〝より悪くない人〟を選ぶというのが現実的だろう」

「現状の地方選はどうしても、地元の代表を選ぶものになっている。これだと、市全体の利益ではなく、特定の地域や団体の《部分益》のために働く〝口利き議員〟を生み出してしまう。議員が、待機児童になってしまった親子に頼まれ、口利きをして1人の子どもを保育所に押し込んだとする。部分益はかなえられたが、これでは別の子どもが押し出され、保育所に入れなくなっただけ。そうではなく、みんなが困らないよう市政を変えるという理念を持った議員を1人でも増やすべきだ」

「『そんなの建前。きれい事を言っても仕方がない』という意見もあると思う。ただ、民主主義は、歯を食いしばってでも正論を吐くことが必要。痩せ我慢してでも立派に生きようとするのが、われわれの築いてきた社会ではないだろうか。建前は大事である」

——小さな自治体では議員のなり手不足が深刻なことも事実だ。

「議会とは、世の中のルールを決める場。世の中は多様だから、その多様性が反映された議会が望ましい。夕方から本会議を開くなど、若いサラリーマンも子育て中の女性も議員になれる仕組みづくりが重要だが、選挙では、老若男女のバランスがどうなるのかも注目される」

「砺波市議選も投票日です。小さい議会の方が改革は進みやすい。市民には、富山市議会の失敗に学び、より良い議会となるよう、志ある人に1票を投じてほしいと思う」

片山 善博
（かたやま・よしひろ）
東京大法学部を卒業し、自治省入り。退官後、1999年から鳥取県知事を２期務めた。2010年９月から11年９月まで総務相。慶応大教授を経て、４月から早稲田大政治経済学術院教授。65歳。

インタビュー・2017年6月4日掲載

佐々木信夫氏（中央大教授・地方自治専門）

政活費で「法制局」を　政策立案機能を強化

2016年夏から相次いで発覚した政務活動費の不正を踏まえ、富山県内では「開かれた議会」に向けた取り組みが加速している。県議会は17年6月中に基本条例のための検討組織を設け、富山市議会は一般質問の時間を延長する新ルールを6月定例会から適用した。効果的な改革メニューや地方議会のあるべき姿を、地方自治が専門の佐々木信夫中央大教授に聞いた。

―政活費が調査され、不正が発覚するきっかけになったのは、富山市議会が強引に議員報酬をアップしたことだった。

「報酬はあくまで活動の〝対価〟なのだが、生活費を保障するもののように位置付け、そこをあいまいにしたまま自治体の横並びで引き上げてきた。いくらが妥当なのか、金額の根拠を議員と住民が一緒になって考える時期に来ている。富山は辞職者まで出る事態になったのだから、その作業が必要だ」

―議員は専業でなければならないのか。

「今の地方議員にそれだけの仕事があるのか疑問。予算編成も条例作りも議会が担うというところまでがらっと制度を変えれば、専業に見合う報酬を支払う価値が出てくるだろう。現行制度の下では、サラリーマンも議員になれるよう休日・夜間議会などの導入を進め、議員以外の仕事で生活費を稼げる仕組みにすべきではないか」

―ただ、地方分権で自治体の裁量が拡大し、議会の仕事も重みを増している。

「その通り。地方議会に、政策提言をはじめプロの仕事が求められるようになっているのも事実。そこで大事になるのが政活費だ。使途は政策立案のための調査・研究費に限定すべきだと考える」

「各議員が政活費の半分を拠出し、地方議会に『法制局』を設けることを提案したい。条例の作成、首長提案の予算や条例のチェックなど議会の仕事をサポートする機関で、近隣自治体で共同設置してもいい。法制局のサポートによって議員の専門性を高め、首長と対抗する能力を備える必要がある」

―議会基本条例の意義は。

「自分たち議会がどうあるべきかを議論し、条文に書くのが基本条例だ。報酬をどうするか、どのような審議の進め方をするか、市民とどのようにコミュニケーションを取るかといったことをまとめていくと骨格が定まる。議論をすること自体が、議員にとって貴重かつ重要な学習機会になる」

「民意を反映するためクオータ制（割当制）を導入するのはどうだろう。例えば定数の中に女性3割、40歳以下3割を割り当てることを明記してもいい」

―4月の富山市議選は不正防止策や議会改革が争点となったが、投票率は47・83％と低迷した。

「住民は〝お任せ民主主義〟で、議会に関心がなかった。議会も自治体も『無関心のままでいい』と、公開を進めてこなかったことが根っこにある。公開はもちろん、議会の論議に関心が集まるよう争点を明示しなければならない」

―議会が維持できないとして、全住民による「町村総会」を検討する小規模自治体が出てきた。

「地方自治法で、小さい村から大都市まで全て『二元代表制』を当てはめたのが悪い。別々の選挙で選ばれた首長と議員が競い合う二元代表制がいいのか、議員の中から首長を選ぶ国会のような議院内閣制か、その他の方式なのか、それぞれの自治体が自らに合った制度を選択するのがいい」

佐々木 信夫
（ささき・のぶお）
岩手県出身。早稲田大大学院修了。東京都職員になり、企画審議室勤務などを経て退職し、1989年に聖学院大教授、94年から中央大教授。『地方議員の逆襲』（講談社現代新書）など地方自治に関する著書が多数ある。69歳。

2016年11月12日　北日本新聞公開シンポ
「民意と歩む　議会は変われるか」

特別パネリスト
池上　彰氏　ジャーナリスト
パネリスト
河村　和徳氏　東北大大学院准教授
諏訪　雄三氏　共同通信社編集委員兼論説委員
丸尾　牧氏　兵庫県議
片桐　秀夫　北日本新聞社地方議会取材班キャップ
コーディネーター
岩本　聡　北日本新聞社論説委員長

■公開度　日本一の好機

「富山市議会は今、改革のチャンス。議会改革のナンバーワンを目指してほしい」――。専門家やジャーナリストらが意見を交わした2016年11月12日のシンポジウム「民意と歩む　議会は変われるか」では、富山市議会をはじめ政務活動費の不正が発覚した議会をどう再生していくべきか、さまざまな方策が提案され、エールも送られた。基調講演した池上彰氏は、有権者が議員の仕事をチェックすることの重要性を強調した。

基調講演　池上　彰氏（ジャーナリスト）

民主主義を守るために

この1カ月間、米国で大統領選を取材し、「民主主義って何なんだろう」と考えさせられた。

日本ではトランプ大統領の誕生に驚いているかもしれないが、現地でヒラリー・クリントンは本当に嫌われていた。ベテラン政治家であることがその理由で、ウォール街などから金を受け取っていることもあって、中央の政治にまみれ、汚れているというイメージで見られていた。

これに対し、トランプは白人労働者層に狙いを定めて演説をした。エリート層への反発をあおる暴言を繰り返し、「よくぞ言った」と、地方の人たちの心をとらえた。

ただ、差別的な暴言によって、ヒスパニック系やイスラム教徒の子どもに対するいじめが起きている。トランプは大統領になるために、あえて国を分断した。米国の政治は難しいものになるだろう。民主主義は、良くない状況も引き起こすということだ。

民主主義について考える事例を挙げたい。今、米国では新聞ジャーナリズムが衰退し、静かな危機となっている。広告収入の減少で、地方紙が次々になくなっている。

その結果、何が起きたか。カリフォルニア州ベル市で1998年、地元紙が休刊した。その地元紙の記者が市役所を取材し、市議会を傍聴していたわけだが、チェックがなくなった。すると、500万円だった市長ら幹部の年俸が6400万円までになっていた。まさにお手盛りで報酬を決めていたことが発覚した。

米国ではあちこちで地方紙が消えたことで、汚職が頻繁に起きるようになった。監視役がいないと、人間は悪いことをしてしまうという例だ。

富山市議会でも議員報酬引き上げに始まり、政務活動費の問題が発覚。ついには議会浄化に向かうことになった。

不正を暴いたのは北日本新聞をはじめ地元の新聞、テレビで、よくやった。ただ、「これまで何やってたの」とも言える。政活費に関しては、2014年に兵庫県の〝号泣県議〟が登場し、問題化した。その時に着手していれば、もっと早く明るみに出ていたかもしれない。

池上　彰（いけがみ・あきら）
1950年、長野県生まれ。ジャーナリスト。NHK入局後、事件や教育問題などを取材。2005年に独立。名城大教授、東京工業大特命教授。

報道・市民が監視役

今、全国のメディアが政活費について情報公開請求をしている。すると、あちこちの議会事務局が請求があったと議員に伝えたことが分かった。議員と事務局の間に緊張感がなくなっていたわけだ。

NHKの記者として、広島県の呉通信部に勤務していたことがある。普段、どの報道機関も取材していない瀬戸内の町議会に傍聴に行くと、議員たちに緊張が走るのが分かった。やはり傍聴席に誰もおらず、監視の目がないと、緊張感が失われてなれ合いになる。富山市議会でも、緊張感のなさが今回の事態を招いたのではないか。

議会の活性化に重要なのは、多様な人がいることだ。都議会で女性議員へのセクハラやじが問題になった。あのようなセクハラやじは昔からあったが、女性議員や女性記者たちが「おかしいじゃないか」と声を上げた。女性の進出により、都議会は変わりつつある。どこの議会も年配の男性が多いが、女性や若者らも入っていくことが大切だ。

政活費に関して、問題提起をしておきたい。かつての政務調査費を「政活費」に改めて使い道を大きく広げ、議員の「生活費」となった。調査、研究に使い道を限る政調費に戻すべきではないか。

さらに、「後払い」にすることで随分、変わるのではないか。「前払い」ではどうしても使い切ろうという意識が働く。高岡市議が政活費で5万円の万年筆を買ったことが北日本新聞に載っている。政活費を使う必要があるか疑問だが、後払い制だったら果たして買っただろうか。

性悪説に基づいてチェックすることも必要だ。人間は弱いもの。誰も見ていないと思うと悪いことをしてしまう。私たち一人一人が、自分たちの代表をしっかり見ていかなければならない。

パネルディスカッション

■政活費不正

岩本 一連の不正が発覚した経緯などを改めて教えてほしい。

片桐 4月に富山市議による懇談会で報酬引き上げの話が出た。有識者による審議会が開かれたが非公開だった。情報公開請求をして分かった議論の内容からは、引き上げに明確な根拠があるとは感じられなかった。議員一人ずつに話を聞こうとして、中川勇氏に取材を妨害された。市民から批判が集まったが、議案は可決された。本紙は7月に矢後肇県議の不正をスクープし、8月に中川氏の不正を報じた。その後〝ドミノ辞職〟が起きていった。

岩本 2年前に兵庫県で「号泣県議」の不正が発覚した。兵庫県議の丸尾さんは富山の問題をどう見たか。

丸尾 富山市議会でも見られた茶菓子代の不正や領収書の偽造は兵庫県議会でもあった。ただ、富山では（議員間で）情報が横につながり、不正をしたのではないかと感じる。問題はより根深いと思う。兵庫県議会の問題が明らかになった後も富山で不正が続いていたことから、議員の特権意識や閉鎖的な体質は深刻だと思う。

河村　議員たちの間に、報酬や政務調査費（当時）を引き上げたいという雰囲気があるのを以前から感じていた。2002年に北陸3県の市議会議員に意識調査をした時、報酬を増やしたいと答えたのは4割で、政務調査費を増やしたいという議員も多かった。

■諏訪氏　非公開は「逃げ得」

諏訪　（富山市など）中核市の多くは政活費などに関する情報がオープンにされていないので、情報公開請求してチェックしないといけない。ただ、領収書の一部が黒く塗りつぶされたりして、何に使ったかも分からない。議員にとって「逃げ得」。何でもできるかもしれない。政務調査費が政務活動費になって使い道が広がったが、同時に情報公開も進めなければいけなかった。情報公開が進んでいない自治体は不正が明らかになっておらず、根が深いと感じる。

池上　英国など欧州では議員が非常に少ない。仕事を持ち、夜間や休日に議会で審議している。支給されるのは交通費の実費ぐらい。ボランティアで行政の仕事をチェックし、住民の思いを伝えている。選挙運動では周りのスタッフが手弁当で候補者を支えているので、議員活動には全然お金がかからない。

片桐　富山市議会補欠選挙の立候補者にアンケート調査をして政活費の「後払い」について聞いた。ほとんどの人は民間的感覚からか「後払いが良い」と答えたが、現職は導入に後ろ向き。少しの間でも立て替えることが経

丸尾　牧
（まるお・まき）
1964年、兵庫県生まれ。兵庫県議。県議会政活費問題で不正支出を追及した。市議4期、県議3期。市民オンブズ尼崎世話人。

諏訪 雄三
（すわ・ゆうぞう）
1962年、兵庫県生まれ。共同通信社編集委員兼論説委員。公共事業、地方自治、防災、地域活性化を担当。著書多数。

河村 和徳
（かわむら・かずのり）
1971年、静岡県生まれ。東北大大学院情報科学研究科准教授（日本政治論、地方政治学論）。北陸の政治にも詳しい。

済的に負担なのだろうか。外から見ると後払いは当然と思うが、長年議会にいるとそうなってしまうのか。

■**河村氏　性悪説でチェックを**

河村　議員が「地域代表」になっていることも問題。市民は地元の声を聞いてくれればいいと考え、議員に「丸投げ」してしまっている。「地域代表だから頑張ってくれているに違いない」と性善説で考えており、それがチェック不足につながっているのではないか。性悪説で見ることも必要かもしれない。

■**議会改革**

岩本　不正の対策について考えたい。

河村　政活費はどこまで使っていいのかという合意がない点が問題だ。福島県議会では、会派が出費する前に「これには使っていいのか」と事務局に確認している。政活費を充てられる使途のリストを考える必要があるだろう。

丸尾　政活費を使い、競馬場のナイターレースの賛否を問う住民アンケートを行ったことがある。議員が活動するための費用はやはり必要だし、使途を公開すれば市民が議員を評価する材料にもなる。政活費は残して、額を再検討するのが良い。

諏訪　今の地方議会は政策提言と首長のチェックという二つの仕事が求められている。政活費を一生懸命使ってしっかり政策提言をする議員を育てるのか、チェック中心でお金のかからない議会にするのか議論することが重要だ。

■**丸尾氏　活動の評価も必要**

丸尾　領収書などを確認する第三者機関は全国の15自治体が設置しているものの実態はかなり違う。さいたま市は年間600万円の予算を付けて公認会計士が毎日のように領収書をチェックしているが、チェックは年2回という自治体もある。体制も含め、検討してもらいたい。

池上　平日の昼間に開かれる議会はなかなか見に行けな

片桐　秀夫（かたぎり・ひでお）
北日本新聞社地方議会取材班キャップ

コーディネーター
岩本　聡（いわもと・さとし）
北日本新聞社論説委員長

い。数回に1回は夜間や土曜の午後に開くなど、監視の目を入れることが必要ではないか。「見つかるかもしれない」と思わせるだけである程度の防止になる。

岩本 富山市議会への信頼は、市民が「そこまでやるのか」と思うほどの改革がないと、回復しない。

■片桐氏 怒り 関心に変えて

片桐 これを機に、全国でも上位に入るぐらい開かれた議会になってほしい。今回の件で読者から怒りの電話やメールをたくさんいただいたが、怒りで終わらせず、議会への関心へと変えてもらいたい。1度議場に足を運んでみてほしい。

河村 富山市議会の件をニュースの向こう側の話と捉えないでほしい。政治家は有権者の鏡。不正があれば「あ、あの富山ね」と有権者まで悪く見られる。富山の物産を売る時など、波及効果は大きい。

会場を埋める聴衆がパネリストらの話に聞き入った＝ANA クラウンプラザホテル富山

諏訪 議会を見に行き、そして議論する議会に変えていってほしい。議会の役割をまとめた議会基本条例は、全国で約4割の自治体が制定している。まずは議会が何をするかを公開し、市民がそれをチェックして、議員の「通信簿」を付ければ良い。能力のある人を議員にするためには、皆さんの目が必要だ。

丸尾 今は改革する最大のチャンス。請願制度を活用したり、議会報告会を開いたりと市民が参加できる仕組みを整えることが大事だ。議員活動の評価もぜひ始めてもらいたい。議員の発言や提案が評価されることで、初めて政活費も有効に使われ始めるのだろう。

■池上氏 多様な人材 議員に

池上 活魚を輸送する時は同じ種類の魚だけではなく違う種類の魚を入れると緊張感が生まれて皆生き延びるという。議会も多様性が求められる。見られることできれいになる歌手や俳優がいる。富山市議会も多くの市民に見られて緊張感を持ち、全国の議員が政活費を使って視察に訪れるような全国で一番「きれい」と言われる議会になってほしい。皆さんの力次第だ。

キャンペーン「民意と歩む」
議会と報道の経過

すべては「なぜ」から始まった

県民の怒り　追い風

議員と市民の感覚がかけ離れているのではないか―。２０１７年度の新聞協会賞受賞を受けた本社企画「議会の不正追及と改革を訴えるキャンペーン報道『民意と歩む』」は、議員報酬の引き上げや政務活動費不正を取材する中で、記者が感じた疑問から生まれた。不正の背景と、民意に寄り添う理想の議会を探り続けた企画を振り返る。

議会の経過

議員報酬増と政活費不正

年	月	日	場所	できごと
2016年	4月	1	富山	市議による懇談会で月60万円の報酬引き上げを求める意見が出る
		11	富山	各派代表者会議で自民、公明、民政クラブにより報酬引き上げが必要との意見で一致。月70～73万円に増額する案をまとめる。市田議長が森市長に検討するよう求め、市長は特別職報酬等審議会に諮問する考えを示す
		20	砺波	全員協議会で報酬引き上げを求めることを決定

報道の経過

調査報道　不正次々と

スクープ

２０１６年７月、県議会副議長（当時）による政務活動費不正の本社スクープを皮切りに、富山、高岡両市議会、県議会での不正が調査報道によって次々に明らかになった。情報公開請求で政活費

2016年

月	日	地域	出来事
5月	10	富山	審議会の初会合
	13	富山	審議会が月70万円を妥当とする
	19	富山	審議会の須藤会長が月70万円への増額を市長に答申
	24	高岡	議会改革検討委が報酬引き上げの議論を始める
	25	砺波	今藤議長が報酬増を特別職報酬等審議会に諮問するよう夏野市長に要請
6月	1	富山	6月定例会開会。市は報酬を月70万円とする議案を上程
	9	富山	自民の中川勇氏が本社取材を妨害
	15	富山	市議会本会議で報酬増議案を可決
	20	本社	地方議会取材班を発足
7月	1	砺波	夏野市長が審議会に報酬増を諮問するかどうかは市長選後に判断したいと述べる
	4	富山	森市長が新年度予算案で議会費を抑制する考えを示す
	13	本社	矢後肇県議に政活費の架空請求の疑いがあることを報道。同日の会見で矢後氏は不正使用を認める
	19	県	矢後氏が議員辞職

の領収書を入手し、白紙領収書の悪用や金額の改ざんといった手口を暴いた。辞職した議員は計18人に上った。

　本社が議会に目を向けたきっかけは、16年4月、富山市議会が月額60万円の報酬を10万円以上も引き上げようとしたことだった。報酬増を認めた非公開の審議会の議事録も入手し、全文を掲載した。

　取材の過程で、自民党会派会長による本社記者への取材妨害も発生。県民の怒りを追い風に、地方議会取材班を結成し、連日、1面や社会面で大きく展開した。

読者の疑問に答える

双方向

　議会報道への県民の関心は高く、本社にはメールや手紙、電話でかつてない多数の意見が寄せられた。紙面では、読者

年	月	日	場所	できごと
2016年	8月	20	本社	中川氏が13、14年度に経費を政活費として請求していた市政報告会が開かれていないことを報じる
		30	富山	中川氏が辞職
	9月	5	富山	自民幹部が報酬増の凍結について言及
		9	富山	白紙領収書で菓子代を水増し請求した自民の村山栄一氏が辞職
		12	富山	パソコンで領収書を自作して請求した自民の岡本保氏が辞職
		20	県	政活費を水増し請求していた民進の山上正隆氏が辞職
		20	富山	自民の市田龍一氏、浅名長在ェ門氏、谷口寿一氏、藤井清則氏、民政クの高田一郎氏、針山常喜氏が辞職
		26	県	印刷代を架空請求していた民進の坂野裕一氏が辞職
		26	富山	自民が報酬引き上げ撤回を決定
		27	高岡	議会改革検討委で報酬増の見送りを決定
		27	砺波	最大会派・自民会の山森会長が報酬増額の是非を改めて議論すると述べる
		28	富山	自民の岡村耕造氏が辞職
		29	富山	自民の丸山治久氏が辞職

と双方向のやりとりを図ろうと、企画「ギカイのはてな?」を随時掲載。取材班に寄せられた「富山市議会はどうして議会中継をしないの」「議長が短い期間で交代するのはなぜ」「辞職する、しないの分岐点は」といった質問に、記者が調べた回答を記事化した。

16年8月には地方議会をテーマにした県民世論調査を実施。同11月にはジャーナリストの池上彰氏や地方自治の専門家、記者を交えたシンポジウム「民意と歩む　議会は変われるか」を開き、来場した約800人が問題の背景や不正防止策について考えた。

バッジの重みや課題考察

連載

17年1月からは、問題の背景を掘り下げ、議会の在り方を考える1面連載「民

2016年		
10月		
3	富山	自民の浦田邦昭氏が辞職
11	高岡	市政高岡の中山欣一氏が辞職
14	県	政活費不正による辞職などに伴う補選が告示され、富山市第1（欠員1）と高岡市（同2）の両選挙区にそれぞれ新人3人が立候補
21	富山	議会改革検討調査会で費用弁償の廃止などを決定
23	県	補選が投開票され、富山市第1は自民、高岡市は自民と社民が議席を得る
24	富山	政活費のあり方検討会で領収書のネット公開や第三者機関の設置で一致
30	富山	議員12人が不正で辞職したことなどに伴う補選が告示され、欠員13に対し新人25人が立候補
11月		
6	富山	補選が投開票され、13人の新人議員が当選。任期は17年4月23日まで
8	富山	市選管が、17年4月の市長選と市議選の投票日を4月16日と決定
8	富山	自民の宮前宏司氏が辞職
12	本社	シンポジウム「民意と歩む　議会は変われるか」を開催
28	砺波	市に申し入れていた議員報酬引き上げの要請を撤回

意と歩む　議会再生」をスタート。第1部「政活費の闇」では不正の背景にあるムラ意識やずさんな管理を指摘し、第2部「バッジの重み」では議員の仕事と報酬の在り方を考察。第3部「審判前夜」では富山、砺波両市議選の様子をルポし、不正で辞職したものの再出馬した元職、候補を出せない過疎の村、公開討論会に参加しなかった砺波市議らを追った。

第4部「改革はいま」では開かれた議会に向けた課題や取り組みを紹介し、第5部「傍聴に行こう」では読者に議場に足を運ぶよう呼び掛けた。

投票の判断材料提供

選挙

辞職ドミノで生じた欠員を補うための県議補選、富山市議補選が16年10、11月にあり、17年4月には富山市議選が行わ

年	月	日	場所	できごと
2016年	11月	29	射水	政活費の交付を後払い精算とする条例改正案を県内で初めて可決
		29	富山	自民党富山市連が、政活費不正で辞職した元市議の中川勇氏を除名処分
	12月	1	富山	議員報酬引き上げを撤回する条例案を可決
		5	舟橋	本会議のインターネット配信に前向きな方針を示す。これにより県内全16議会でネットかケーブルテレビによる中継が決定
2017年	1月	1	県 富山	政活費の不正防止策を盛り込んだ改正条例が施行
		31	富山	政活費の使い方のルールを見直した新運用指針の素案をまとめた
	2月	6	県	2017年度に議会基本条例を制定することを決定
		17	富山	実質後払い制などを盛り込んだ政活費の新たな運用指針を決定

れた。それぞれの選挙では、有権者の判断材料にしてもらおうと、全候補にアンケートを実施。あるべき報酬や政活費の金額、再発防止策を尋ねて、回答を掲載した。

富山市議選では、自分の考えと近い候補を簡単に探せる「紙上ボートマッチ」を企画。告示前には、現職議員に自身の任期中の活動を評価してもらう「自己採点」の結果も掲載した。多くの有権者が「近くに住んでいるから」という理由で投票先を選ぶ地方選の風潮に一石を投じ、識者の評論も交え、投票によって民意を示すよう読者に訴えた。

全国に広がるも道半ば

成果

政活費の不適切使用を認めた3議会の36人が6800万円余りを返還。富山市議会は16年12月、報酬引き上げを撤

2017年

月	日	地域	出来事
3月	2	富山	インターネットによる本会議の生中継をスタート
	11	滑川	土曜議会を開催。土曜や日曜、祝日に行う「休日議会」が県内で開かれるのは「平成の大合併」で15市町村体制となってから初めて
	22	富山	自民の笹木豊一氏が辞職
4月	7	富山	市民オンブズ富山が2015年4～9月分の市議会全会派の政活費支出に2278万円の不適切事案があるとして住民監査請求したと発表
	9	富山	市議選が告示され、定数38を大幅に上回る58人が立候補
	16	富山	市議選が投開票され、自民が過半数を維持。政活費の不正や不適切な使用が見つかった現職・元職9人のうち3人は落選。投票率は47・83%と過去最低
5月	22	県	議会基本条例の制定に向け、県議が会派を超えた勉強会を開く
	30	富山	市民オンブズ富山の住民監査請求を受け、市監査委員が自民党会派へ約101万の返還を求めるよう勧告

回した。政活費を追及する動きは全国に広がり、国会でも取り上げられた。

再発防止に向け、県内ではルール改正が進んだ。3議会が政活費の使い方が適切か審査する第三者機関を設置、2議会が後払い制を導入した。全国市民オンブズマン連絡会議が17年9月1日に発表した政活費に関する情報公開度ランキングでは、都道府県別で富山県議会が2位タイ、48中核市では富山市議会が8位タイに入った。儀礼的な弔電や香典を廃止する議会も相次いだ。

県議会は17年6月、「議会の憲法」と呼ばれる議会基本条例の策定に向けた検討会議をスタートさせた。ただ、会議は非公開で進められ、「密室での議論」のイメージは拭えない。富山市議会では制定に向けた具体的な協議は始まっておらず、県内の議会改革は道半ばとなっている。

あとがき

２０１６年10月、北海道新聞社の村田正敏会長から電話をいただいた。山形市で開催される新聞大会の数日前であった。村田会長は「新聞界の直面する諸課題」をテーマとした研究座談会のパネリストとして発言する際に、本紙の報道について紹介したいのでと、いくつか質問し、次のように述べられた。

地方議会の政務活動費の不正を暴いたキャンペーンは、地方の報道機関の最も大事な活動だ。かつて米国カリフォルニア州にあるベル市で発行されていた地方紙が廃刊になった。行政をチェックするメディアがなくなったら、市の幹部がお手盛りで報酬を上げ、詐欺などの疑いで逮捕される事件があった。こうしたことからも、今回の報道はわれわれ地方紙が目指さなければならない方向を示してくれた、と。

大変に勇気づけられた電話であった。村田会長は大会当日、キャンペーン「民意と歩む」のきっかけとなった富山市議会の議員報酬増額撤回を報じた本紙号外も紹介し、「権力の腐敗を粘り強く追いかける泥臭さはジャーナリズムの軸だ」と訴えられた。

望外の評価をいただいたこのキャンペーンでは、１面だけで１８７本の記事を載せ、うち70本をトップに据えた。社会面や、県内の政治や行政を主に扱う県内面、特集面を加えれば倍以上になる。

これだけのスペースを紙面で割いたのは「もっと知りたい」「頑張ってくれ」という読者の期待に応えるためだった。

キャンペーンが始まると、連日のようにメールやファクス、手紙が取材班に届いた。さらに女性記者への取材妨害や、県議会副議長をはじめとする政務活動費の不正を掲載するとその数は飛躍的に増え、電話応対のために休日を返上した社員もいた。

中でも政務活動費の不正は「よくやってくれた」「それでこそ新聞だ」というお褒めの言葉をいただいた。しかし、それは本紙だけの手柄ではない。もちろん県紙として報道の中核を担った自負はあるが、富山に拠点を置く新聞社やテレビ局、通信社が競い合った結果といえる。

この切磋琢磨《せっさたくま》が厚い壁を打ち破り、怒濤《どとう》の勢いで不正を暴いた。他のメディアが先んじて報じた事案も本紙は裏付け取材し、きっちりと報じ続けた。社の枠を超え、権力を監視するというジャーナリズムの原点が富山で体現する形となり、読者が賞賛を送ってくれたのだろう。

本紙の地方自治を巡る報道の姿勢を俯瞰《ふかん》すれば、1969年の年間キャンペーン「地方自治を守ろう」という源泉にたどり着く。以降、自治体行政や地方議会に向き合い、地道かつ真摯《しんし》に報じてきた。厳しい批判を辞さず、対峙《たいじ》したこともあった。

地域に寄り添いつつも安易に迎合しない姿勢こそ、北日本新聞に脈々と受け継がれる魂だと思っている。「地方自治を守ろう」は69年度の新聞協会賞を受けた。約半世紀を経て、今回、広島市であった2017年度の新聞大会で新聞協会賞を受けたことは感慨深く、村田会長の電話も昨日のことのように思い出された。

キャンペーンは、日本ジャーナリスト会議（ＪＣＪ）の17年度のＪＣＪ賞も受けた。本紙の受賞は47年ぶり2度目であり、記者たちの励みになった。両賞の関係者に改めて感謝したい。

「民意と歩む」は、連載を執筆した片桐秀夫社会部部長デスク、高橋良輔政治部次長、笹谷泰高岡支社編集部員（現・編制本部部員）、吉崎美喜新川支社編集部員（現・社会部員）の4人が中核を担った。また不正や市町村議会の改革の報道は政治部や社会部をはじめ支社や総局、支局のほとんどの記者が関わった。本社の総力が結集した形といえる。

本書の「ドキュメント編集局」と「連載後記」の執筆は本田光信報道本部長（現・経営企画室次長）と片桐部長デスクが担当した。

最後に、長期かつ多方面にわたって取材に快く応じていただいた方々や団体、そして記者たちの背中を押す激励をいただいた多くの読者の皆様に心からお礼を申し上げる。

北日本新聞社社長　板倉　均

民意と歩む　議会再生

2017年12月25日発行

編著者　北日本新聞社編集局
発行者　板倉　均
発行所　北日本新聞社
〒930-0094 富山市安住町2番14号
電　話　076(445)3352
FAX　076(445)3591
振替口座　00780-6-450

編集制作　北日本新聞開発センター
印刷所　山田写真製版所
表紙装丁　土井野デザイン事務所
定価はカバーに表示してあります。

ISBN 978-4-86175-104-2 C0031 Y1600E